观 海 卫 镇 家 长 学 校 读 本

HAO JIA ZHANG JIA JIAO SHI ER JIANG

好家长
家教十二讲

—————— 华启钿 著 ——————

文匯出版社

图书在版编目(CIP)数据

好家长家教十二讲 / 华启钿著. —上海：文汇出版社，
2017.12

ISBN 978-7-5496-2431-7

Ⅰ.①好… Ⅱ.①华… Ⅲ.①家庭教育–文集

Ⅳ.①G78–53

中国版本图书馆 CIP 数据核字(2017)第 318239 号

好家长家教十二讲

著　　者 / 华启钿

责任编辑 / 熊　勇

出版策划 / 力扬文化

出版发行 / **文匯**出版社

　　　　　　上海市威海路 755 号

　　　　　　（邮政编码 200041）

经　　销 / 全国新华书店

印刷装订 / 成都勤德印务有限公司

版　　次 / 2017 年 12 月第 1 版

印　　次 / 2017 年 12 月第 1 次印刷

开　　本 / 787×1092　1/16

字　　数 / 375 千

印　　张 / 15

ISBN 978-7-5496-2431-7

定　　价 / 38.00 元

编 委 会 名 单

主　编：岑荣杰

副主编：童孟权　阮亚君

编　委：（按姓氏笔画为序）

　　　　叶始昌　叶　雁　华　人

　　　　杨恩浩　韩震达

序 一

方蓉飞

"华人""才子""怪人"？他从农村中来，其间经历过食不果腹的三年自然灾害，狂热而又荒诞的"文化大革命"和改革开放的大潮。种田地，造湖塘，围海坝，打砖瓦，做买卖，是他青年时期用以生存的主要劳作方式。他现在有众多的身份：中国收藏家协会会员，中国民俗学会会员，浙江省作家协会会员，浙江省民间文艺家协会会员，慈溪市乡贤研究会会员，慈溪市非物质文化遗产"印糕板雕刻技艺"传承人，可以看出他的兴趣既高雅又广泛。作为藏家，越窑青瓷、红木家具和民俗的收藏颇丰；作为作家，著有诗集《在荒诞与真实之间》（荣获 2010 年宁波市作家协会优秀作品奖）、《非常规感冒》；作为民俗和民间文艺家的一员，著有《观海卫风情》（与人合作）、《三北糕点》；作为非物质文化遗产传承人，他的"印糕板雕刻技艺"获得众多专家的肯定；作为父亲，他与妻子一起把儿子培养成了博士生、工程师；而作为一位资深的教育工作者，今天又有了《好家长家教十二讲》。可以这么说，凡是他搭上手的，总能弄出点"响声"来。除了教书，"闲时养花收藏，晚上读书做梦"，是他当前生活的真实写照。他说他并不比别人聪明，他只是比别人花了更多的时间，多了一些勤奋、虚心和执着。他深信，"要有所成就，就要有梦想，更要有对人生的整体规划，这样才能从'小聪明'走向'大智慧'。心有多大，天地就有多宽；梦有多大，你就能走多远。"

他已多年没有担任过班主任，可这并不妨碍他关注学生的家庭教育。"每一个孩子刚生下来时都是天使，只是由于降生在不同的家庭，获得了不同的家庭教育，才使得人生变得迥然不同。孩子无辜，无法选择家庭，尤其是早期，任家长塑造。

没有天生的不良少年，只有后天的不幸少年。优秀孩子出自优秀父母之手，而问题儿童多是问题家庭、问题父母的产物。现代家庭在教育观念、内容和方法上均存在着这样那样的误区。"对于家庭教育的现状，他看在眼里，急在心里。他认为，家庭教育在整个教育体系中与学校教育、社会教育"三足鼎立"，相辅相成。父母不应把所有的教育都寄托在学校和老师身上，因为孩子有一半以上的时间都在家里，所以家庭教育和学校教育一样重要，甚至更重要。

华老师的另一个身份是慈溪市"社区教育"讲师团成员。在与众多家长的接触中，使他越来越迫切地感觉到：家长是特殊的老师，家庭是特殊的课堂，要改变乡村教育的现状，必须先改变他们的家长；要让更多的孩子成才，必须先让他们的家长改变观念。除了讲座，更需要有其他的路径对家长进行系统的指导，使之不断地提高认识。是的，刘华良教授说："影响孩子成绩的主要因素不是学校，而是家庭。家庭教育是人成长的根部和根本，它是'培根教育'。"

驾驶员要拿到驾照才有权驾驶汽车；教师得有资格证才允许站上讲台。而我们的家长，有了孩子以后，自然由一位丈夫或妻子转换成了父亲和母亲，转换成了特殊的老师，转换成了特殊的教育工作者！但问题是家长们既不懂教育，又忙于工作，没有经过专业的培训就上岗了。要完成这样一个伟大的、艰苦卓绝的育人工程，其难度可想而知，其成功的概率可想而知。鉴于此，华老师认为对于家长的家教培训迫在眉睫，而一本对口味的专业书籍更是另一种既方便又有效的渠道。华老师想到把自己的讲座内容整理成书了。

他更深入地研究家庭教育的理念、策略，他开始发掘、搜集家庭教育的一个个生动事例。

他"走上去"，追溯家庭教育缺失的深层次原因：从五四运动到三年自然灾害，从"文化大革命"到改革开放再到独生子女政策。他努力寻求传统家庭教育中的精华和家庭教育的社会意义。著名儿童教育家、儿童心理学家、教授、南京师范学院院长陈鹤琴先生在他的《家庭教育——怎样教小孩》一书中，更是深刻指出："德、智、体三育都从小好好儿学起，那么老大的中国，未尝不可以变而为少年的国家！"

他认为，家庭教育要同国家的前途命运联系起来。在重视人的素质培养的今天，家庭教育对人才培养的作用，对社会发展的作用更不应该被忽视。他欣喜地发现：最近几年，国家正在大力提倡弘扬传统文化，各级政府部门、文化教育机构，各种媒体也随之大力宣传。中华优秀传统文化博大精深，源远流长，这不仅体现在它内容的丰富、学理的完备、历史的悠久和思想的深邃，更根本的是体现在它从孕育、发芽开始就逐渐渗透到每一个中国人为人处世和家道伦常之中，当然也包括家庭教育之中。

他全面、深入地研究家庭教育理论。他笃信："父母是子女在生活中一切言行举止的最早启蒙老师"，"母爱是人世间最神圣的感情，因为这种感情最没有利禄之心掺杂其间"，"换一种眼光看孩子，你将会看到孩子的优点和增长点……"他发现了家庭教育的"早期性""启蒙性""长久性""奠基性""广泛性""情感性""差异性"……

他"走下去"，到教师中间，了解农村学校家庭教育的整体现状；到家长中间，了解典型儿童的倾向性家教问题。一次次互动，一次次倾听，一个个生动的案例浮出水面。他用身边的故事告诉家长，怎么对孩子进行教育，什么可以做，什么不可以做。

当别人在聊天、吹牛、打麻将、聚餐、玩微信的时候，他在思考、倾听、记录、分析、反思……甚至做梦都在想着家庭教育问题，有时在睡梦中突然有了想法，就赶紧起床记录，恐怕第二天早上醒来遗忘。就这样，积少成多，积水成渊，作为一位教育和文化工作者的华人老师水到渠成地写成了一本普及家庭教育的书。

"最深刻的道理要用精彩的故事去表达。用事例说话，尽量不叙述概念，因为概念可以查词典、搜百度。其实，对大多数乡镇、农村的家长来说，他们也没有耐心细细地去看。书中所引用的故事，尽可能地做到通俗易懂、接地气，这就是《好家长家教十二讲》这本书的'风格'。"对此，我非常认同。

很多家长的家庭教育理念是：教育是学校的事，老师的事，与自己没有多大关系。家长没有意识到家庭教育的责无旁贷和任重道远。因此，华老师在第一讲就旗帜鲜明地提出"家长是特殊的教师，家庭是特殊的课堂。撬动地球的手，就是推动摇篮的手。"这样一种家庭教育理念。

华老师在第三讲、第四讲开宗明义地要求家长谨言慎行，改变长期以来乡村家长的许多陋习。"我的父亲经常酗酒，我恨死他了。他经常没事找事，最好的办法是别搭理他。等他老得病得不行了，咱再管他，也算是尽孝了……我绝望了，曾有过杀死他就幸福的想法，还好，我挺过来了……"孩子心中的无奈、委屈、痛苦、

怨恨令读者动容，令家长愧疚。华老师用一篇学生作文，来说明父母酗酒对孩子产生的影响。虽然这是一个比较极端的例子，但是，为了孩子的健康成长，家长要学会改变自己，改掉自身的不良习惯。"父母在教育孩子的同时，也在进行自我教育。"华老师的很多话语，虽朴实无华，却闪烁着真知灼见。血淋淋的事例背后是家庭教育的金玉良言啊！

第五讲到十一讲，华老师分别阐述了乡村家庭孩子教育的关键和根本，教育的方式和内容，针对性很强。这些方式和内容，正是很多家长所未知和被忽略的。在第十二讲，华老师展开了"热点问答"，把家庭教育中的热点、难点问题分类归纳，一一作答。这也充分体现了华老师的赤子情怀，对家庭教育的探索全面、接地气，对家长的困惑感同深受。

我看到了，在华老师密密麻麻记录着的笔记本上，有一位卓越教师的坚守和使命；我看到了，在华老师一次又一次修改的书稿上，有一位文化人的追求和超越。

华人，《好家长家教十二讲》，功莫大焉！

写于 2017 年 2 月

（本序作者为浙江省特级教师、教坛新秀、优秀教师，宁波市名教师、优秀教研员。在全国各大报刊上发表过论文 200 余篇并多次获奖。出版过《小学语文开放教学的研究与实践》《小学语文三环式开放性阅读教学》《诗润童年：儿童诗的教学主张》等语文教学专著，是《用童诗丈量梦想：儿童诗的欣赏与教学》的主编。现为慈溪市教师进修学校副校长。）

序　二

方国祥

　　华人兄与我有许多相似的经历。我们曾在普通师范的校园里相遇，毕业后一直记着师范老师教育我们的话，牢固树立专业思想，终身从事教育事业，教了小学里的许多门课，任教导主任，任校长，而且我们同一天加入了宁波市作家协会。华人是诗人，后来又加入了浙江省作家协会、浙江省民间文艺家协会、中国民俗学会、中国收藏家协会，多才多艺，现在又立下雄心壮志，写下一本家庭教育的大书。写诗难，写小说难，写散文难，写这样的书更难。我曾心动但没行动，以前写过一些教育的论文和论著，现在只是随心所欲地写文章。感谢华人，不怕辛苦，与我讨论，我浏览了初稿、修改稿，一次，两次，谈体会，提建议，期望好些，再好些。

　　为了深入贯彻落实《中共中央国务院关于进一步加强和改进未成年人思想道德建设的若干意见》，提高全国家庭教育总体水平，促进儿童全面健康发展，依据《中华人民共和国未成年人保护法》《中华人民共和国义务教育法》《中华人民共和国母婴保健法》《中华人民共和国预防未成年人犯罪法》等法律法规，有一个比较权威的课题组已经制定了《全国家庭教育指导大纲》。这个《大纲》适用于各级各类家庭教育指导机构和相关职能部门、社会团体、宣传媒体等组织对新婚夫妇、孕妇、18 岁以下儿童的家长或监护人开展的家庭教育指导行为。我们和家长之间的讨论交流可以以这个《大纲》为依归。

　　家庭教育指导有三个原则，一是坚持"儿童为本"原则，二是坚持"家长主体"原则，三是坚持"多向互动"原则。对儿童的教育必须真正做到学校、家庭、社会三结合。学校办家长学校是个好办法。20 世纪 80 年代初，全国第一所家长学

校在象山县成立，我在小学里立即办起家长学校，新入学的一年级学生家长就要开始家长学校的学习，一学期4次，一学年8次。镇领导讲《教育子女是父母的社会责任》，学校领导和各学科骨干教师讲《教子成才是家庭教育的奋斗目标》《帮助孩子尽快适应小学生活》《低年级学生的生理和心理特点》《怎样辅导孩子学习语文》《怎样辅导孩子学习数学》《让孩子有强健的身体》……当时我们有40讲教材，我一直保留着，不断修改、使用着。家校之间的互动，社会与家庭之间的互动，最终是为了家长与孩子之间创造良好的环境与条件。社会在前进，我们早已进入网络时代、信息时代，这也是一个浮躁的年代，大家都忙，挤不出大量的时间进家长学校读书，但是总还有为了孩子静下心来的时候吧，这本书就是为你们夫妇看着熟睡的孩子喁喁而语时准备的。

本书选择了家长最关心的话题12讲，专业理论知识较少，生活实例指导较多。最后一讲热点问答好，针对性强，但热点的时效性也强，而书籍出版的周期则可能会影响时效，所以有些问题需要读者有与时俱进的思想，不要太拘泥字眼上的理解。专题讲座的题目是再三精选的：家长是监护人，一个好的老师或许能够影响孩子三年六年，但是家长的影响力却是一辈子的。家长永远是孩子的第一任老师，也是孩子终身的老师。说一千道一万，教育一个孩子只是老师工作的一部分，但孩子是家长的唯一，教育好自己的孩子永远是家长最重要的事业。家长认识到自己角色的重要性了，就会根据婴幼儿、小学、初中不同的阶段，为孩子提供充足的物质保障，注意调控好自己的情绪，不断克服自己的缺陷而形成好习惯，就会习得新颖多样的家教技巧，尤其是掌握家庭教育的关键所在，使孩子养成善良、开朗、活泼、轻松、愉快、热情、可亲等有利于成长和交往的良好性格，尽可能地提高孩子的智商，培育孩子的情商。

《论语》一开篇，就有孔子曰："学而时习之，不亦说乎。"这个"习"字，有人解释为学了后要温习或练习，其实比较好的解释是：学习到的东西，时常去复习、实践。儒家四圣之一王阳明独创以"心即理"、"知行合一"、"致良知"三大命题为核心的阳明心学，强调且知（良知）且行（致良知），知行合一，不容间断。在学校与学生在一起时，我是一个教师；回家与孩子在一起时，我也是一个家长。儿子读小班时，双休日喜欢我带他出门到处逛逛，于是我提议将公交车一路一路地乘过来。儿子喜欢坐在靠右的窗边，听喇叭里报着这一站和下一站的站名，看了这一站的站牌名，期待着下一站的站牌名，下了车还要读一读全部的站牌名。久而久之，不但记住了很多汉字，学习了普通话，而且记住了家乡的很多地名，增加了许多地理知识，如医院、新村、菜市、山、青少年官、行政中心。我们带上矿泉水，说着"水是最好的饮料"；带着照相机，摄下一个一个一年四季精彩纷呈的镜头。小学了，白雪皑皑的早晨，我会和妻子早一点起来开车送他去爬山看雪景；桃花盛开的傍晚，我和妻子与他一起赶到乡下游花海。同一个地方，我们会去很多次，孩子会在头脑中积累大量生动的感性知识，伴以比较、分析的思维活动，对事物的记忆会有深刻的印象，想象时就会有丰富的材料，等到口头表达时就会有流畅的语言，书面写作时就会写得又多又好。我提这些小事，是想和大家说，对孩子的教育就像润物无声的细雨，其实是很平凡的，只是贵在有心。

家庭教育是一门科学，也是一门艺术，"学"很重要，"思"也重要，关键在于悟，在于行，不是在岸上学会了游泳再下水，而是下了水在游泳中学会游泳。每个家长都爱自己的孩子，读这本书，无非是借此提高爱的认识，提高爱的能力。诚祝每位家长在教育孩子的过程中悦纳孩子，悦纳自己，享受彼此生命中的美好！

写于 2017 年 1 月

（本序作者为高级教师。曾任镇中心小学校长，慈溪市实验小学教导主任、市教育科学规划小组办公室副主任、市教育学会副秘书长。中国教育学会会员。现为慈溪市弘一书画院秘书长、慈溪市育才小学监事长。）

自　序

　　前几年，北京市有一个调查，结果得出的结论是：有70%的孩子并没有得到良好的家庭教育。而在全国，有6000万对父母承认自己对孩子的家庭教育是失败的，并对怎样教育孩子感到困惑。这些数据反映出：一方面孩子对家长的教育不满意，一方面家长对孩子感到失望、灰心和困惑。现代家庭的经济相较于过去要富裕得多，在孩子的教育问题上所花的时间、精力和金钱比过去几代也多，也比前辈讲民主，然而，总体而言，孩子却比过去娇纵、难管、毛病更多。衡量一个中、小学生优秀与否的最明显的标志——学业成绩也往往不尽如家长的意。

　　当下的家庭，基本都是独子，所以对一个家庭来说，一个孩子的成功，是100%的成功，反之，则是100%的失败。我们说，家庭就是教育孩子的第一场所，家长是第一任老师。"老师"的一言一行，特别是对一个靠模仿家长学会走路、学会讲话的孩子来说，是多么重要！俗话说得好，推动摇篮的手就是撬动地球的手。儿童对世界的最初认识源于父母，家庭教育对孩子的影响刻骨铭心。有了孩子以后，家长已经从一个丈夫或妻子转换成了父亲和母亲，转换成了老师，转换成了教育家！但问题是家长们什么都不懂，既忙于工作赚钱玩乐，又没有经过专业的培训（不像老师经过长时间的专业训练）。我们都知道，现在许多工作都要经过岗前培训，有的要拿到相关证件以后才可以上岗。驾驶汽车要经过三个月的培训，并要经过严格的考试才能拿到执照。要让一个不懂教育的家长完成这样一个伟大的、艰苦卓绝的育人工程，其难度可想而知，其成功的概率可想而知。几乎所有家长的期望都是这样的：最好我的孩子能考上名牌大学。但是实际情况怎么样呢？从幼儿园、小学一年级的时候想着孩子进清华、北大，后来随着年级升高、年龄增大，一直慢慢地退至浙大、宁大、学院、职高，期望值越来越低。这就是空有梦想，却不知怎样去行动，也不知怎样去努力的结果。

每一个孩子刚生下来时都是天使，只是由于降生在不同的家庭，获得了不同的家庭教育，才使得人生变得迥然不同。孩子无辜，无法选择家庭，尤其是早期，任家长塑造。没有天生的不良少年，只有后天的不幸少年。优秀孩子出自优秀父母之手，问题儿童多是问题家庭、问题父母的产物。现代家庭在观念上、教育内容上及教育方法上均存在着这样那样的误区。

有的专家说，家庭教育要从孕期开始，也许这样的建议或者说法本身并没有错，只是这在我国的大部分乡镇，特别是农村几乎是天方夜谭。在农村，可以说大部分家庭是没有家教或者说是少有家教，就是偶尔心血来潮，家长对孩子的教育也是简单直白，甚至是以骂代教，根本没有什么章法。还有就是相当一部分家长既不教也不育，只管吃饱穿暖（包括大部分打工者）。究其原因，据我观察，主要是这些家长他们小时候就根本没有接受过家教，他们的上一代也是如此。这在一个几千年的文明古国似乎有些不可思议，如果要刨根问底的话，可以追溯到反帝反封建的五四运动。推动社会前进的风暴在摧毁糟粕的同时，也把流传有序的家风、家规精华也顺带摧毁了。接着是穷得连饭也填不饱肚子的三年自然灾害（1959—1961 年），更进一步加剧了众多的家庭把这些精华遗忘。始于 1966 年 5 月，结于 1976 年 10 月的史无前例的"文化大革命"，又在前两次连续遭到重创的同一个创口上给予了重重的一击。1978 年，以经济建设为中心的改革开放，和 1979 年至 2016 年的独生子女政策所产生的一切向钱看、溺爱子女的副产品，继续加剧着一个病入膏肓的病人的病情。

北宋的司马光在《温公家范》中就明确提出家庭教育的社会意义，他把"齐家"作为"治国""平天下"的基础，当作关系到国家和社会兴亡的大问题对待，足以说明其重视家庭教育的程度。著名儿童教育家、儿童心理学家、教授、南京师范学院院长陈鹤琴先生在他的《家庭教育——怎样教小孩》一书中，更是深刻指出："德、智、体三育都从小好好儿学起，那么老大的中国，未尝不可以变而为少年的国家！"他们都把家庭教育同国家的前途命运联系起来，强调家庭教育的重要意义，这是非常有见地的。在重视素质培养的今天，家庭教育对人才培养的作用，

对社会发展的作用更不应该被忽视。欣慰的是，在最近几年，国家正在大力提倡弘扬传统文化，各级政府部门、文化教育机构，各种媒体也随之迅速行动起来宣传落实。谁都知道，中华优秀传统文化博大精深，源远流长，这不仅体现在它内容的丰富、学理的完备、历史的悠久和思想的深邃，更根本的是体现在它从孕育、发芽开始就逐渐渗透到每一个中国人为人处世和家道伦常之中，当然也包括家庭教育之中。特别是在 2016 年 11 月 2 日，由全国妇联、教育部、中央文明办、民政部、文化部、国家卫计委、国家新闻出版广电总局、中国科协、中国关工委等九部门共同制定并推出《关于指导推进家庭教育的五年规划（2016 年—2020 年）》，更是目标明确、任务具体。但这些还不能作为让我们高兴或者认为从此可以高枕无忧的一道栅栏。栅栏有了，扎得密不密、树得牢不牢又是另外一回事。让我们再回到家庭教育这一块，它目前的现状是一个谁都管得着但都不怎么管其实就是没人管的"孩子"。教育局管，妇联管，共青团管甚至学校管，但它们都不是专业的家庭教育的机构，不是主业，只是副业。用一个不怎么恰当的比喻的话，就是相当于我们家里的一把椅子坏了，老婆叫老公修理，没有木工经历的老公硬着头皮拿着钉子、榔头去修理一把本来质量就不怎么样的椅子一样。这是一个很伤脑筋、很严重，也很迫切的问题。成校以及相关单位每学期邀请一些全日制学校的教师组织家长上课，最多也仅仅是一个学期一次，四十分钟或一小时而已，培训的时间远远不够，却在多数情况下，由于受到场地的限制，能听到课的家长还只是一所学校中的一小部分。还有就是临时邀请一些教师来讲课。这些教师一是与前面讲课的老师互不沟通，随意性很大，没有连贯性，要么重复，要么跳跃；二是这些教师不熟悉该地该校学生和家庭的实际情况，讲课难免隔靴抓痒，找不到患处，没有针对性。一些大学教授的课似乎距乡镇、农村中小学家长的素养更远，就像让一个造飞机的人去建造一幢青砖瓦房一样。怎么办？一方面，从小到一个家庭大到一个国家都迫切需要扭转和改变这样一个不忍直视的局面；另一方面，这样的局面又不能被任何一个低层的单位和个体所改变，这就让我一个教育和文化工作者自然而然地想到了书——一本普及家庭教育的书。

当下社会，关于家庭教育的书籍多如牛毛。你不能说这些书写得不好，既全面又详细。有的从国外讲到国内，从古代讲到现在；有的从定义讲到起源，从数据讲到比例，似乎把家庭教育中碰到的问题都列了出来，并开了"药方"，且洋洋洒洒的都在几十万字甚至上百万字。那么，这么好的实用书籍为什么却少有人问津呢？究其原因，我个人认为，一是这些家教书籍大多数从理论到理论或过于枯燥或过于高深，看的人味同嚼蜡，且与乡镇、农村的家长文化水平不匹配；二是没有考虑到城市与乡村的差别，不能对症下药。中国地大物博，文化多样，各个地区，甚至同一个县市里面不同的乡镇，他们的语言、生活习惯、行事方式、经济发展水平都不一样，他们的生存方式也因此不同，家庭人教育的方式方法当然也因此有所区别。我是一个教师，在农村任过教，也在乡镇任过教；教过语文，也教过数学；当过班主任，也当过少先队辅导员和学校领导。我很清楚地知道老师的力已经用足了，很多时候往往是我们家长在拉后腿，在敲回车键。举几个例子：孩子要买书看，家长不让买，说："买什么书，又不能吃，倒不如买雪糕吃。"亲戚家有一些事情，家长带着正在读书、上课的孩子去吃饭。并且，一去就是一天、二天。老师想在放晚学后给后进生补一些课，等在校门外急着接孩子回家的家长嘴巴憋不住了。稍微有点克制的家长讽刺说："这么晚了还不放学，难道老师还要叫我孩子吃晚饭吗？"没有素质的家长则开始骂娘。我受邀去各中小学给家长上过课，也给民工子弟学校的家长上过课。我从家长们的脸部表情和眼神上看得出来，他们是多么渴望能得到一种教子育女的好方法，能使得他们的孩子在学业上有所长进。但理想是丰满的，现实是骨感的。要想让一个什么都不知道的孩子成才，没有什么特效药。同时，我也深深地知道，这些被学校用"告家长书"的形式通知来的家长们，他们回到家以后，能真正行动起来，按照我讲的去做的是少数。他们中的大部分，仍然会像以往一样我行我素，仍然是玩手机的玩手机，打牌的打牌，顶多给孩子增加几句唠叨和骂声。他们宁肯花六千多元钱把苹果5S换成6S，也不愿花几十元钱给孩子买几本喜欢的书。

　　于是，让家长乐于看，喜欢看，用我们身边的故事、熟悉的事例告诉家长，怎么对孩子进行教育，什么可以做，什么不可以做，就自然而然地进入了我的脑子。几年了，这种动力一直在激励、催促着我去完成这样一个科目。想到了记一些，听到了、看到了记一些，积少成多，积水成渊，再加上我35年的教育、教学经历和自己对儿子的教育培养的点滴体会，写就了这样一本书。家庭教育是一个既系统复杂，又需长久坚持的一项事业，就像滴水穿石，是一个潜移默化、渐变的过程。我不能保证家长看了我的这一本书后能按书中说的去做，也不能保证能给家长带来立

竿见影的效果。如果家长看了这本书有所触动、有所改变，说明我的心血没有白花，我就很满足了。

"最深刻的道理要用精彩的故事去表达。"用事例说话，尽量不叙述概念，因为概念可以查词典、搜百度。其实，对大多数乡镇、农村的家长来说，他们也没有耐心去看。书中所引用的事例和故事，尽可能地做到通俗易懂、接地气，这就是我这本书的所谓"风格"。

本书涉及的内容，主要针对的是幼儿、小学和初中的孩子，高中和大学的家庭教育基本没有涉及。笔者以为，如果到了孩子读高中的时候家长再去教育，肯定是来不及了。一是孩子读高中一般都是在校住宿，两个星期回一趟家，教育的时间和空间非常有限；二是孩子的性格已经基本成型，独立性、主观性已经很强，不太容易接受来自父母的灌输。

成事在天，谋事在人。如果经过努力，孩子的成长并没有达到家长们预想中的那个高度，也是正常的，因为这个世界有许多不确定的因素，努力了就好，努力了比不努力肯定要好。就像我写《好家长家教十二讲》这本书。

2016 年 12 月于溪田轩

目 录
CONTENTS

好家长 家教十二讲

第一讲　家是主场　您是主角

把孩子送到幼儿园、小学或者中学时，有很多父母会说："老师，这孩子就交给你啦，拜托啦！"其潜台词就是"与我无关"了。但实际情况真的是这样吗？

有这样一个真实的故事可以印证。张家港某校一位初二的孩子星期日晚在家复习迎考，他父母邀了几个朋友来家搓麻将，那响声当然打扰了孩子。孩子无奈地说："都 11 点多了，还打，我明天还怎么考试？"麻友们兴致正浓，对孩子的话没有理睬。孩子生气了，就将电视打开，并把音量调大，导致左邻右舍上门抗议，他父母觉得丢了面子，将他打了一顿。孩子连夜出走……

在乡镇农村，很多家长并没有真正认识到做父母的责任，没有认识到科学的家庭教育对孩子终身发展的重要性。很少有家长将孩子的学业失败归结为自己，将孩子不良习惯形成的渊源归结为自己。只关心孩子的身体和吃穿问题，至于孩子的学习和教育问题基本不管，认为这是学校和老师的事情，结果导致孩子成绩中下。这是大错特错的想法和观念。而当孩子的学习成绩不理想时，又花钱把孩子送到家教班进行补习，千方百计地花钱让孩子上重点学校，以为钱可以解决一切问题，同样，这又是错误的。简单粗暴、随心所欲甚至放任自流，是目前乡镇农村很多家长教育孩子的现状。之所以会出现这样的情况，都是这些家长在家庭教育上职责不明、认识不清、方法不对，守着陈旧、落后、错误的教育观念，用着原始自然的教育方式，是缺乏科学教育引领的结果。

撬动地球的手，就是推动摇篮的手。开篇第一讲，我想让家长首先要弄清楚的是：你们家庭，才是培养和教育孩子的主要场所！您才是培养和教育孩子的主角！

孩子的成才与否，撇开特例，极大多数情况下，是家庭的原因，是您培养和教育的结果。是的，对一位孩子（主体）的培养和教育来说，主要的有三大块：一、家庭教育和影响；二、学校教育；三、社会教育。也就是我们常说的"三结合教育网络"中的三个方面。在这三大块当中，我的观点很明确，家庭教育最重要，是关键，家长是主角，家庭的教育和影响大于学校教育加上社会教育。这个可以从以下几个方面来论证：

一、从启蒙性讲

首先，家庭教育的时间最早。孩子在没有上学之前的婴儿期是在家庭中生活的，孩子对外部世界的认识和了解，人格、品格形成的起点是从家庭教育开始的。早期的家庭教育对一个人的思想形成、智力发展、品格形成起着至关重要的作用。比如小孩爱发脾气，如果开始引导得好，他就会变得比较平和，如果启发引导得不好，他的脾气就会变得越来越暴躁，并逐渐成型。

其次，一个人的童年是怎样度过的，童年时代由谁带路，周围世界中哪些东西进入了他的头脑和心灵，这些都决定着他将来成为一个什么样的人，也就是家庭教育的启蒙性。近年有国内外学者研究指出，3—6 岁是人的个性形成的关键时期。我国古谚有："染于苍则苍，染于黄则黄。"幼儿期是人生熏陶染化的开始，人的许多基本能力是在这个年龄阶段形成的，如语言表达、基本动作以及某些生活习惯等等，性格也在逐步形成。美国心理学家布鲁姆认为，一个人的智力发展如果把他本人 17 岁达到的水平算作 100%，那么 4 岁时就达到了 50%。4—8 岁又增加了 30%，8—17 岁又获得了 20%。可见幼儿在 5 岁以前是智力发展最迅速的时期，也是进行早期智力开发的最佳时期，如果家长在这个时期所实施的家庭教育正确科学，将对孩子早期智力的良好发展起到关键的作用。

古往今来，许多卓有成效的名人，在幼年时期受到良好的家庭教育是他们日后成才的一个重要原因。如德国大诗人、剧作家歌德，他的成才就得力于家庭的早期教育。歌德 2—3 岁时，父亲就抱着他到郊外野游，观察自然，培养歌德的观察能力。3—4 岁时，父亲教他唱歌、背歌谣、讲童话故事，并有意让他在众人面前讲演，培养他的口语能力。这些有意识的教育，使歌德从小乐观向上，乐于思索，善于学习。歌德 8 岁时能用法、德、英、意大利、拉丁、希腊语阅读各种书籍，14 岁写剧本，25 岁用一个月的时间写成了闻名于欧洲的小说《少年维特的烦恼》。再如古代以"父子书法家"著称的王羲之、王献之，有过 1350 多项发明的大发明家爱迪生，一代文学巨星郭沫若、茅盾等名人的成长过程，都得益于父母早期的智力开发和教育。反之，人在幼年时期得不到良好的家庭教育而影响智力正常发展的事例也是不少的。据《中国妇女报》披露，我国南京市一位姓马的工人因患有精神性心理疾病，深怕孩子受人迫害，将自己的三个子女从小锁在家中，禁止他们与外界接触，长达十几年，最后导致这些孩子智力低下，言语迟缓，与同龄人相比，智力及生活能力差异很大，近于白痴。所以，家庭的启蒙教育和早期教育的作用非常巨大，这一时期家庭的家庭情绪、文化氛围及其背景，对孩子的心理发展也具有奠基性的影响，尤其对心理健康影响十分明显。

　　家庭是社会的细胞，也是孩子出生后的第一所学校。这所学校虽不像正规学校那样具有系统的教学计划，但对年幼的孩子来说，却有极为明显的教育和影响作用。这是因为，儿童在这所学校里所受到的教育大多是具体的、鲜明的、形象的，更适合儿童的心理发展水平，其特点是身教重于言教，榜样多于说理，耳濡目染，潜移默化，对孩子的影响极其深远。

二、从奠基性讲

　　家庭教育的时间最长。现在学生的在校时间，幼儿园、小学、初中一般在 6 小时左右，剩下来的大多数时间，再加上节假日、寒暑假，基本都是在家里或在家长的陪伴下度过，孩子在家或在家长身边的时间绝对占三分之二以上。

　　孩子出生后，从小到大，朝朝暮暮，都在接受着家长的教育。这种教育是在有意和无意、有计划和无计划、自觉和不自觉之中进行的。但不管是以什么方式、在什么时间，都是家长以其自身的言行随时随地地教育着子女。这种教育对孩子的生活习惯、道德品行、谈吐举止等都在不停地给予影响和示范，其潜移默化的作用相当大，伴随着人的一生，可以说是活到老学到老，所以有些教育家又把家长称为终身教师。这种终身性的教育往往反映了一个家庭的家风。家风的好坏往往要延续几代人，甚至于十几代、几十代，而且这种家风往往与家庭成员从事的职业有关。

如："杏林世家""梨园之家""教育世家"等等。同时家风又反映了一个家庭的学风，学风的好坏也往往延续几代人、十几代人、几十代人。如在中国近代，无锡人严功增补清末《国朝馆选录》，统计自清顺治三年丙戌科至光绪三十年甲辰科，状元共 114 人，其中不乏父子兄弟叔侄累世科第不绝者，如苏州缪、吴、潘三姓，常熟翁、蒋两姓，浙江海宁陈、查两姓。看得出，家庭教育的连续性往往对人才群体的崛起有着重要的影响。这种情况，古代、近代比较突出，而在当代随着科学的发展、社会的需求、待业的增多、择业面的宽泛，一个家庭中所有的成员不可能都从事同一种工作，但都有一些家庭成员在工作中屡屡出成绩、受表彰，而有的家庭中成员违法犯罪接二连三。这都与家庭教育的连续性有着很大的关系。"龙生龙，凤生凤，老鼠的儿子会打洞"讲的就是这个道理。这里，我觉得有必要补充说明一下，产生结果的原因是教育，而不是遗传。

家庭教育的过程，是父母长辈在家庭中对孩子进行的个别教育行为，比幼儿园、学校教育要及时。常言道：知子莫若父，知女莫若母。家长与孩子朝夕相处，对他们的情况可以说是了如指掌，孩子身上稍有什么变化，即使是一个眼神、一个微笑都能使父母心领神会。作为父母，通过孩子的一举一动、一言一行，能及时掌握他们此时此刻的心理状态，发现孩子身上存在的问题，及时教育，及时纠偏，不让问题过夜，家长可以及时引导孩子端正认识。使不良行为习惯消灭在萌芽状态之中。在幼儿园、学校，教师面对着几十个孩子，只能针对这个年龄阶段的孩子进行共性教育，也就是群体教育，因时间及精力所限，不可能照顾到每个孩子的特点，容易出现顾此失彼的现象（个别家长甚至因此认为教师对自己孩子照顾不周，歧视自己的孩子，导致不信任）。因此家长对孩子进行正确的家庭教育既可以使孩子在进入幼儿园之前形成良好的行为习惯，为接受集体教育奠定很好的基础，又可以弥补集体教育的不足。

伴随着孩子从出生，上小学、初中、高中、大学，直至参加工作，家庭的教育和影响一直在起作用。一个孩子在走向成人、走向社会的过程中和家庭的距离虽然在拉大，但是家庭教育的影响仍然存在。所以，家庭教育从某种意义上来说，起到的作用要比学校教育大得多。

三、从广泛性讲

孩子是父母的镜子，孩子是父母的"作品"。家长既要负责孩子的身体发育，又要负责孩子的心理发育；既要重视孩子的智力发育，又要重视孩子各方面能力的培养；既要教会孩子学习知识，又要教会孩子学会做人。通俗一点讲，也就是学校要管的，家长要管，学校不管的，家长也要管，孩子的衣、食、住、行、安全、能力、爱好、审美等都离不开家庭对他的教育，即家庭教育的覆盖面非常宽泛。每一个细节的不到位，或者有几个细节遗漏，都有可能影响到孩子成长。比方说你饮食不管，孩子要么挑食，造成营养不良，导致发育不全；要么每次都大吃大喝，患肥胖症，爬一层楼梯都喘气，对他的成长有没有影响？孩子穿衣服你不管，穿少了一着凉生病了，打针、吃药痛苦不说，身体不舒服学习也因此受到影响对不对？孩子玩手机你不管，学习没有心思，半夜了，还在床上聊QQ、发微信，第二天上课、学习有精力吗？这还是好的。从坏处讲，聊着聊着跟着别人跑了；聊着聊着跟着人家去犯法了，你说对他的成长有没有影响？所以必须要管！所有这些学校却很难管也不大有效果，要知道在教育孩子一些事情上，现在的老师不能做也不敢做。正是因为家庭教育具有这些特点，对一个人成长的影响也就最重大，家庭教育也就比学校教育更为重要。

四、从亲情度讲

家庭教育除了理性，还有割不断的血脉和比学校更强的亲情，即情感性。当然，学校教育、社会教育也包含情感性，但相对于家庭教育来说就显得比较弱了。

家庭的存在，确定了父母子女间的血缘关系、抚养关系、情感关系。子女在伦理道德和物质生活的需求方面对父母长辈的依赖性，家庭成员根本利益的一致性，都决定了父母对子女有较大的制约作用，父母的教育易于被孩子接受和服从。家长合理地运用这一特点，对孩子良好品德和行为习惯的形成是很有益处的，对于幼儿来说，尤其是这样。幼儿在与其他小朋友们的玩耍游戏中，当出现争执情况时，往往引用父母的话来证实自己的言语行为是对的，如他们喜欢说"我爸爸是这样说

的"或"我妈妈是那样做的"等等。父母在孩子心目中的权威性决定着孩子如何接受幼儿园、学校及社会的教育。孩子与父母的关系，是孩子最先面临的一种重要的社会关系。这种关系，几乎体现了社会人伦道德的各个方面。如果这种关系形成裂痕和缺陷，孩子之后走向社会，在各种人际关系中就会反映出来。强调父母权威的重要，还因为父母在孩子幼年时代始终扮演着双重角色：既是孩子安全生存的保护者，又是人生启蒙的向导。父母教育的效果如何，就看父母权威树立的程度。父母权威的树立必须建立在尊重孩子人格的基础上，而不是封建的家长制上。明智的家长很懂得权威树立的重要性，更懂得权威的树立不是靠压制、强求、主观臆断，而是采用刚柔相济的方法。父母双方在教育子女的态度上首先须协调一致，并相互配合，应宽则宽，应严则严，在孩子面前树立起一个慈祥而威严的形象，使孩子愿意接受父母的教育。

父母与孩子之间的血缘关系、亲缘关系的天然性和密切性，使父母的喜怒哀乐对孩子有着强烈的感染作用。孩子对父母的言行举止往往能心领神会，以情通情。在处理发生在周围身边的人与事的关系和问题时，孩子对家长所持的态度很容易引起共鸣。在家长高兴时，孩子也会参与欢乐；在家长表现出烦躁不安和闷闷不乐时，孩子的情绪也容易受影响，即使是幼儿也是如此。如果父母亲缺乏理智而感情用事，脾气暴躁，都会使孩子盲目地吸收其弱点。家长在处理一些突发事件时，表现出惊恐不安、措手不及，对子女的影响也不好。如果家长处变不惊、沉稳坚定，也会使子女遇事沉着冷静，这样对孩子心理品质的培养会起到积极的作用。

五、从关注度讲

在学校或者说在班级，同一个老师的教育几乎是一模一样的，为什么成绩有好有坏，差异那么大？就是因为家庭的教育和背景不一样，导致孩子在校的学习成绩不一样。下面是一张某学校四年级（1）班一次学科成绩考核的统计表，我想应该能说明这个问题。

四（1）学科成绩统计表

班级人数	46	优秀人数	12	优秀率	30.4	合格人数	42	合格率	91.3
		总　分		3682		平均分			83.68

序号	姓　名	成绩	序号	姓　名	成绩	序号	姓　名	成绩
1		91.5	17		88.5	33		87
2		86.5	18		88	34		93.5
3		93	19		2	35		85.5
4		87.5	20		81	36		90.5
5		97	21		79	37		71
6		83	22		76	38		88
7		71	23		8	39		86
8		86	24		47	40		73.5
9		98	25		69	41		81
10		85.5	26		46.5	42		86
11		91.5	27		76	43		88.5
12		83	28		91	44		79.5
13		95	29		93	45		82.5
14		89.5	30		90.5	46		85.5
15		85	31		74.5			
16		91.5	32		89.5			

　　在这张成绩表中，90 分以上优秀的是 12 人，约占整个班级人数的 26%；60—89 分之间的合格人数是 32 人，约占整个班级人数的 67%；60 分以下不及格的 2 人，约占整个班级人数的 4%。这 2 个孩子的分数都非常低，一个 2 分，一个 8 分，几乎交了白卷。你说，这是老师教学的原因吗？显然不是，老师不可能总是给 12 个人另外开小灶，而将 2 个孩子关起来不让其上课对吧？

　　我们不是常把孩子当作小树苗？就拿栽树做比喻吧。家长们都把自家的树苗拿到学校让老师来种植培养。在同一块土壤里，老师一样的施肥，一样的浇水，一样的除草和杀虫。一年或者几年以后，这些树的高矮、大小都不一样。为什么？主要原因就是这些树苗送来的时候就有问题：有的主根断了，有的副根损伤很多，有

的树皮刮破了，有的在苗床上就一直被别的树苗挤着，光合作用不充分，营养也不良……换一个比喻的话，就是家长负责准备钢筋、水泥等建筑材料，老师负责将这些材料建造成房子。至于最后建成的房子是摩天大楼、别墅或者小茅屋都有可能，就看你的建筑材料怎么样。材料质量不过关，即使老师最后把房子造好了，家长还得时不时地去修修补补，个别的甚至还需要拆了重建。

六、名家的观点

家庭教育是一切教育的基础。苏联著名教育学家苏霍姆林斯基把儿童比作一块大理石。他说，把这块大理石塑造成一座雕像需要六位雕塑家：1. 家庭；2. 学校；3. 儿童所在的集体；4. 儿童本人；5. 书籍；6. 偶然出现的因素。"六位雕塑家"，也就是六个方面的外因，它们相辅相成。但从排列顺序上看，家庭被列在首位，可以看得出家庭在塑造儿童的过程中所起的作用，在这位教育学家的心中占据着最重要的地位。

18世纪德国教育家、哲学家、现代学前教育的鼻祖、幼儿园创始人福禄贝尔说过："国家的命运与其说是掌握在当权者的手中，倒不如说是掌握在母亲的手中。"意思就是孩子是一个国家的未来，而母亲（家长）正是培养孩子的关键。

家庭是孩子认识世界、获取知识的第一所学校，父母是这所学校的全科教师兼班主任。是的，一般情况下，教师对学生的影响远不及母亲对孩子的影响。因为教师的教育和影响是后天的、阶段性的、不彻底的，而父母亲的影响是与生俱来的、深刻的、永久性的。

中华民国国父孙中山先生的妻子、中华人民共和国已故国家名誉主席宋庆龄说："孩子们的性格和才能，归根结蒂是受到家庭、父母，特别是母亲的影响最深。孩子长大成人以后，社会成了锻炼他们的环境。学校对年轻人的发展也起着重要的作用。但是，在一个人的身上留下不可磨灭的印记的却是家庭。"我想，这是一位20世纪最伟大女性的体会和经验吧！

2015年，国家教育部印发的《教育部关于加强家庭教育工作的指导意见》中指出："家庭教育工作开展的如何，关系到孩子的终身发展，关系到千家万户的切身利益，关系到国家和民族的未来。"这句话，我的理解有两层意思：一是家庭教育工作很重要，政府各相关部门要把家庭教育工作做好；二是家庭是培养孩子的主角，孩子成长的好与坏，反过来又影响着家庭的发达与否，家庭教育同时又是国家兴旺和强盛的根本。这个指导意见，当然是综合了众多专家学者的研究成果写出来的。

教师主要传授知识，家长才是孩子最好的老师。家庭和家长潜移默化的熏陶、教育，是决定孩子是否优秀的关键，社会仅仅是被动地影响，甚至有教育权威专家说，按 100 的分值计算的话，在影响孩子成绩好坏，决定孩子是否成才中，家庭教育占 90%，学校教育占 8%，社会教育占 2%。我们知道，要将对孩子的教育进行量化，是一件非常困难的事情，最多也只能是一个概数，但专家所表达的意思，说明家庭在孩子的整个教育过程中所起的作用比其他因素要大，这一点是肯定的。

七、目标和重点

有人说，如果家庭教育出了问题，孩子在学校就可能会过得比较辛苦，孩子很可能会成为学校的"问题儿童"。弄清了家庭教育的地位，明白了家长在家庭教育中的角色，接下来就是家长在家庭怎么教、怎么育的问题。这些问题，就是我这本书要解决的主要问题，将在后面几讲中具体展开。本节的最后，我想要告诉家长的是：

家庭教育的目标应是：在孩子进入社会接受集体教育（幼儿园、学校教育）之前保证孩子身心健康地发展，为接受幼儿园、学校的教育打好基础。在孩子入园、入校后，配合幼儿园、学校使其德、智、体、美、劳诸方面得到全面发展。

家庭教育的重点应是：培养孩子良好的道德品质和养成良好行为习惯（生活习惯、劳动习惯、学习习惯等）为主，教会孩子如何学"做人"。

这其中，家长的作用主要体现在三个方面：

1. 优秀形象的传承者。父母是孩子的首任教师，是孩子首先模仿的榜样。父母的言行、思想观念和文化素质无时无刻地影响着孩子，可以说从孩子身上，我们总能找到父母的影子。

2. 良好教育的实施者。孩子基本素质的形成与家长的培养、教育是分不开的。父母所花费精力的多少、时间的长短、决心的大小、所使用方法的好与坏，直接关

系到教育的成功与否。古今中外众多名人成才的事例，无不说明家庭和父母的重要作用。

3. 健康环境的创造者。这里说的环境包括物理环境和心理环境。能够满足孩子生活学习必要的物质条件和适合的场所，可以说是良好的物理环境；由家长高尚的品德、健康的心态和不断进取的精神所营造的家庭氛围是良好的心理环境。

总之，作为家长要充分认识家庭教育的重要性，明白自己是培养和教育孩子的主角，自觉地做好孩子的教育工作，尽好家长的责任与义务，为孩子今后的发展打好基础。在后面的十一讲中，我将就这三大作用进行细化，具体说明作为一个合格的好家长应该怎样去实施家教。

家庭、家长和孩子的关系就是花园、园丁和花卉之间的关系。

第二讲　提供条件

当前是 21 世纪，时代在前进，形势在发展，经济在腾飞，教材在不停地改革，家庭教育的相关设施、设备也应该跟上，这是现代家庭教育不可或缺的一个组成部分。在学校，师资力量被称为软件，校舍、课桌椅、多媒体系统等是硬件。在家里，除了家长的教育教学，也应该有相应的硬件。给孩子创造安心学习、称心学习的条件，配备必要的设施、设备，既是现代教育的需要，也是必须的。很多孩子在校内学习的内容，直接或者间接地都与一些硬件设备有关系。有了这些设备，在家庭教育中，我们很多时候会少走弯路、节约时间，帮助孩子精准学习，起到其他努力起不到的作用。当然，孩子学习的好坏、能否成才，并不完全在于环境，而决定于孩子的学习思想、态度……但是，在同样的条件下，良好的学习环境，对孩子的成长还是会起积极的作用的。我给这些硬件设施、设备归纳了以下几个方面：

一、一个小天地

现在的家庭基本上都是独生子女，住房也比较宽敞，给孩子安排一个角落、书房用于学习，应该没有什么问题，不像我们小时候（20 世纪五六十年代）那么困难，房子挤，兄弟姐妹多，经济条件差。小天地不在于大小，但一定要干净、清洁；要配备合适、舒服的书架和桌椅。书桌尽量放在靠窗的位置，靠窗采光好；书架一般靠墙，但要取拿书籍方便。要对孩子学习的小天地进行简单、必要的装修。

装修风格应以清静、幽雅为主，不宜过多地装饰；书房的色调一般采用冷色调，避免强烈刺激的色彩。书房灯光要求均匀、稳定，亮度适中，避免逆向投影；要有特别照明，即要有一盏明亮又光线柔和的台灯。书橱里如能点缀些工艺品，墙上挂一些装饰画更好，用以打破书房里略显单调的氛围。一些与读书、学习无关的杂物不能放。总之，要使这个书房或者角落安心、温馨、自由；要让孩子一走进这里面，就会产生读书的欲望和冲动；要让孩子在这里读书、学习是一种享受。

二、一柜好书籍

我这里所说的"一柜"，是一个概数，不是一个精确的数字。那么，到底有多少书才够呢？往少一点说吧，孩子在读小学的，家里应有 100 册以上的图书；孩子在读中学的，家里应有 200 册以上的图书。在家里，走到哪里都有书——科学的、励志的、文学艺术的、指导写作的，以及《新华字典》《英汉字典》等一些必备的工具书。让孩子与书为伴，随时随地，随手拿起就能看，接受书的熏陶。我家大概有近两千册书，书架上放不下了，就挑一些不很重要的、暂时不用的打包，放到楼上存起来。

我们给孩子买书，首先这些书应该是好书，其次，买了书不是装门面，要读。一个人一生接触的事物有限，大多数经验来自间接经验。这些间接经验除了长辈和老师的传授，最主要的还是来自书本。17 世纪英国著名的唯物主义哲学家和科学家、文艺复兴时期的巨人培根先生说过："知识就是力量。"在这个知识竞争激烈的时代，知识的卓越能让人睿智。通过读书，让我们认识自然、认识社会，从而改造自然、改造社会，在此同时，自然也改变着我们自己的命运，所以，我们要多读书，读好书。有人说，6—12 岁小学阶段是培养良好阅读习惯和阅读能力的黄金塑造期，对于小学生，阅读很重要。一个孩子的聪明才智，如同种子，需要条件才可以发芽生长。这个条件就是海量阅读和动手动脑的游戏方式。如果一个孩子从没有读过一本好书，甚至从没读过一本超过 10 万字的书，而是把大量的时间只投入到学校课本和作业里去了，那么这个孩子的天赋聪明就被饿死了。2015 年版的义务教育语文课程标准要求：一、二年级孩子的阅读量不少于 5 万字，三、四年级孩子的阅读量不少于 40 万字，五、六年级孩子的阅读量不少于 100 万字，七—九年级孩子的阅读量没有具体要求，只是笼统地提出要扩大阅读面，增加阅读量，鼓励孩子自主选择阅读材料（早期的版本是 260 万字）。但这些标准只是一个保底的要求，我个人认为最好能再增加 2—3 倍，甚至以上。

我们的知识体系是通过课内外的自主学习而逐渐建立起来的，读书是搜集和汲取知识的一条重要途径。我们从课堂上掌握的知识不是很具体和容易理解的，需要再消化才会吸收。大量的阅读，可以将自己从课内学到的知识，融汇到从课外书籍中所获取的知识中去，相得益彰，形成"立体"的、牢固的知识体系，直至形成能力。

小学阶段的孩子，只有博览群书、海量阅读，才可以让孩子的智慧不断成长，最终形成一种强大的发展能力。

很多家长在孩子小学阶段很看重孩子的成绩，被分数所迷惑，不舍得孩子花更多的时间去读书和玩，认为是浪费时间。可是，当孩子如同小苗一般营养不良而缺乏成长力量，到了中学阶段前进乏力时，家长只会抱怨孩子如何如何，却不知道正是自己一手造成了孩子的"短命高分"和"智慧营养不良"。这种损失到了初中就开始显现出来。很多中学老师都知道一种奇怪现象：那些小学阶段单单靠投入全部时间和精力获得高分的孩子，升入初中后成绩下降神速，这些孩子越学越累、越学越不会学。恰恰是那些小学阶段成绩平平，但博览群书、见多识广的孩子们成绩上升力量强大、后发制人、潜力无穷。

读书不仅对我们的学习有着重要作用，对道德素质和思想意识也有重大影响。我们都有自己心中的英雄或学习的榜样，如军人、科学家、老师、英雄人物等。这些令我们崇拜或学习和模仿的楷模，也可以通过阅读各类书籍所认识。我们在进行阅读时，会潜意识地将自己的思想和行为与书中所描述的人物形象进行比较，无形中就提高了自身的思想意识和道德素质。

说到读书，并使孩子喜欢读书，我建议家长可以从给孩子讲故事开始，让孩子建立阅读的习惯，让孩子尽早学会独立阅读，最后养成终身阅读的习惯。有人说："只要还在读书的人，就不会彻底堕落，彻底堕落的人是不读书的。"

苏联著名教育家苏霍姆林斯基说得好："如果学生的智力生活仅局限于教科书，如果他做完了功课就觉得任务已经完成，那么他是不可能有自己特别的爱好的。"每一个学生要在书籍的世界里，有自己的生活，把读书视为自己的乐趣。

读书破万卷，下笔如有神。书读得多了，获得的知识多了，成绩也就上去了；书读得多了，人聪明了，素质和修养也就上去了。与家里几乎没有书籍的孩子相比，家里有至少 500 本藏书的孩子高中毕业的概率高 36%，大学毕业的概率高 19%。如果那些孩子的父母接近于文盲，那么这种差距还会呈指数级扩大。美国当代心理学家艾琳·肯尼迪·穆尔说："学业上的成就不只依赖于先天的智力，还需要良好的学习态度。父母亲的以身作则胜于耳提面命。喜欢阅读的父母向孩子证明读书是有趣、快乐和值得的。"

慈溪有一位私立学校的校长，我多年的好朋友，他说："只要我儿子想买书，无论多少，我都给他买。"他儿子大学毕业以后，分配到某家市级医院工作，到了第二年，就已经通过严格的考核获得了医师执业资格证书。有了这本证书，就可以独立开处方。反之，如果三年以内不能考取，要么调离门诊岗位，要么就直接辞退。同样在慈溪，有一户家庭，户主叫童银舫。他嗜书如命，家里除了一些必要的家具以外，全部都是书，目前已有二万余册。2014 年，他们家被国家新闻出版广电总局授予"书香之家"称号。由于拥有大量藏书，阅读、研究、写作就成了他八小时以外的最大乐趣。目前编著出版有《溪上流韵》《慈溪百人》《慈溪名人故事》《慈溪书画家》《慈溪民间故事集》《慈溪民间歌谣集》《中国民间故事丛书·慈溪卷》《慈溪家谱》《国史慈溪人物传》《慈溪旧闻》《溪上人物》《溪上轶事》《梦田集》等二十余部著作，成果斐然。因为读书，他博学，被市人民政府特招进入政府机关工作。他现在是中国民间文艺家协会会员，浙江省作家协会会员，宁波市民间文艺家协会副主席，慈溪市民间文艺家协会主席。他的儿子大学毕业以后自己创业，事业蒸蒸日上。

三、几种电子设备

这些电子设备指的是录放设备、电子词典、家教机等。现代教科书上的内容，好多地方的学习都需要与电子音响设备结合。语文有课文诵读，英语有跟读、听力、默写等。碰到英语的词汇不理解、译不出来的可以通过查阅电子词典解决。家教机则可以帮助一部分记忆力不怎么好的学生在家里温习学过的课程。乡镇、农村的家长普遍性地文化程度不高，即使有一定文化程度的家长，在音准、精确释义上也肯定比不上这些设备里的储存。所以，给孩子配备这些现代化的小装备是有用的，也是必要的。我们做家长的不要舍不得钱，况且也花不了多少钱。什么地方都可以省，就是不能省孩子学习的钱。十多年前，我外甥读小学时英语成绩一直上不去，后来给他买了一只点读机供他学习，只两星期成绩就上去了，从原来考来考去只有五六十分的成绩一下子考到了九十多分。我不是替有关的厂商做广告，我与他们没有任何关系，我只是把我知道的告诉大家，这钱用得值。

除了录放机，具体一点说，电子辞典对于中学生学习来说作用比较大。它把英汉汉英辞语字典和计算机的功能集合于一身，储存量惊人。只要我们轻轻一按，就能很快显示出想要的资料来，既高效又快捷方便，孩子们不必再到那些厚厚的字典中查找资料了。电子辞典还可以帮助孩子提高记忆，这是因为电子辞典具有反复和循环功能。一个单词或一句话的反复出现，而且不按顺序地出现，可以使人的大脑得到更深的记忆。当然，电子辞典也有不好的地方，比如游戏，在考试时作弊等等，家长要正确引导。

家教机里的教学资源比较丰富，从小学到高中都可以用。里面有老师在线答疑，有学习评测和学习方法指导等，非常实用，让孩子在没有老师、没有家长的情况下可以有针对性地单独听课，学习中的薄弱环节可以帮孩子找出来并强化训练，考试之前可以针对每个考点进行训练，并且可以查看全国各个名校的试卷进行练习，里面教育资源和课堂完全同步，并且有黄冈名师讲课视频，可以在家进行课堂场景还原，课堂没听懂的回家反复看，就连学校里发的理科练习册中的难题都可以帮孩子解决。

当然，任何事情都有正反两个方面，点读机、家教机也有副作用。个别的学生认为我反正家里有点读机、家教机，老师上课就不认真听了，缺乏思考，导致成绩反而滑坡。毕竟，每个老师的教学方法和思路都不一样，每个学生的思想都不一样，我们做家长的要有必要的引导和管理，不能因噎废食。

四、多种学习用品

除了上面我讲到的硬件设施、设备外，剩下的学生学习用品、学具基本上可以分为两大类：一类是常用的必备用品，如铅笔、橡皮、尺子、圆规、文具盒和书包

等。这一类学习用品家家都会备，每个孩子都会有。我要说的是家长给孩子买这些东西的时候，要掌握一个原则：即正宗、实惠、无害。现在的市场一是假货泛滥，不合格甚至对人身体有害的商品比比皆是，如增塑剂、荧光剂超标等，文具也不例外；二是商品的种类极度丰富，花样繁多。我们家长去给孩子买学习用品时要多长几个心眼：比如木头铅笔就买上海"中国第一铅笔股份有限公司"6151 型（HB 规格）；比如橡皮要买淡黄或黑色的韩国产 4B 的那种；尺子买有机玻璃的白底黑字或蓝字的，其中三角尺要买三边都有刻度的，量角器要买中间没有孔的那种，上海晨光文具股份有限公司的绘图套尺 ARL96042 型是不错的选择；圆规要买金属质地的，塑料制作的一摔就散架；文具盒要买布做的，塑料或金属做的开合会发出声响，影响别人不说，还很容易破。"晨光""得力""爱好""智高"这些企业生产的文具相当不错，家长们可以选用。另一类是不常用的，比如胶水、剪刀、橡皮泥和彩纸、卡纸、宣纸等各种纸张。这一类学习用品在美术课中使用较多。计算器在小学四年级的数学课中要用一下。另外，参加兴趣小组（现在又叫社团活动、拓展课程）的相关活动，学校、少先队在一些特定的节日组织一些科技制作之类的活动，需要相关的器材，有的学校会准备，有的须学生个人自购，家长们应无条件地支持。

五、正确处理三大件

现在的家庭基本上都有电视、电脑、智能手机这三大件东西，也就是说都有这三个麻烦。是的，特别是电脑和智能手机，里面什么都有：游戏、动画片、微博等等，还可以用电脑和智能手机玩微信、发 QQ。小孩子没有自我约束能力，看起来、玩起来没完，以至影响学习、影响休息。有家长会问，解决的办法有没有？我自己当时的解决办法是：孩子读小学、初中时坚决不买电脑。电视的同轴电缆做好手脚，就说电视放不出，坏了。（这个不算欺骗，就是欺骗也是善意的欺骗。）这样的结果是我们一家人都不看电视，电脑一直到我儿子读高中时才买，至于手机那时还不是智能的，当然，一直到高中毕业我都没有给儿子买。估计我的处理方法一般的家长都做不到，不过那时也确实没有像现在这么普及。那么，怎么办呢？电视就给孩子规定时间吧。比如，做好作业以后，允许孩子看半小时以内的电视，但只能看少儿适宜的片子或新闻，一般不看动作片、连续剧。这些仅是我个人的建议，具体因人而异。

电脑只能在学习上需要时使用，家长不要去攀比，也不要担心孩子以后不会用电脑。虽然到初中毕业我还没有给儿子买电脑，但等到他读高中时，却是自己买来电脑零件，自己组装电脑的。几年以后，在日本留学的一个博士后女生写论文时需要编程，自己不会，就在互联网上求助，是我儿子替她编的，那时儿子还在读大二。现在的孩子不像我们这么笨，接受新生事物快，只要他对某一样东西产生了兴趣，很快就会。

智能手机是一个很糟糕的发明，因为这个发明，很多人有空没空一天到晚地玩手机：吃饭玩手机，走路玩手机，工作玩手机，甚至连开车也玩手机，你说有多危险！所以，我坚决反对家长给孩子配备手机。我去讲课的时候，有家长曾经问我："华老师您有微信吗？"我说："有。我有两个群，一个是浙大家长群，另一个是市乡贤研究会群。"因为我儿子在浙大读书，同时我又是慈溪市乡贤研究会的副秘书长，为了孩子学习，为了弘扬乡贤精神，我想这两个群是必须的。好友七八个吧，包括我爱人在内。我儿子没有微信，平时联系就以电话为主。QQ偶尔用一下，因为儿子平时也不用QQ，只在发资料的时候用，还必须用电话通知他。一个北京的学生要加我微信，我说："我的微信一般的人不加，你要加算是特例吧！不过，你给我发微信以后得给我来一个电话，告诉我你发了微信。"那年的9月10日这一天，我的这个学生打来了电话，告诉我今天给我发了一条微信。我说："是什么内容啊？"她说："祝您教师节快乐！"

家长们不要以为我在说笑，这是真的。

我们那里有一家企业，每年的利润有好几百万，每年的公益捐赠起码有十几万。但这家企业的老板用的手机是一个既不能发微信，也不能上网的老款。我想在网上找一下这款手机，以便我讲课的时候在PPT上放出来给家长们看，可找来找去就是找不到，只好找了一个比那款先进一代的手机来替代。他不是买不起手机，也不是不会玩手机，他是不想浪费时间。山东省作家协会主席、著名作家贾平凹前几年到慈溪参加《人民文学》颁奖典礼。我了解到，这位《废都》的作者，没有QQ，更没有微信，也从来不上网。为什么？也是不想浪费时间！

家长们，要想把一件事情做好，就得节约时间，一心一意。要想让孩子把书读

好，就得让孩子集中精力，全神贯注。所以我奉劝家长，即使家里有多余的手机，也不要给孩子。

六、拒绝不良消费品

需要特别说明的是，由于独生子女的政策，使得孩子在家庭中的地位尤为突出，许多家庭"以孩子为中心"，一切围绕孩子转，孩子在家庭中的地位越来越高。做家长的把所有的爱全倾注在孩子的身上，什么事都是孩子说了算，想要什么就有什么，无限制的爱超过了理智。家长迁就孩子的结果只会让孩子的欲望不断地发展，得不到有效控制，最后滑向糟糕的我们不愿意看到的结果。我这里仅就一些常见的与孩子关系特别密切的物品进行说明，目的只有一个，就是告诉家长，对那些没用的东西不要买，对孩子学习、健康有可能不利的东西，家长买时要擦亮眼睛。

1. 有害书籍

现在政府的文化部门对影像图书市场管得比较严、比较紧，黄色的、堕落的、反动的图书市面上已经没有，但要当心孩子从其他地方获得，比如旧书市场和隔壁邻居同学家里等。我们家长还需要防止的是书店里的那些消遣的、八卦的图书。如网络武侠小说、青春爱情小说等。这些书籍从表面上看无害，但实际上并不那么简单，至少无用，浪费孩子宝贵的学习时间，也不应该让孩子看，更不应该花钱买给孩子。在这一节，我也顺便说一下在影像方面，家长们要防止电视、电脑上的一些血淋淋的场面和男女亲热的画面给孩子看到。前者过于恐怖，后者不雅，他们还小，况且喜欢模仿。

2. 有毒物品

现在的有毒物品比较多，对于一个正在读书的孩子，我这里就重点讲一讲修正液、劣质毛绒玩具、带荧光粉的餐巾纸，书房装修这几个方面。

（1）修正液又叫涂改液。它不像胶条一样容易把纸撕破，也不像橡皮那样对钢笔、圆珠笔字迹束手无策。它方便、快捷、干净、覆盖力强，是孩子喜欢用的改正错误的好帮手。但修正液是一种化学合成物，其中含有二甲苯等许多有害成分，长期使用会对人体的肝、肾等脏器造成慢性伤害。由于修正液干得快，其强烈的挥发性恰恰会增加它毒性的渗透力，对人体危害极大。一些眼科专家指出，经常使用修正液会造成眼球发红、流眼泪，个别过敏体质者还会出现恶心、呕吐等症状。长时间使用会对人体的五官造成明显的损害。为了保护眼睛和自身健康，还是不用或少用为好，即使要用，也最好尽可能拉开与头部的距离。

另外，修正液用久了还会产生依赖心理，不利于孩子从小养成认真仔细的良好习惯。学生一天到晚要做很多作业，写很多字，做错作业写错字在所难免，那怎么办呢？我认为最好的办法还是让孩子用修改符号，既省钱又环保！

常用的修改符号大致有 12 种，我将它们的用处以及例举告诉家长，以便家长们指导孩子时使用：

①删除号：用来删除字、标点符号、词、短语及长句或段落。

②恢复号：又称保留号，用于恢复被删除的文字或符号。如果恢复多个文字，最好每个要恢复的字下面标上恢复号。

③对调号：用于相临的字、词或短句调换位置。

④改正号：把错误的文字或符号更正为正确的。

⑤增添号：在文字或句、段间增添新的文字或符号。

⑥重点号：专用于赞美写得好的词、句。

⑦提示号：专用于有问题的字、词、句、段，提示作者自行分析错误并改正。

⑧调遣号：用于远距离调移字、标点符号、词、句、段。

⑨起段号：把一段文字分成两段，表示另起一段。

⑩并段号：把下段文字接在上文后，表示不应该分段。

⑪缩位号：把一行的顶格文字缩两格，表示另起段，文字顺延后移。

⑫前移号：文字前移或顶格。

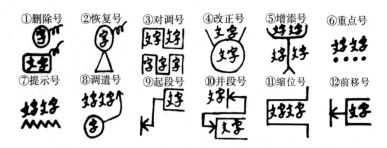

（2）各式各样造型可爱、颜色鲜艳的毛绒玩具不但是较小孩子生活中不可或缺的伙伴，就连不少年轻人特别是女孩子也情有独钟。但市场上的毛绒玩具合格率低，质量良莠不齐。一些劣质玩具的表面隐藏着大量的细菌、甲醛，铅、汞等，重金属含量严重超标，影响儿童健康，甚至会对孩子造成很大的伤害。

所以，能够买到优质的毛绒玩具，让孩子减少危害，是最佳的办法。家长们在购买玩具时可以通过一找、二看、三摸、四闻、五问的方法。

找：主要看有无商标。一般正规厂家生产的毛绒玩具都有商标、厂名、厂址等。

看：首先看颜色。消费者最好选择玩具背后有拉链的那种，这样可以看到里面的芯；有的黑心棉是从毛毯、沙发等用品上梳理下来的废料，颜色不均匀不透亮。其次，要看玩具背面缝线处是否沾有碎丝绒，有过多碎丝绒的可能是劣质品。

摸：从手感上来判断，感觉柔软有弹性。手感较硬、不顺滑的毛绒玩具不要购买。

闻：选购时闻一下有无异味。正规合格的玩具气味清新。

问：问清楚价格。价格过于便宜的不要买，还可以问其进货渠道是否正规。

另外，毛绒玩具还要定期清洗和消毒。即使质量好的毛绒玩具，在玩耍当中也会藏有很多尘螨和细菌。有呼吸道疾病，尤其是哮喘的患儿尽量不要过多地玩耍毛绒玩具。

（3）餐巾纸已经融入了我们的日常生活，使用的频率很高。孩子擦嘴巴用餐巾纸，擦手用餐巾纸，擦污渍用餐巾纸，擦汗也用餐巾纸。问题是现在市面上的餐巾纸有好多都含有对人体有害的物质，据了解，目前卫生纸或餐巾纸的相关国家标准中没有禁止使用滑石粉、荧光增白剂等条款，这让规范使用成为监管盲区。

一些造纸厂用回收纸来生产卫生纸。为了让纸变白，在生产中加入脱墨剂、滑石粉（碳酸钙）、荧光增白剂、漂白助剂等化工原料。同时，厂方出于生产便利的考虑，往往混产卫生纸、餐巾纸，部分原料也有可能混合使用。

专家指出，滑石粉属于矿物质，人吃多了会患胆、肾结石。若采用的是工业滑石粉，里面还含有铅、镉等重金属，容易对人的神经系统、血液系统产生损害，甚至影响儿童智力发育；如果使用氯气漂白剂等，甚至会产生二恶英等，容易致癌。

如果使用废纸做原料，可能还会含有大量细菌、重金属、真菌等。生产中不消毒，很多细菌将会残留，长期使用会引起肠炎、伤寒、痢疾等疾病，有的甚至还可能携带肝炎病菌。

家长购买时鉴别的办法是：

搓一搓，不掉渣。为节省成本，许多厂家生产纸巾时，在纸浆中添加较为廉价的碳酸钙或者滑石粉，致使纸巾在使用过程中掉粉、掉毛、掉屑，轻则容易吸附在皮肤表面，重则引起过敏等。家长们拿到纸巾后轻轻抖一抖或者搓一搓，如果发现有掉渣情况，就说明纸巾质量不合格，很可能是废纸再生产的。

泡一泡，无破损。将纸巾浸泡在水中，劣质纸用水一泡马上会化成渣，而质量好的纸巾浸湿后拧干，摊开时无明显破损。

闻一闻，不刺鼻。纸巾不能太白，如果发现有刺鼻异味，应马上停止使用。

此外，家长在购买纸时还需要注意，一定要选择正规厂家的产品，看清产品标识，包括生产日期、保质期、执行标准、质量等级等。外出就餐尽量自带手绢、纸巾或饭后用水清洗嘴部。

（4）书房要装修。一般情况下，装修以后不去使用（学习）也不太现实。问题是现代的装修材料中很多含有大量甲醛。比如油漆、夹板等。甲醛对人体健康的影响主要表现在嗅觉异常、刺激、过敏、肺功能异常、肝功能异常和免疫功能异常等方面。长期接触低剂量甲醛可引起慢性呼吸道疾病，引起鼻咽癌、结肠癌、脑瘤、月经紊乱、细胞核的基因突变等。在所有接触者中，对孩子的正常生长发育影响很大，严重时会导致白血病、记忆力下降、生长迟缓等疾病。

解决的办法一是通风换气。这是消除室内污染最有效和最经济的方法。一方面，新鲜空气的进入可将室内污染物冲淡，有利于室内污染物的排放；另一方面，有助于装修材料中的有毒有害气体尽早地释放出来。

二是吸收法，在家里面摆放点吸收甲醛的植物，如芦荟、吊兰、散尾葵、长春藤、绿萝、滴水观音、菊花等。但家长们要明白的是用植物去除有毒气体的功效是有限的，充其量也只能作为室内环境治理的辅助手段。说得更明确一点，就是只有当室内空气轻度污染时，植物才能为去除异味起一点小作用。当室内空气污染物严重超标时，植物就无能为力了。再一个就是可以将活性炭、纳米活矿石等材料放在柜子里。这些物质微小的孔隙能够收纳甲醛、甲苯等有害气体分子。

3. 游戏机

玩电子游戏的孩子，首先是学习的时间减少了，学习的心思没有了，程度严重的还会导致厌学、弃学或逃学，严重地影响了学业。

其次是孩子长时间玩电子游戏，参加室外的活动必定明显减少，致使身体素质因缺乏锻炼而无法得到提高，继而引起肥胖和其他病症。玩电子游戏机又是一种低体耗的静止游戏，儿童长时间地坐在那里玩耍，颈、脊、肌肉持续处于紧张状态，腰部也相当吃力，易造成肩膀僵直，腰椎、颈椎受损，关节韧带劳损，不利于孩子骨骼的生长发育。另外，游戏机屏幕上炉光及色彩高速闪现和变换，眼睛长时间且近距离地盯在闪烁、跳跃、炫目耀眼的荧光上，就会使眼睛的睫状肌、晶状体处于高度紧张调节和超负荷状态，从而产生非特异性的炎症。导致眼睛发干、眼痛、畏光、眼球胀痛、充血等症状，重者甚至引起恶心、呕吐等中枢神经方面的反应，久而久之，眼睛的屈光度改变，致使视力下降。经常玩游戏机的学生易发生近视、夜盲症等，损害视力。

其三，面对电子游戏机屏幕上紧张、刺激性强的画面，儿童精神高度紧张，大脑皮层处于兴奋状态，时间长了，干扰了神经系统的调节机制。有很多儿童上课时也在琢磨电子游戏机的打法，精力不集中，甚至在课堂上也摇头晃身子、手足乱动地模仿打电子游戏机的动作。与其他儿童相对比，这样的儿童更易发生感冒、食欲不振、遗尿、吸吮手指、脾气暴躁等不良行为，耽误学习。电子游戏节目中越来越多的惟妙惟肖的暴力情节和血淋淋的凶杀场面，也严重地污染了儿童的心灵。

经常玩游戏机的儿童，往往容易发怒和变态性好斗、易于冲动、爱和父母顶牛。这对儿童的行为观念也会产生潜移默化的影响。所以，家长们既不能给孩子买游戏机，也不能放行让孩子去游戏厅打游戏。

4. 奢侈用品

有人说，现在孩子的花销越来越高，因为他们成了父母财富的象征。孩子穿得好，说明父母的生活品位高。以前有些家长在攀比了房产、汽车和自己所拥有的奢侈品后，现在开始攀比起下一代的生活方式了。经济条件好了，一些家长喜欢给孩子买最贵的衣服，用最好的物品。虽然那些名贵产品可能会有好的质量，但是对于孩子来说，是没有必要的。

在穿着上，上学时如果学校没有硬性规定一定要穿校服，家长也应该让孩子以校服为主。平时穿着也不必选择很贵的名牌，休闲舒适的纯棉衣裤，软硬适中的胶鞋，夏天透气，冬天保暖就可。适合孩子的不是品牌，而是品质。另外，名牌服饰也阻碍孩子正常的玩耍。有些妈妈给孩子穿上了昂贵的衣服后，不许他们摸爬滚打，不许碰这碰那，这些"不准破坏"的衣服使得孩子不能在户外玩耍，阻碍了他们天真烂漫的个性成长；还有些衣服把孩子包装得像个小大人一样，甚至一些不合脚的高档皮鞋影响了孩子的骨骼成长。孩子生长发育快，新鞋、新衣有时候几个月就要换一次，买贵了容易造成浪费。

父母给孩子精心打扮是可以理解的，但是要把握尺度。孩子的童年应该是开心的，所以我们要给孩子适合的，不是奢侈的。

学习用品是易耗品，笔每天要写，橡皮每天要擦，书包在课桌里放不下，要放在地上，家长花很多的钱去买不值得。再说，过度的消费，还会养成孩子的攀比心理和不良的消费习惯，对今后的成长非常不利。

家庭环境好，孩子好；家庭环境出了问题，孩子就成为问题儿童。有时候，孩子生病了，需要吃药的并不是孩子，而是家长。父母的第一使命，就是为孩子提供一个好的家庭环境。

第三讲 讲究说话

20世纪苏联教育家、作家马卡连柯说："不要认为，只有当您与孩子谈话，或教导他，或命令他的时候您才在教育孩子。在您生活中的每一时刻，即使您不在家的时候，您都在教育着孩子。您怎样穿衣服，您怎样与别人交谈和怎样谈论别人，您怎样高兴和忧愁，您怎样对待朋友和敌人，您怎样笑，怎样读报——所有这一切对孩子都具有重要的意义。孩子能发现并感觉到语调中的细微的变化；您思想上的所有转变，都会通过无形的途径传达给孩子，而您却没有察觉。"

很多家长口不择言，在家里想说什么就说什么，根本不考虑孩子在不在，不考虑孩子在干什么，不考虑孩子的年龄和感受。"办事要讲效率，说话要看对象"是常识。一些话在大人处可以说，有小孩时却不能说；一些话在家里可以说，在外面却不能说。比如黄色的、低级趣味的话，有小孩在就不能说；骂人的脏话、数落长辈不是的话，有小孩在就不能说。因为这些都是与品位和素质格格不入的，会让孩子尴尬和无所适从，也会破坏家庭温暖、和谐、高雅的氛围，有时还会在无意中给孩子造成不必要的伤害。

什么事情都家长说了算，让孩子干啥就得干啥，什么时候完成就得什么时候完成，容不得半点不同意见，更容不得半点反对，就像古装影视中的皇帝，其实这都可以说成是对孩子的一种心理虐待。这样家庭出来的孩子懦弱、自卑、过于顺从，没有主见。也有可能在逆反心理的驱使下变得难以驾驭，变得专制、横蛮，显然，也是不对的。

去年国庆黄金周，有一个3岁多的男孩子在天安门广场与家人走散了，哭个不停。警察叔叔想安慰一下，就把他抱起来，结果那孩子哭得更加厉害，并且想努力从警察手里挣脱出来。警察叔叔以为是自己不会哄孩子，然后叫来一位警察阿姨抱着他，可是他还是照样挣扎个不停，最后孩子传到穿便衣的一位叔叔手上时，他才不哭……

一个多小时后，找到了小男孩的家人。警察了解到，其父经常在家里对孩子说："你再不听话，我就叫警察叔叔开警车来抓你去……"孩子平时见警察也总是努力地躲避……

类似的还有："你再闹，我就送你去幼儿园。"或者："你不听话，就把你送到幼儿园去，让那里的老师教训你。"

常听到一些父母这样威胁孩子："哭什么哭，再哭，我就打死你！"或者"再哭，我就不要你了！""你再乱动，我就打断你的腿！"……

我们可以设想一下，如果孩子真的控制不了自己而情不自禁地再哭或再动，做父母的真的就会打死他、不要他或者打断他的腿吗？我想肯定做不到，实际上也舍不得打。做父母的初衷也只是想吓唬吓唬孩子而已，根本就没想到真的要打死他、不要他或者打断他的腿。但这种"令出不行"将会对孩子的发展带来不良影响，使孩子产生"爸爸妈妈说话可以不听""爸爸妈妈只是说说而已"等错误认识，进而大大影响父母在孩子心目中的威信，也影响着父母以后对孩子的教育效果。同样，乱吓唬孩子，父母在孩子面前不假思索地信口开河，让孩子害怕他本不该害怕的事物或人，这对孩子的健康成长是十分不利的。所以，我们做父母的在孩子面前一定要谨言，要清楚什么话可以说，什么话不可以说。

一、不说粗话、脏话

粗话、脏话是一种不文明，低素质的表现。只要关注一下我们的身边，你就会发现有人粗话、脏话不离口，特别是在广大的乡镇和农村。要知道，父母说粗话、脏话对孩子的成长是非常不利的。因为你的一句脏话很有可能让小孩子听到、记住并学会。俗话说"学好三年，学坏三天"。其次，于父母自身来讲，也不利于团结。因为你的一句或几句脏话，小则引起一场口角，大则造成斗殴。再次，使自己的形象受损，在别人的眼里你是一个没有素质的人。

要自小就培养孩子的道德文明意识，我们就必须戒掉这种不良的坏习惯。大声说话则是我们的"国病"。曾经有人说去国外不用看，人家只要用耳朵听就能知道是不是中国人，因为中国人说话嗓门大。我有一个朋友去年跟着一个旅行团去欧洲，第一天的早餐在宾馆的餐厅随便自己挑，哪里有空位置就在哪里吃。但到了第二天早上，忽然发现他们那个旅行团用餐的位置给固定了，在餐厅最角落一扇门的后面。原因就是他们就餐的时候说话声音大，影响别人。你说，有多羞人！

当走进婚姻殿堂的时候，我们就从单身汉变成了丈夫和妻子；当我们有了孩子的时候，就自然而然地成了父亲与母亲，成了家长。地位提升了，我们以前的一些不良生活方式、方法也需要相应地有所改变。特别是家里有孩子在读书了，我们做家长的说话就要上牙齿对准下牙齿，不能口无遮拦。有孩子在，我们就当是有贵宾在，有上级领导在，不能想说什么就说什么，不能想干什么就干什么。要做到说话小声，做家务轻声，粗话、脏话无声。

二、不恐吓、威胁

恐吓、威胁与拷打一样，是一种暴力，前者属于精神上的，后者属于肉体上的。人在被恐吓、威胁后，内心会充满恐惧，特别是幼儿的神经系统十分脆弱，粗暴的态度及恐吓、威胁，都会使他的精神高度紧张、恐惧，甚至引发心理障碍，造成孩子心理上的创伤。

孩子较小时不乖，令做父母的很头疼。我们做父母的有时常常恐吓孩子说"狼来了""鬼来了""某某疯子来了"等等，还别说，这一招有时挺管用，把孩子轻易给"镇"住了。其实，这种恐吓式教育对于孩子的健康发展很不利。

孩子比较大时有不对的地方或不小心犯了错误，一部分家长不从正面去引导，也不告知改正的方法，更不会给予帮助，而是以讽刺、挖苦、谩骂来解决、教育。他们以为这样能显示自己的聪明和与众不同，以为这样才能使孩子听话。

这些不当的教育习惯，它所产生的不良后果很可能给孩子幼小的心灵留下阴影，造成负面影响，甚至会影响到孩子树立正确的是非观。尤其是对性格内向、文静的孩子而言，恐吓式教育会使其性格更加内向，造成交往障碍，害怕接触陌生人，害怕与别人交往，令孩子变得胆小、拘束、说谎，甚至成年后给其造成心理障碍。讽刺、挖苦式教育会让孩子自卑、无助，做事没有信心。

孩子不听话时，做家长的恐吓他一下；孩子犯错误时，做家长的随口讽刺、谩骂一顿，这的确比费心地向他解释为什么要听话、怎么才算听话，为什么犯错误，以后应该怎样等等容易得多。可是，它产生的后果却是许多家长始料未及的。

第一，躯体不适：有的孩子精神上受了刺激表现为躯体的不适。比如，孩子突然发热，患感冒（由于惊吓引起的更常见）。有的孩子会呕吐，肚子疼，有的孩子食欲不振，消化不良甚至腹泻。

第二，遗弃感：一些父母在恐吓孩子时，常使用"不要你了，扔了算了！"等语言。别小看这不经意的气话，有可能给孩子的心灵上留下较深的创伤。有个3岁的孩子见了奶奶后，紧依着不离开。奶奶问："怎么了，干吗不让奶奶干事？"孩子哭兮兮地说："奶奶，你要我吧，我不是爸爸妈妈的孩子，我是捡来的。"奶奶说："胡说！怎么是捡的？"孩子竟然说："小红的妈妈不打小红，说她是亲宝宝，妈妈打我，说不要我了。"

第三，恐惧感：一个孩子每到夜晚就大哭大闹、精神紧张，常常紧抱大人不放，呼吸急促，面带恐惧表情。原来，他的父亲吓唬他说："闹吧，天一黑就有妖怪，让妖怪把你带走吧！"开始孩子还闹，当父亲的竟装起了妖怪，把孩子吓得马上老实了。但自此，孩子便落下了明显的心理障碍。特别是对3岁前的孩子而言，神经发育尚不完善，恐吓或粗暴的态度都会使孩子出现夜惊、过度紧张及恐惧状态。

第四，自暴自弃：就是年龄比较小的幼儿，经常被责骂，也会因此而感到自己"不行"而自暴自弃。他们本来可以将某事做好，但偏偏不做或干脆去搞破坏。这些孩子还可能表现出遇事冷漠，行事胆怯等。

第五，固执：你要他东他偏要向西，有错不承认，甚至用逃学、离家出走来与父母对抗，变得越来越固执。

第六，有暴力倾向：只要细心观察，我们可以看到小时候被语言暴力嘲笑或辱骂的孩子，长大后多半自尊心很低，焦虑不安，倾向暴力，而且没有同情心，对别人的痛苦无动于衷。由于这种个性不被别人喜欢，被排斥的挫折感更加会让他愤世嫉俗，最后还有可能形成反社会人格。

家长千万不要用医生、警察、老师及其他让孩子害怕的人去恐吓他。一个怕医

生的孩子，生病的时候是不会跟医生合作的；一个怕警察的孩子，即使他迷路了，也不会去问警察；一个怕老师的孩子，怎么可能安心听老师的课？

孩子和家长在人格上是对等的，只不过孩子年龄小，没有生活经验，判断事物不准确，因此在处理事物时缺少能力，许多事情做不好、做不全是情理之中的事，我们做家长的要从孩子的角度看问题，给孩子说道理，摆立场。孩子顽皮不听话，你可以明确表明你的态度"妈妈不喜欢你这样做"，然后跟他说道理。孩子在你的话语中读到不可这样做的坚决，自然会乖乖收敛。如果家长在以后处理类似问题的时候能够坚持同样的方法，孩子就会明白自己的无理取闹是没有用处的。

还有就是采用"冷处理"方法。暂时不去理会孩子的无理要求，收回你对他的关注，让孩子在冷对待中反省自己的行为。孩子很在乎与父母亲之间感情的联系，如果他意识到自己的无理取闹是不受欢迎的，他会停止这样做。当然，在"冷处理"过后，家长事后还需耐心跟孩子讲道理，说明这样做是不对的，你这样做妈妈是不会答应的等等。只有这样，才能促使孩子认识自己行为的错误，明白大人对其行为的看法。

三、不说欺骗的话

同样，父母说话不算数，对孩子言而无信，最本质的原因是父母把孩子当作自己的附属品，没把孩子当成独立的人，因而也没有把对孩子的承诺看成承诺，没有理解父母与孩子之间的关系应该是人与人之间的平等关系。

有一个女孩在自己的日记中写道：

我妈妈常年在外工作，我就住在姑姑家。有一次，我无意中听到了姑姑在背后说我妈妈的"坏话"。暑假到了，我去妈妈工作的地方玩，就把姑姑说她的"坏话"，全套照搬地告诉了她。暑假过去了，我又回到姑姑家。有一天，妈妈打来电话，正巧姑姑接的，没想到妈妈和姑姑聊着聊着就把我"告密"的事给说了出来。当时我很生气，因为当时我告诉妈妈时，妈妈答应我不告诉任何人，也不告诉姑姑。结果，那天姑姑挂了电话就很生气，我当时很难受。后来，我就埋怨妈妈，问她为什么说话不算数，可妈妈说："小孩子，没关系，这样说了，你姑姑下次就不会说我了！"听了这话，我感觉妈妈不仅说话不算数，而且很自私，只想着自己心里舒服，根本不考虑我的感受。从那以后，我就不把心里话告诉她了，因为我担心告诉她什么，她都会向别人说。后来我又听见姑姑说她坏话，我就没有告诉她。她问我，我就说没有。我已经不信任她了，没必要和她说实话。

由此可见，如果父母说话不算数，孩子自然会失去对父母的信任，也就不会和父母说心里话，相互间的沟通会因此受阻，亲子关系也会被严重影响。父母失信于孩子是一件危险的事情，会让孩子对大人失望。在孩子眼中，父母就是天，就是地，从心底里崇拜和依赖，特别是在10岁以前，父母的每句话对孩子来说如同圣旨一般。一旦孩子发现父母对自己的承诺只不过是一种哄骗，就会大为疑惑和失望：父母都可以说话不算数，这个世界上还能相信谁呢？这种恐慌感会给孩子带来巨大的心理危机，而且由此引发的对父母权威性的挑战几乎是具有颠覆性的。父母的行为是孩子学习模仿的对象。若父母言而无信，那孩子日后也就很难有信守诺言的美德。因此哪怕承诺的是一件很小的事情，父母也要认真去做，不能认为事小而忽略不做，"不以善小而不为"嘛！

《韩非子》中有一则曾子杀猪的故事，是说曾子的夫人到集市上赶集，她的儿子哭着也要跟着去。他的母亲对他说："你先回家待着，待会儿我回来杀猪给你吃。"曾子的夫人从集市上回来，就看见曾子要捉小猪去杀。她就劝止说："我只不过是跟孩子开玩笑罢了。"曾子说："妻子，这可不能开玩笑啊！小孩子没有思考和判断能力，要向父母亲学习，听从父母亲给予的正确教导。现在你欺骗他，这就是教孩子骗人啊！母亲欺骗儿子，儿子就不再相信自己的母亲了，这不是正确教育孩子的方法啊！"于是把猪杀掉，煮后吃了。古代人都能做到说一不二，我们现代人更应该做到。

四、不说唠叨的话

我们先看一则初中生的日记：

从我记事起，妈妈每天都会从早到晚对我叮咛不止。每天早上，她把饭菜做好叫我起床后，就开始不断地唠叨了。先是一遍遍地叮嘱我多吃点，多喝点，临到出门，她又不停地告诫我要带好书本、作业本、水笔等等。夏天，她嘱咐我别忘了多喝水，小心中暑；冬天，又嘱咐我要多穿衣服，小心着凉。放学回家，她也决不会

放过我，一定会问我在学校心情如何，学了什么东西，学校发生过什么有趣的事情，中午吃什么。如此反复，直到晚饭后，又要催我写作业。当我千辛万苦写好作业，她又要我早点休息，别影响明天的学习，直到我躺下睡着了，她才闭上嘴巴。就是因为这些，我特别不愿意待在家里。即使是上课，老师说得再多，也是四十五分钟换一个，不会像妈妈那样一年四季"坚守岗位"，让我心烦。

美国著名作家马克·吐温有一次在教堂听牧师演讲。最初，他觉得牧师讲得很好，使人感动，准备捐款。过了 10 分钟，牧师还没有讲完，他有些不耐烦了，决定只捐一些零钱。又过了 10 分钟，牧师还没有讲完，于是他决定 1 分钱也不捐。等到牧师终于结束了冗长的演讲，开始募捐时，马克·吐温由于气愤，不仅未捐钱，还从盘子里偷了 2 元钱。这种由于刺激过多、过强和作用时间过久而引起的心理极不耐烦或反抗的心理现象，被称之为"超限效应"。超限效应在家庭教育中时常发生。如，当孩子犯错时，父母会一次、两次、三次，甚至四次、五次重复对一件事作同样的批评，使孩子从内疚不安到不耐烦乃至反感讨厌。被"逼急"了，就会出现"我偏要这样"的反抗心理和行为。可见，妈妈对孩子的批评不能超过限度，应对孩子"犯一次错，只批评一次"。如果非要再次批评，那也不应简单地重复，要换个角度、换种说法。这样，孩子才不会觉得同样的错误被"揪住不放"，厌烦心理、逆反心理也会随之减低。

经常唠叨、责备、训斥孩子，会产生许多不良的后果，甚至是严重的、伴随孩子一生的不良后果。

第一，父母唠叨，是忽视了孩子的感受和丢了他们的面子。当父母认为孩子有问题，或是认为孩子一定要记住的事情，如果多次进行重复，这对已有自我概念的孩子来说，等于忽视孩子的感受，拆了他们的面子。这样的教育方式不会有什么效果，不仅自己白费口舌、劳而无功，还必然引发孩子的负面情绪，或出现家长眼中的"不听话"。

第二，父母的唠叨，会让孩子失去解释的机会。在许多时候，家长看到孩子的问题，往往是孩子天性的表现，不全是错误。如果家长不给孩子解释的机会，而是自己不停地说，孩子哪怕有满腹的话，在这种情况下也说不出来。就算孩子说出一些，家长反以为是孩子在狡辩。

第三，父母的唠叨，会让孩子产生不自信。唠叨，某种程度上是一种不信任和带有指责的表现。长此以往，父母的不自信就会传递给孩子，他们会承受巨大的心理压力，严重的会使孩子产生不自信。当孩子的负面情绪积累过多，还会影响到孩子的性格和人格的发展。

第四，父母的唠叨，会让亲子沟通出现断裂，孩子失去对家的眷恋。孩子不是父母的附属品，唠叨不仅伤害亲子关系，也使父母的焦虑和压力延伸到了孩子身上。家庭本来应该是孩子的避风港，而这反而成了"风暴"中心。

第五，父母的唠叨，是扼杀孩子责任感的重要原因之一。家长不停地唠叨和说教，容易让孩子产生依赖心理，他们认为反正有人会提醒，便不会用心做事。当问题出现以后，就会把责任推到家长身上，成为典型的外归因。所以，长期被唠叨的孩子，缺少责任感和独立意识，变得懒惰、散漫，通常会唯父母是瞻，较难获得个性自由和全面发展。当孩子的负面情绪积累过多，还会影响到孩子的性格和人格的发展。强势母亲还会让儿子没有男子气。

第六，过度的唠叨，使孩子感觉到被控制，使亲子关系受损。父母的絮叨，明显地表现出占据了强势地位，孩子就算想说也没有招架之功，更别说有反抗了。如果父母过于控制孩子的生活，是一种很自私的表现，并非真的是为孩子好。可是，哪里有压迫，哪里就有反抗。孩子由于力量原因，可能暂时不会爆发，等到青春期来临，也等于是火山要爆发了。

第七，父母的唠叨，很容易使孩子获得"免疫力"。唠叨和农药一样，过度使用就使虫子产生免疫力，孩子反复听到家长同样的话，一旦习惯就内心开始抗拒。当家长一说，就在脑中想方设法躲避，尽可能想着与当前唠叨毫不相干的东西，从而忽视掉父母的声音。于是，家长在唠叨时，经常可以观察到孩子走神或"神游"的情况，这个时候，家长的教育也就不起作用了。

第八，父母的唠叨，很容易使孩子失去自信，变得优柔寡断。总是被指责和训斥的孩子会变得畏缩、犹豫，不敢冒险尝试新的领域，因为怕犯错。这样的人生不舒展、不开心。如果别人的生命像蓬勃生长的花草树木，那么总被指责的孩子的生命就像是被盐水渍过的蔬菜，萎缩、定型，失去了生命的活力。

第九，父母的唠叨，很容易使孩子养成自责的习惯。经常受到父母唠叨的孩子，会事事进行自我责备：我刚才是不是说错话了？刚才那事是不是做得不对？一个人如果总是把精力放在向后看上，他怎么可能把向前做好呢？总是被唠叨、训斥

好家长 家教十二讲
HAO JIA ZHANG JIA JIAO SHI ER JIANG

的孩子长大后很少能有成就，在遇到问题时首先想到的是由谁来负责、认罪，而不是去解决问题。自责的人会被别人很平常的话惹恼，即所谓恼羞成怒。他会将周围的人视为盯着他、评判他的人。越是自责的人越不容易大大方方地承认错误，反而找种种理由和借口推卸责任，有时其狡辩会让人觉得无理取闹。自责的人也容易责备他人，就像浑身被毒液浸过一样，刻薄成性、牙尖嘴利、心怀恶意，总把人往坏处想，毒害着别人也毒害着自己。

第十，父母的唠叨，很容易失去对孩子教育的作用。

家长在孩子面前喜欢唠叨，甚至责备、训斥，究其原因，我想大致可以概括成这样几个方面：

1. 家长的情绪比较负面，容易责备而不是接纳孩子。

2. 家长习惯了"棒子底下出孝子"的逻辑，以为管孩子就是责备、训斥孩子。

3. 家长没有耐心或者能力指导孩子，只会挑毛病。

4. 家长过于自负，在孩子面前端架子，显示权势和高人一等。

5. 不尊重孩子，不会爱孩子，对孩子的感情不够深厚。

家长是有责任、有义务去教导孩子的。那么，怎样做才是对的呢？什么样的教育才是真正地帮助孩子，让孩子明白下次再遇到类似的事该如何处理呢？

要做到不经常指责、训斥孩子，关键是家长的心态和对孩子认识的调整。要真正相信"人之初，性本善"，信任孩子是向上的、向善的，是追求真善美的。如果这样去看待孩子和孩子的错误，我们就会把注意力关注在如何养成孩子的正确行为和认识上，而不是纠结于孩子的错误，更不会焦虑于孩子可能的错误而唠叨不止。我认为，建设性的、正向的方法是：教导、传授正确的方法，帮助孩子分析问题，了解自己言行的前因后果，从而从过失中总结教训并习得新的方法。

我把一次在校门口值周时碰到的事情讲给家长们听，家长们或许可以受到一些启发：放学了，一个班级一个班级的小朋友排着队走向校门口。其中，一个小朋友在门口找来找去找不到妈妈。好一会儿，这个小朋友终于发现了妈妈，于是模仿大人的腔调说："这个死妈妈，死到哪里去了？"周围的许多家长和孩子都听到了。他妈妈脸上的表情先是惊愕，我能明显看出她做了一下思考和选择，但这位妈妈就站在原地，脸上带着失望和受伤的表情看着孩子，一句话都没说。我想，这个孩子可能是因为他太兴奋了，所以才口不择言。看到妈妈的样子，他先是愣了一下，然后脸上显出愧疚的神情，跑到妈妈身边，笑着喊妈妈，很明显，这是跟妈妈道歉、和好的意思。那位妈妈接受了和好的请求，笑着领着孩子走了，没有提刚才的事。虽然没再提，但我们都看得出来，这个孩子一定会记住这件事，以后肯定不会再这样说话了。

我之所以在这一节上说得这么多，是因为父母对孩子唠叨的现象确实太普遍了。我们每个人，包括我自己都或多或少地存在着这样那样的唠叨，目的是想引起家长们的高度重视并予以节制。在德国，父母在孩子面前唠叨被提升到不爱护儿童的范畴，是违法的。法律明确规定严禁父母"唠叨、打骂或不爱子女"，如果孩子认为自己得不到父母的尊重或受到冷落，可以向法院控告自己的双亲。

五、不说不利的话

大人不能当着孩子的面说负面的话。家长无意中不恰当的一句话，极有可能毁掉孩子的一生。有一位家长，孩子说要到书店去买书，家长说："书要它干啥，倒不如买雪糕吃。"类似的话，我平时也听到不少，如："读书有什么用，浙江大学毕业的也找不到工作。""书读好读坏没有关系，我小学都没有毕业，照样赚大钱。"我们不能以偏概全，拿个例在孩子面前反宣传。再说，书读得好与找到称心如意的工作只是其中的一个因素，还有许多其他因素的制约。我们不能给读好书与找到好工作画上等号。书读好了，自己今后的发展就有了基础。就像你拥有了一块可以造房子的地皮，高层还是别墅，传统的还是西洋的，可以后来选择，也说不上哪一种好看漂亮，时代不同，人的观念也不同。经济发展迅速，社会改变也快，现在的好说不定就是以后的差，现在的差说不定就是以后的好，这早已有举不尽的例子。比如以前的银行职业：高薪，福利待遇又好，吃的从米、油到水果、食品，用的从风扇、取暖器到牙膏、牙刷，样样都有。现在因为开放竞争，所有银行的日子都不好过。又比如科研这一职业，在 20 世纪 90 年代还不如做小买卖的挣钱多。"造原子弹的还不如卖茶叶蛋的。"这句话在当时还流行了很长一段时间。可现在呢？社会越是进步，对知识要求就越高，知识也就越来越值钱，这是颠扑不破的真理。当然，钱赚多赚少并不是读书有用没用的唯一标准，还有因家庭、个人爱好、理想和抱负等其它因素而改变。

六、不说嚼舌的话

有道是：闲谈莫论人非，静坐独思己过！我家隔壁一个小孩叫贝贝，邻居和她的母亲在家闲聊时说自己的老公不讲卫生，买回来的水果，还没来得及洗，拿起来就吃，怎么说也没用。贝贝的妈妈笑着说："男人都这样。我们家孩子的爷爷，一边吃饭还一边吐口水呢，咱不好意思说，有什么办法呢？"

到晚上了，一家人坐在客厅准备吃饭。贝贝的爷爷打开电视，看一部战争片。贝贝的妈妈想起来自己喜欢的一档节目也开始了，她不好意思换台，就盛了点儿饭，回自己卧室去看电视。没想到她刚离开，贝贝就说话了："爷爷，你知道我妈为什么不在这儿吃饭吗？因为她嫌你脏，今天跟隔壁阿姨说的……"

感到非常难堪的老人，把饭碗摔到了地上，家庭战争瞬间爆发，全家人乱成一团。贝贝的妈妈跟我爱人讲述这场家庭风波时，叹了口气说："我只不过是随意说说，当时孩子在旁边玩积木呢，谁知他就听到耳朵里了。看来得吸取教训，以后可不能在孩子面前乱说话。"

说者无心，听者有意。年幼的孩子辨别能力差，随意在他们面前说"坏话"，也许会导致不必要的麻烦，得不偿失。身为家长，还是小心一点儿为好，别让不良的心态影响了孩子的健康成长。

还有就是在孩子面前不能议论老师的长短，发泄对老师的不满情绪，要以适当的方式维护学校和老师的权威。家长说某某老师书教得不怎么样，讨厌他（她）。孩子听了家长的话也会跟着讨厌某某老师，继而对这位老师的课不感兴趣，甚至反感、拒绝，最后导致偏课。当今中国的高考制度决定了你只要有一科偏了，就意味着至少你一本的门槛就跨不进去了。再说，教师都是过五关斩六将，经过专业的教育和培训出来的，教育、教学水平基本都差不多，只是某位老师的教育教学方法可能对你的孩子不适合，可能不符合你家长的胃口。教师的水平是没有像刀切过一样齐，但在你认为某个不认可老师的班级里为什么有好学生、尖子生呢？是我们这部分学生如何与相关教师互相沟通，从而使之适应的问题。家长要与老师多联系，多做孩子的工作，想办法相互适应。

但家长也不要用"拉关系"的方法联系老师，这样，不但不利于孩子学习进步，还会在其心灵上制造混乱，埋下隐患。老师任教的学生有几十上百个，每天备课、上课、改作业都忙不过来，不会因为你家长"拉关系"了就待你的孩子特别好，也不会因为你家长没有"拉关系"而待你的孩子特别差。说实话，只要孩子遵守纪律、尊敬师长、学习勤奋，老师就会喜欢你。

还有比较常见的是我们做家长的，在别人面前不经意间常常说自己的孩子这个不好，那个不行，无论是出于什么动机或目的，这是非常不恰当甚至是错误的。这会让孩子的自尊心受到伤害或严重伤害，继而产生自闭、自卑和抑郁，对孩子的成长不利。当然，我们做家长的也不能添油加醋一味地说自己孩子怎么怎么好，这对孩子的成长同样不利。

七、不在孩子面前吵架

现代社会工作和生活的压力都很大，有很多不良的情绪因此而产生，一不注意，夫妻两人就会在孩子面前发生争吵。对于孩子来说，父母的争吵，不但会让他失去快乐，还会给他造成巨大的心理冲击，其伤害程度远远超出我们的想象。

当孩子看到父母争吵时，会惊慌失措、惶恐不安，而且，他们的身体和思想也会出现一系列因惊吓而产生的反应：首先，会导致注意力不集中、无精打采、郁郁不乐，没有心思学习，这是最直接的最明显的结果；其次，对孩子进行了错误的社交教育，让他们以为吵架是人类社交中解决冲突时的主要环节，从而给孩子树立了一个坏榜样，成为孩子的效仿对象。父母吵架，孩子一般不会插嘴也不敢插嘴，但他们会想："父母会不会离婚？他们是不是都不要自己了？会不会不再爱自己了？"对于稍微懂事一点的孩子，他们会因为父母吵架而异常难过。最可怕的是，父母在孩子面前争吵，有时会让孩子产生轻生的念头。

总之，当着孩子的面吵架，对孩子的伤害很大。有孩子在家，夫妻俩遇事不能抬杠，更不能吵架。我的意思不是说禁止吵架，架可以吵，要么是在孩子不在时，要么到外面孩子见不到、听不到的地方去吵。如果不小心在孩子面前进行，事后也须做一个解释，告诉他为什么吵架，吵架的目的是什么等等。给孩子一个身心健康成长的好环境是父母义不容辞的责任。要想孩子身心健康、成龙成凤，父母应该加强自身的修养，杜绝或减少家庭精神垃圾的产生。

小林是一个初二学生，在学校不能合群，总是独自来往，有时不愿去上学。有天下午在教室里竟然用小刀割自己手腕，被老师送来心理治疗。心理医生在了解了小林的成长经历后发现：小林的父母从她母亲怀孕起就经常吵闹，其父是个很冲动的人，常常发火，吵完后又很快平息。父母吵架习以为常，小林在婴幼儿期常因父母吵架而噩梦频繁，且一直尿床至12岁。由于小林从小在不安中长大，父母的吵架严重地影响了她的心理，心灵长期被紧张、恐惧、不安折磨着，造成了胆怯、懦弱、自卑，总觉得自己不如别人，别人是不会喜欢自己的，在同学面前低人一等，久而久之形成内向抑郁的性格，日渐疏远同学。到了青春期，由于人际关系的困扰，终于导致精神崩溃。

其实，父母俩平时的争吵，大多是因为生活中的琐事。所以，只要我们彼此多一点理解和忍让，就会大大减少互相争吵的次数，也会将伤害孩子的概率降低很多。如果要争吵，最好不要当着孩子的面发生，忍到孩子不在场的时候再去解决彼此的问题。即使我们是背着孩子发生的争吵，也不能在吵完架后，马上就去面对孩子。因为我们激动的情绪，往往不能立刻平息下去，很可能会在不自觉间，把孩子当成了"出气筒"，把自身的不良情绪发泄在了他的身上。这样做，同样会给孩子造成严重的伤害。吵架时尽量避开孩子，有什么问题要等孩子离开后，再进行沟通。千万不要冷战，因为那样会给孩子带来更大的心理伤害，孩子会不知所措，甚至认为是自己的原因造成了父母的不和，长此以往，比当着孩子的面吵架危害更大。如果吵架了，吵架后要当着孩子面和好，轻轻松松"一笑泯恩仇"，并好好安慰一下受惊孩子的情绪，鼓励孩子把自己的感受说出来，再有针对性地加以宽慰解释。要勇于承认错误。父母是孩子的榜样，语言、行为，甚至连"吵架"都可能成为孩子们模仿的对象。把握程度，尽量不要让争吵发展到无法收拾的地步，这样也能减轻孩子的恐惧感。让孩子生活得有安全感是为人父母最起码的责任。大人不要认为感情是两个人的事，便相互攻击、谩骂，这对孩子心理造成的负面影响将终生难以弥补。一个孩子的成长是生物遗传和环境交互作用的结果，不良的环境生活会给孩子造成心理创伤，有些创伤终身难以愈合。

有家长可能会说，我们也经常吵架，可孩子一点问题也没有，与其他孩子没有什么不同。家长们可能不知道，父母吵架对孩子的伤害有时是隐性的，问题的出现有时是滞后的，如果父母没意识到后果，必将祸害孩子。上海市曾经对1000名未成年人的调查显示，在父母经常吵架的家庭中，子女的心理问题检出率为 31.68%，比离婚家庭子女的心理问题检出率 28.33% 还要高！此外，专家们指出，与离婚相比，子女对父母吵架的心理体验更为明显，受到的直接伤害更大。经常面对家庭"战火"的未成年人，容易出现焦虑、抑郁、恍惚等心理问题，个别孩子甚至患上精神分裂症、狂躁抑郁症。这些孩子易出现人际交往障碍，焦虑、多疑、缺乏信心，并且对将来婚姻产生恐惧等。所以，优秀的父母自己首先要成长为能够控制情绪的人。

八、说话要针对年龄

孩子的体质、智力和经验是随着年龄的增加慢慢地增强积累的，不同年龄阶段孩子的接受、理解能力是不一样的。我们做家长的要针对孩子的接受、理解能力进行指导和教育，不能以我们成人的经验、习惯进行处理，也不能因为爱而无厘头的迁就孩子。有一位年轻的女家长带着她 3 岁左右的女儿到书店里买书。一会儿，母亲拿着书本不停地问孩子：这本书好吗？那本书好吗？当时我也刚好在场，就对这位母亲说："你孩子这么小，她哪里知道好与坏。这事应该你定。""你现在这样无节制、无厘头地迁就孩子，等到她长大以后做什么事情都会以她自己为中心，到时候哭都来不及喽。"不过后面的这句话我始终没有出口。我家隔壁有一户人家，夫妻俩都是大学以上学历，并且还都是部门的小领导，孩子读书、学习的条件相当不错，就是因为男家长平时黄段子不离口，即使有儿子在也从不避讳，还对儿子说："儿子，读高中了就可以找对象了。左边一个，右边一个，背上又是一个。明年给你爸带几个儿子回来，先练兵。"他儿子读高中时真的找了女朋友，还不止一个，只是孙子没有给他带来。你说，这书还能读好吗？

九、说话要姿态平等

孩子和父母天天在一起，会发生数不清的事情。这些事情有好也有不好，很多事情虽然细小，处理得好，会坏事变好事，处理不好，则会好事变坏事。我还是给家长们举一些具体的例子吧：比如当孩子把水、牛奶等洒了一桌子时，我们做家长

的就不应该训斥孩子："你怎么这么笨？连个杯子都拿不住。"更不应该动手打孩子。做家长的应该安慰孩子："孩子，没事，我知道你不是故意的，下次注意啊。你把桌子擦干净好吗？"结果，孩子得到了谅解，马上向大人道歉，并高兴地把桌子擦干净了。

当孩子考试不理想时，家长就不应该对孩子发脾气："你看你，考这么点分，你也不嫌丢人？你看谁谁，人家怎么就能考一百？你笨死了！气死我了。"更有甚者会使劲踢孩子几脚。结果：孩子心情坏到了极点，心里想："我完了，我这么笨，学不好了，再怎么学也学不好了。"比较正确的处理方法是："孩子，我知道你心里也不好受。一次没考好不代表什么，关键是我们要找出没考好的原因，然后解决它，好不好？我和你一起分析一下。我相信你，下次一定会有进步。"结果，孩子认真地找原因去了，心里想："我要努力，不辜负爸爸妈妈的期望，我一定行。"

孩子做作业慢，该睡觉了，作业还没做完。家长就不应该说："你气死我了，怎么又没做完，我一会儿不看着都不行，快点做！我看着你。"结果：孩子并不着急，依然慢慢悠悠，心里想："做不完有我妈呢。"正确的做法应该是严肃地、平静地对孩子说："孩子，做作业是你的事，你要对自己的事负责，没做完不准做了，该睡觉了，明天自己去学校跟老师解释吧。"结果，孩子意识到自己的错误，很后悔，心里想："这下完了，怎么跟老师说呀，看来明天写作业得快点了，不然还得挨批。"

孩子问了个问题，大人不会，怎么办？家长不能不高兴："别瞎问了，把学习搞好就行了，每天不知道想点啥！"如果是这样的话，孩子心里会想："哎，没劲，总说学习学习，烦死了，不问就不问。"从此，遇到难题一概略过，不求甚解。比较正确做法是家长应该感到高兴："孩子，你能问这么难的问题，证明你动脑筋了，不错。可是我也不会，咱们一起研究研究吧，好吗？"结果，孩子心里很高兴，以后遇到问题一定锲而不舍，非研究明白不可。

这些事情多得说不完，概括起来就是：平等、耐心、说理。

十、说话要智慧艺术

美国的斯特娜夫人是一位享有盛名的早期教育家，她在教育女儿维尼夫雷特的过程中，曾经发生过这样一则故事。有一天，孩子问斯特娜夫人："我想到同学家里去玩，可以吗？"母亲说："可以，但必须在 12 点半以前回来。"可那天孩子比预定的时间晚了 20 分钟才到家。斯特娜夫人见孩子回来了，她什么也没有说，只是指了一下墙上的钟。孩子知道回来迟了，马上歉疚地说："是我不对。"吃完饭，孩子赶紧换了衣服，因为她每到星期二都要去看戏或电影。这时，斯特娜夫人又让孩子看看钟，并说："今天时间来不及了，戏和电影是看不成了。"孩子难过地流下了眼泪。斯特娜夫人并未就此止步，而是说了一句十分惋惜而又耐人寻味的话："这真遗憾！"

"这真遗憾"，面对孩子的过错，尽管斯特娜夫人只说了这寥寥几个字的一句话，并未采取其他任何处罚手段，但是使孩子明白了一个简单的道理：母亲的要求如果是正确的，那就必须绝对照办，否则你就得为此付出代价。

某校有一位一年级的家长。有一次语文考试后，发现儿子试卷上有道看图写话题被扣了分。这道题的画面上，有一个男孩正在给小树苗浇水。儿子写的话是"哥哥在种树"，结果被老师判为错，题下订正为"哥哥在浇水"。其实，根据画面显示的内容，这道题不能算错。于是，他把孩子叫到身边，问道："哥哥在种树是正确的，为什么没有得分？"儿子吞吞吐吐地说："老师说，她说的答案是标准答案。"

他没有再和儿子说下去。因为在孩子眼里，老师是绝对正确的。他不在乎儿子的分数，但心里想：老师的一个标准答案，使儿子原本应该算是正确的思维方式被判成了否定，儿子就没有勇气再展开思维了。思维，是孩子一个重要的素质呀！

于是，他一边思考如何让儿子认为自己的答案也是正确的，一边和儿子一道研究那幅栽树图，温和地告诉他："画面可以说'哥哥在浇水'，也可以说'哥哥在种树'，还可以说'弟弟在浇水'。"儿子跟着说："也可以说'弟弟在种树'。"他连忙点点头，并告诉儿子一道题可能存在多个正确答案，叫儿子再想想。儿子想了一会儿，说："小树长高了。"接着又说："我和小树一起长大。""真不错！"他看看

儿子冥思苦想、跃跃欲试的神情，感到十分欣慰，因为儿子渐渐摆脱了教师标准答案的束缚，生出一种求异思维的勇气。

但是末了，儿子疑惑地问他："老师会不会批评我想了多种答案?"他摸着孩子的头说："老师说的是标准答案，你想的是参考答案，都是正确的，老师一定会表扬你的。"儿子听后满意地笑了。

上面是两个真实的教子有方的故事。读了这两个故事，家长们应该有所启发吧!

傻瓜用嘴巴讲话，聪明人用脑袋讲话，智慧者用心讲话。

第四讲　改变陋习

　　张伯苓先生是清朝及中华民国的教育家、体育活动家、政治家，南开大学创建人、校长，上海圣约翰大学、美国哥伦比亚大学名誉博士。他一生致力于教育救国，为中华民族的振兴作出了巨大贡献，是奥运会在东方的最早倡导者，被誉为"中国奥运第一人"。有一次，他发现有个学生手指被烟熏黄了，便严肃地劝告那个学生说："烟对身体有害，要戒掉它。"没想到那个学生有点不服气，俏皮地说："那您吸烟就对身体没有害处吗？"张伯苓对于学生的责难，歉意地笑了笑，立即唤工友将自己所有的吕宋烟全部取来，当众销毁，还折断了自己用了多年的心爱的烟袋杆，诚恳地说："从此以后，我与诸同学共同戒烟。"果然，打那以后，他再也不吸烟了，那个学生也再没有抽过烟。

　　没有父母的成长，就没有孩子的成长。我们总是教育孩子要努力读书，认真作业等等，而自己却总是聊天吹牛，浪费时间，家里又脏又乱。试想，这样的教育能有多少效果？教育孩子，仅凭良好的愿望和强烈的动机是不能达到预期的效果的。重要的是我们家长要做孩子的表率，要让孩子做到的，我们自己必须做到。自己都做不到的事而要求孩子去做到是没有说服力的，至少，它的效果会大打折扣。做家长的要学会节制。俗话说：家有家规，国有国法，社会还有公德。你不节制，没有约束，想说什么就说什么，想做什么就做什么，肯定是不行的。是不是？榜样的力量是无穷的，自己做到了，才能要求孩子做到。良好的典范胜过千言万语，父母应通过对自身行为的规范，用榜样和环境的力量来影响、熏陶孩子，而不是放纵自己的欲望和情绪，通过粗暴的训斥、打骂等方式来管教和塑造孩子。

一个好父母，胜过一所好学习。父母的婚姻道德影响着孩子的发展，父母的养育道德影响着孩子的言谈举止，父母的传统美德影响着孩子的行为习惯，父母的社会道德影响着孩子的文明意识。家长正儿女易行善，家长邪儿女易行恶。家长民主儿女生平等之心，家长独断儿女生专行之念，家长仁慈儿女博爱，家长暴戾儿女残忍。家长的一言一行对孩子影响至关重要，为了孩子的健康成长，我们做父母的需要有素养。

一、戒贪玩

书是人类进步的阶梯，一本好书可以丰富我们的知识量。俗话说，"秀才不出门，便知天下事。""运筹帷幄，决胜千里。"多读一些书，能知古今，通四方，这对于我们家长也一样。孩子总是会有许多问题不知道向家长求解，很多时候，我们家长也说不上来，解决不了，或者回答不准确、不全面，就是因为知识面不广，根本的原因是平时少读书、不读书的缘故。现在由于智能手机的泛滥，很多家长只要双手空着就拿出手机看微信或者聊天。有的家长还边工作边看手机，更有甚者，还一边开车一边看手机，这多不好，出了交通事故不是害人害己吗？有家长会说，看微信也是阅读啊，里面有许多知识内容的。我想告诉家长的是，屏幕阅读不是阅读，因为其阅读的内容来自朋友圈，是与自己同智商的文字，高智商的内容则可能被拒绝了。试想，整天都在低头看屏幕，没有仰望星空，还怎么去提高自己？不提高自己，还怎么跟上飞速发展的时代，还怎么去教育孩子？还有一部分家长喜欢打游戏。离我家不远就有一位王姓的男家长，白天手机上玩，晚上电脑上玩，通宵达旦。至于女儿书读得怎么样，老师姓什么，晚上放学做不做家庭作业，他什么都不知道，也什么都不管。他老婆管吗？也不管。也整天看微信、玩手机。她说："女儿姓王，又不是姓我赵，他不管，我管她干吗？"那么孩子谁管，奶奶管。奶奶白天去个体的小厂做工赚钱，下班买菜、烧菜、洗衣服、管孩子。当然，这个"管"仅仅是吃饱、穿暖而已。孩子的学习成绩班级里始终在下数上几名里面。2014年不是有"亲情都去哪儿了"这一句热词吗？智能手机这东西，单从一些人沉溺其中不能自拔这个角度看，说它是21世纪最糟糕的发明并不为过，它对这些人的毒害甚于19世纪的鸦片，我以为。

　　还有一对夫妻，女的整日整夜玩牌，男的到处跑，家里的事根本没人管。他们的孩子平时生活不讲个人卫生，晚上睡觉不愿意刷牙洗脸，也从来不做家务。晚上睡得晚，早上就赖床。学习上更是如此，不喜欢做作业，写字看书边玩边学，时间晚了就想明天早晨早点起床再完成，第二天又起床晚了还是没写，上学后又有了新的任务，这样明日复明日。他的奶奶催促他，作业总算能按时做完了，但是字写得非常马虎潦草，明明知道有错也懒得改正，而且只要他遇到稍微难一点的题目就说自己不会，也不愿意想办法去完成，不动脑筋。总是以完成任务的心态去对待，只是应付检查。老师说他在课堂上从不举手发言，也不记笔记，喜欢抄别人的作业，每次劳动就想方设法偷懒，不愿动弹，批评教育过多次，拿他一点办法也没有。

　　我们都知道，孩子的自我控制能力不强，需要家长的正确引导。家长贪玩，没时间、也没心思管教孩子，孩子的成长还能健康吗？孩子的学业还会进步吗？两个字：很难！

二、戒无序

　　一些家长对孩子要求严格，对自己要求放松。不能以身作则，要求孩子做到的，自己从来做不到。比如有的父母对孩子说晚上必须在九点之前睡觉，自己却还在打麻将；要求孩子只能看半小时电视，自己却在整天看连续剧；要求孩子不能乱翻父母的抽屉，自己却经常很随便拿孩子的物品。这就是对人马列主义，对己自由主义的活脱脱的写照。这种环境下成长的孩子，性情多半会孤独、冷淡，学习、生活懒散，没有上进心和求知欲望。

　　家长的生活有规律，早上几点起床，晚上几点睡觉；上班之前带好工具用品，下班之后买菜做饭；晚饭之后该干什么就干什么，家什摆放有序，用后清洁并放归原处。这样做的好处就是在无声中告诉孩子，做任何事情都要讲究清洁卫生，都要规则有序。家长这样做了，孩子也会准时起床，按时就寝；放学回家就会按老师的要求完成作业，做完作业自然而然地会整理好书包，放到固定的地方，第二天上学时就不会手忙脚乱甚至遗忘书本、文具和红领巾；孩子到了学校就不会再打电话给家长我今天什么东西忘带了，快给我送过来。还有，做父母的要尊重孩子的隐私和权利。父母要进入子女的房间应该先敲门，移动或用孩子的东西应该得到允许，任

何牵涉到子女的决定应该先和子女商量。应该尊重孩子的所有权利，把他当一个成人来尊重。这个尊重是从出生换尿片开始的。换尿片前，先和颜悦色地告诉他要换尿片了，请他忍耐一下。因为不被尊重的人以后也不知道尊重别人。

培养孩子良好的习惯要从家长自我做起，同时，良好的习惯是一个优秀孩子的必备素养，这对于孩子今后的工作、生活都有极大的帮助。一个优秀的人，他工作、做事必定有板有眼，井井有条，绝对不会丢三落四。19 世纪卓越的军事家，法兰西第一帝国的皇帝拿破仑有一句名言：播下一个行动，你将收获一种习惯；播下一种习惯，你将收获一种性格；播下一种性格，你将收获一种命运。事实表明，习惯左右成败，习惯改变人的一生。

三、戒吸烟

有烟瘾的家长要做到尽量少抽烟或不抽烟，实在熬不住就到室外去抽。研究表明，吸烟能诱发多种疾病，对人体健康危害极大。吸烟会致癌，也会患上心脏病和脑血管病（即脑溢血或脑血栓，可导致中风瘫痪）。因为吸烟使血质变坏，血液变浓，血管硬化和血管内径变狭，降低人体的免疫力。据世界卫生组织调查，在工业发达的国家中，占国家人口四分之一的肺癌患者，吸烟占 90%；死于支气管炎的，吸烟占 75%；死于心肌梗塞的，吸烟占 25%。吸烟者比不吸烟者的平均寿命要短 5 至 8 年。吸烟不但给本人带来危害，而且还殃及子女。有学者对 5200 个孕妇调查分析，结果发现其丈夫每天吸烟的数量与胎儿产前的死亡率和先天畸形儿的出生率成正比。家里有人吸烟，其余的家庭成员就不自觉地成为被动吸烟者。被动吸烟者所吸入的有害物质浓度并不比吸烟者低。吸烟者吐出的冷烟雾中，焦油含量比吸烟者吸入的热烟雾中的多 1 倍，苯并芘多 2 倍，一氧化碳多 4 倍。

有些家长不注意，在家时当着孩子的面就吸烟，这样做对孩子的影响非常不好，大家都知道，孩子的模仿能力很强，他们会模仿家长的作法，可能就会成为小烟民。有些孩子和坏孩子接触就是从吸烟开始的。孩子一旦学会了吸烟，为了筹到买烟的钱而走上犯罪道路的也不是没有。家长的一言一行和教育方法时时刻刻都在影响着孩子，因此家长要在孩子的思想上、观念上，家庭环境和教育上都要养成习惯，给孩子起模范带头作用。

四、戒酗酒

众所周知，长期酗酒会导致人酒精中毒，眼睛肌肉瘫痪，记忆力衰退，没有学习新事物的能力等，还有约20%的酗酒者患脂肪肝、肝炎，严重者发生肝硬化。美国政府日前公布的一项研究报告显示，父亲酗酒不仅对自己造成伤害，而且还会把这一习惯"传染"给孩子。研究发现，如果12岁至17岁的孩子和有酗酒习惯的父亲生活在一起，他们养成喝酒习惯的概率为38.8%；如果父亲有喝酒习惯但不酗酒，那么孩子养成喝酒习惯的概率为33.2%；如果父亲滴酒不沾，孩子喝酒的概率只有21.1%。来自英国的研究显示，如果母亲有爱饮酒的习惯，孩子长大后，染上酒瘾的机率会增加2倍，而且对孩子的关爱、教育程度也会越少。来自美国的研究表明，酗酒父母的子女更容易出现性格缺陷问题，比如情绪变化无常、行为偏执、精神状况不佳，而且他们沉溺于酒世界的机会也比一般人高4倍，并增加吸毒、赌博的风险。

上面所说的比较抽象，我想用一篇学生的作文，来说明父母酗酒对孩子产生的影响。这篇作文的题目是《我的父亲》。

我的父亲经常酗酒，我恨死他了。

酗酒如命的人脾气都不好，很自私，一点也不为家人考虑。他们只活在自己的精神世界里，很少和人交流。都是杜康惹的祸，我的父亲喝完酒，常常打家人玩。若与某个邻居关系不好，能骂人家好几年，那架势是十足的泼妇骂街。就是打110报警，打市长热线玩也是经常的，醒了酒还认为自己有理。由于他酗酒惹事，常常被别人打，为这事，我曾纠集多人，多次为他出面摆平。进出村里，我见邻居和好友都躲着走。我父亲酗酒，说实话都是母亲惯的，要是一开始就管他，肯定不会这样啊，不然就和他离婚！我绝望过，还有过要杀死他的想法，还好，总算挺过来了。

早些年，他每每醉酒后只会在家里骂人。但那种骂只是无关痛痒的骂。可不知什么时候起，他骂得越来越凶，我也因此越来越不想和他相处。总是想：不搭理他，等他老了，病得不行了，咱再去管他，也算尽孝了。还有什么好办法呢？小时候我总是期盼他出去喝酒，那样的话我和妈妈相处会很安静、很舒服。真的，没有亲身经历过的人永远也不会知道那种感觉：自己的父亲醉醺醺地倒在面前，那种

耻辱和无力感真的是非别人所能想象的。我一直为自己父亲是个酒鬼而羞耻，尽管是他生了我，养育了我。每次我对他说，爸，少喝点，注意身子。他总是厌烦地说，看你的书去，又不是吃你的！小孩子懂什么？我真的真的是力不从心，就像父母对网瘾少年那样无可奈何。

父亲酗酒，家人受苦，别人受害。我想对天下所有酗酒的父亲说："爱您的家人，爱您的身体，戒酒吧！"

这个孩子的作文结束了，可留在他心中的无奈、委屈、怨恨甚至绝望不会结束，那一种五味杂陈的阴影我估计会陪伴他的一生。在这里，我要奉劝酗酒的家长：为了自己的身体健康，为了孩子，为了家庭和睦，少喝一点酒吧！

五、戒赌博

我们不说赌博有损家长自己的形象，也不说赌博会违法犯罪，因为我这样说的话家长肯定有许多理由，肯定听不进去。如："什么形象不形象的，太高尚、太高深了。""大家都在赌啊，小玩玩没有什么不可以的。"我要说的是：有赌博嗜好的家长要戒赌，更不能叫孩子赌博。戒不了的至少不能在家里搓麻将、玩牌了。首先，赌博时吵闹，严重影响家人休息、影响孩子学习；其次，十赌九输，赌博往往导致家庭不和甚至骨肉分离，妻离子散；再次，赌博以不劳而获为宗旨，久而久之会使孩子的人生观、价值观发生扭曲，易产生好逸恶劳、尔虞我诈、投机侥幸等不良的心理品质。有一个学生的父亲嗜赌成性，几乎每天晚上都要邀请牌友去他家玩牌，牌具在家里随便放不说，在孩子婴幼儿时就拿牌逗孩子玩，让孩子认牌，还沾沾自喜地在别人面前夸耀自己的孩子能认多少牌。这孩子在读小学时就已经学会了多种赌博方法，做父亲的有时甚至还会让孩子替班。孩子的成绩一直在整个班级的末尾不说，长大以后肯定也是赌棍一个。有很多农村的孩子就是在这样的氛围中学会赌博的。一旦让孩子沾上赌博，那么你所有的努力就白费了。还有一户家长，夫妻俩白手起家，辛辛苦苦办厂十多年，积累了可观的资产。由于禁不住诱惑，赌博输掉了全部家当，妻子每天以泪洗面，孩子的成绩也因此受到严重影响，一落千丈。"上梁不正下梁歪。"一道错误的题目解答出来的答案永远是错误的。要让孩子成才，做家长的自己必须优秀有范。

六、戒易怒

一些家长十分在意孩子身上的缺点和不足，却很少发现孩子身上的优点。一味地给孩子挑错，当孩子犯了一点小小的错误时，他们就抓住这些小错误，横加指责，逐一数落。即使孩子再怎么努力，做得怎么好，总能挑出孩子的错误和不足。比如，孩子学习已经很努力了，考试成绩全班第二，他们马上会说，人家怎么能第一，你怎么不能第一！他们认为只要把孩子的错全挑光，孩子就完美了。他们以为，小树的枝杈全去掉了，树就自然直了，却不知道树枝、树叶全没了，也就没有光合作用了，树就不再生长，甚至会死掉。这样教育出来的孩子永远没有自信心，始终处在负性情绪之中，最后导致心理疾病。诸如胆小、焦虑、孤独、冲动、嫉妒等等。

还有一部分家长上午对孩子好，下午对孩子不好；高兴时对孩子好，不高兴时马上不好。就像六月里的天气，说变就变，常常弄得孩子不知所措，无所适从。既不知道自己因为什么得到了父母的好感，也不知道自己因为什么会遭到父母的训斥，久而久之，孩子的心理产生严重的障碍，并伴随至终身。

很多时候，父母对孩子生气、发怒，似乎是为了调教孩子，是"为了孩子好"。可是，要知道父母生气发怒，不仅可能会让自己长色斑、脑细胞衰老加速、胃溃疡、心肌缺氧、伤肝伤肺、引发甲亢、损伤免疫系统，还可能对年幼的孩子造成很多负面的心理影响。在这种威胁下长大的孩子以后要么叛逆、拒绝合作，要么会变得百依百顺，缺乏主见。

孩子其实是在和成年人的交往中，去观察、认识、学习如何与人打交道，怎样和别人互相交流的。这与"近朱者赤，近墨者黑"的道理是一样的。长期生活在一种过于激烈或愤怒的情绪氛围下，不仅会使孩子感到害怕，而且还会影响他们的行为模式——他们不知道怎样才是正确的与人交往的方式，会以为吼叫和发怒就是最自然的方式。所以，家长们千万别图一时之快，在孩子心里留下这样的双重阴影。当然，做父母的如果偶尔有一次情绪失控并不会严重伤害孩子，不过一定要注意，等气消了，要找孩子好好地聊聊，语调尽量温和，既有利于真正解决问题，又有利于消除孩子心里的恐惧感。

那么用什么方法制怒、戒怒呢？我认为除了要加强心理的控制，提高修养以外，还有一些小技巧可以自制。比如拖延自己发怒的时间，我把它叫做拖延法；比如转移自己的注意力，缓解一下情绪，我把它叫做转移法。还有人说人发怒的时候可以数数字。一二三四五六七……慢慢数，一直数到不发火，据说数数字数到 60 的时候，一般有火也就发不起来了，我把它叫做数数法。家长们如果到时候真的碰到要发怒时，不妨一试。

有一个国家的大官，一天对总统说："我对某某人恨极了，简直想揍死他。"总统说："不要揍他，我建议你写信骂他，骂他狗血淋头。"这个大官一想，总统都建议我写信骂他，我就写啊。他把世界上骂人的话几乎都写进去了，之后交给总统看。问："我什么时候寄给他？"总统说："不要寄给他，烧掉。你反正把最想骂的话都骂了，写了，发泄了，你就烧掉吧。"信烧掉了，两个人也因此避免了一场不可预测的冲突。我们现在有一种新的行业，叫心理医生。心理医生怎么工作？面对病人，他的大部分时间就是倾听，耐心地倾听患者的心声。心理学认为，只要有一个好的听众，就能对心理患者有一个心理改变的良好效果。家长们如果想发火，可以向自己信任的人去倾诉，也是一种方法，就把它叫做倾诉法吧。

七、戒说谎

我的邻居俞女士有一个读小学的儿子。她儿子学习成绩不算优秀但也能排在全班中等以上的位置，可上了五年级后，俞女士发现儿子越来越贪玩，每天放学回家就盯住电视不放。让他去做作业，儿子说老师布置的作业少，已经在学校做完了。对此俞女士虽然半信半疑，由于自己工作太忙也没有找老师核实。直到有一天，儿子的班主任童老师打来电话后，他们夫妻俩才知道真相：儿子学习成绩下降得很快，经常不交作业，老师曾通知他们去学校，儿子却对此避而不谈。俞女士最后无奈地说："儿子屡次说谎，我们很着急，除了担心他的学习成绩下降，更担心他说谎变坏了。"

在孩子成长的过程中，家长们常常会发现，孩子竟然学会了说谎。在遇到这种情况的时候，一般的家长都会去教育孩子，或者是平常的告诫，或者是严厉的教育。但家长们可能不会再进一步地深究：我并没有去教孩子说谎呀，这坏习惯他是从哪里学来的？事实上你也想不出来，我可以告诉你：孩子说谎，多半是从你家长那里学来的，而你并没有觉察到。

在日常生活中，不管是善意的还是恶意的，不管是为了逃避惩罚还是为了规避责任，我们做家长的往往会说谎。显然，这些谎话一部分或大部分都已经被孩子听到了，同时也必然会对他造成影响。会让孩子在思维上形成犯了错误以后，为了逃避责任可以选择说谎话。从某种意义上讲，是我们做家长的给孩子树立了错误的榜样，是我们教会了孩子说谎话。

家长说谎话，特别是在孩子面前说谎话，还会对孩子造成另外一个影响，那就是会让孩子缺失对我们的信任。我们一直都在给孩子灌输做人要怎么样，做事要怎么样等观念，而当孩子听到我们在说谎的时候，就会对我们给他们所灌输的观念产生矛盾，从而让孩子逐渐丧失对我们的信任。

苏联伟大的教育家、列宁的妻子克鲁普斯卡娅说："对双亲来说，家庭教育首先是自我教育。"做家长的一言一行，一举一动，都会影响甚至左右孩子的一生。没有失败的孩子，只有失败的教育。要治孩子的"病"，父母先"吃药"。问题虽然表现在孩子身上，但根子却在父母身上。在孩子的成长过程中，我们家长所起的作用一个是养育，还有一个就是榜样。不管这个榜样是好的还是坏的，孩子都在不断地学习和接受。作为家长，我们都希望自己能够教育好孩子，都希望自己的孩子有一个好的素质养成，这些都要求我们家长在平时不能说谎话。

八、戒贪心

有一对母子俩到书店里去买书。他们进去的时候什么书都没带，还对店员说："语文老师要求学生买一本《安徒生童话》去看看，你们店里有吗？"营业员给她们找来了不同版本的《安徒生童话》供她们挑选。母子俩研究了半天，搞不清到底买哪一种版本的好。就对营业员说："不知道该买哪一种的，待问过了老师再来买。"营业员就把书放回了原来的架子。可母子俩并没有马上走，自己在书架前又翻找了一会儿。等到出去的时候，母亲的手上却拿着一本《安徒生童话》。营业员问她们："这本书是怎么回事？"那位母亲说："这本书是我们自己带来的。""阿姨，不可能吧？您进来的时候两只手是空的。""谁说的，这本书是我带来的。""阿

姨，我们店有监控的，您看看，到处是，要不我给您回放一下好吗？如果您还是不信，也可以报警叫派出所。"一听到有监控，那位母亲的脸一下子就白了，马上说："那算了，这本书我们不要了。"母子俩放下《安徒生童话》，慌里慌张地走了。这时，围拢来看热闹的顾客中也有认识那母亲的，等到他们走后，就说了："那不是某某人的老婆吗？怎么这样啊！真丢人。她儿子和我儿子是同一个年级的，我回家对我儿子去说，防着点他。"

有一家打金店，夫妻俩开店挣钱，女儿读小学，其乐融融，日子过得相当不错。有一天晚上，店里来了一个二十多岁小青年，说："老板，我赌钱输了，想把自己的金项链、金戒指卖给你，便宜一点好了，你要不要？""要啊！总共多少分量？你想卖多少钱？"男店主说。就这样，两人一会儿就谈妥了价格，市价2万挂零的金首饰最后以1.5万的金额成交。打金店收购旧金的事情常常有，政策也允许，但有一个规矩，就是在收购时必须要求对方提供所售金器的发票和本人的身份证复印件，以备公安局查询。但这次那个小青年说发票丢了，身份证也刚好没有带。男店主想想差价这么多，利润这么丰厚，脑子一热，也就收下了。时间很快过去了一个多月。一天上午，店门口来了两个警察，还带了一个戴手铐的小青年，也就是上次卖金首饰的那个。不用说大家都已经明白，那个小青年的金首饰是偷来的赃物。最后，男店主被抓进公安局，法院判了他1年有期徒刑。女店主因为有小孩需要照顾逃过一劫。但这事完了吗？没有！首先，他的女儿以后读书、工作恐怕也要受到或多或少的影响；其次，因为男店主坐过牢，档案有记录，如果第二次再触犯刑法的话，等待他的将是重判。

父母贪心，不仅自身形象不好，同时也会牵连家人，并对子女的发展带来困扰。这样的情况不多见，但不是说没有。上面说的这两件事，都是我亲眼所见。

九、戒奢侈

无论你家长有钱或者是没钱，平时都不能乱花钱。有一位家长，是办厂的老板，资产少说也有2000万，但他自己从不乱花钱。孩子去寄宿学校读书，按实际需要给钱，从不多给，用不完的还必须上交。他的孩子平时成绩都不错，总是在班级的前几名。读初三的时候，这位家长对孩子说："儿子啊，你要想读某某高中，成绩还要再上去一点，否则的话就没有希望，如果爸爸用钱去买，起码得花上十多万元。"因为平时一家人都很节约，孩子认为这十多万元的钱实在是太多了，不知可以买多少东西呢？于是就奋发学习，结果考上了理想的高中。其实，凭这位家长的实力，就像牛背上的一根毛，十多万元的钱根本算不了什么。还有一个我熟悉的家长，今年四十多岁。他小时候家境比较富裕，读小学的时候，他的父亲每天给他5毛钱，并要求他晚上放学回家时一定要用完。这个家长的儿子今年读初一。要知道这位家长读小学的时候是在30年之前，那时候的5毛钱有多值钱！冰棍才3分钱一根，怎样在一天之内把5毛钱用完是一个很伤脑筋的事。就这样，这位家长赚钱的本事没学会，却养成了花钱大手大脚和游手好闲的坏习惯。现在，这位家长把祖上传下来的遗产像老鼠搬谷仓一样一件一件地全卖了，还东拐西骗，到处借钱不还，直至夫妻离了婚，人也跑得无影无踪。

十、戒宠爱

孩子不能宠。有一句话叫作"小时宠物，大时废物"。家里备受宠爱的孩子长大以后一般都不会有出息。我这里说的"宠"，包含两种情况：一种是娇生惯养、溺爱孩子；另一种是把孩子当成玩物。

先说第一种。我家隔壁有一位小姑娘，她的家人为了让她读好书，家里什么事情都不叫她做。尽管大人们自己都有工作，很忙，但对这位独生女儿却从小学到高中十几年如一日地接送，从袜子到外套所有衣服的洗涤，从扫地到做饭所有的家务从没让她动过手。到了读大学时问题就来了，衣服脏了要么快递寄过来，家里洗好了晒干再寄过去；要么派她的外婆时不时地去一趟学校帮她洗刷、料理。现在有了工作，在单位里，卫生不打扫，内务不整理，概括起来就是一个字——懒！同事、领导看她直摇头。

再讲第二种宠。北宋时期的大文豪欧阳修有一篇名作叫《伤方仲永》。说的是金溪平民方仲永，世代以种田为业。仲永长到五岁，不曾认识笔、墨、纸、砚，有一天，忽然放声大哭着要这些东西。父亲对此感到惊异，从邻近人家借来给他。仲永当即写了四句诗，并且题上自己的名字。这首诗以赡养父母、团结同宗族的人为内容，传送给全乡的秀才观赏。从此，指定物品让他作诗，他能立即写好，诗的文

采和道理都有值得看的地方。同县的人对他感到惊奇，渐渐地把他的父亲当作宾客一样招待，有的人还花钱求仲永题诗。他的父亲认为这样有利可图，每天拉着仲永四处拜访同县的人，不让他学习。我听到这件事很久了。明道年间，我随先父回到家乡，在舅舅家里见到他，他已经十二三岁了。让他作诗，写出来的诗已经不能与从前的名声相称。又过了七年，我从扬州回来，再次到舅舅家，问起方仲永的情况，回答说："他已经才能完全消失，成为普通人了。"

《伤方仲永》给我们的启示就是：孩子小有成就，做父母的不能就此满足。学无止境，要鼓励孩子不断进取，向更高的目标努力。

十一、戒过度

表扬、夸奖不能过度。过度的表扬和夸奖相当于摧残、扼杀他的未来。同样，过度保护或者监督孩子，也会挫伤孩子的自我观念，削弱培养孩子的自主能力。因为当父母过分监督孩子的行为时，其实也是在告诉孩子："你不能照料自己。"大多数家长对孩子照料自己的能力不很自信。我们应该把"只要孩子自己能做，决不包办代替"当作座右铭。这样才能逐步培养孩子自己照料自己的能力。

我们做家长的特别是做妈妈的，为了孩子不走神、写字姿势端正，时时操心孩子的作业，时不时地进行监督、辅导。殊不知妈妈的这种做法逐渐让孩子产生了依赖心理，认为反正有妈妈在，有不会做的题也不用着急，时间长了，就养成了懒得动脑筋自己解决作业中的问题的习惯，久而久之，造成孩子做事缺乏主见和独立性。

家长给予孩子的越多，孩子的要求也越多，越不听话，最后会拖得家长筋疲力尽。有些家长虽然会管束孩子，但不给孩子锻炼的机会，什么事都不让干，生怕孩子出事。他们不知道爱孩子不仅仅是奉献和给予，更重要的是要教给孩子学习的方法和生存的能力，送给孩子一对能够迎着风雨翱翔的翅膀。娇生惯养的孩子一旦步入社会是经不起社会现实的冲击和困难挫折的打击的，他们的心理承受能力和面对困难挑战自我的能力将会受到严重的问题。要为孩子创设承受挫折的机会，因为人的一生，不可能是一帆风顺的。有一位妈妈，每次吃虾她都是把虾剥给儿子吃，自己从来不吃。当她有一次随意地把一个虾仁塞进自己嘴里时，没想到儿子立刻翻了脸，又哭又闹，还逼着她吐出来！像这样以自我为中心的孩子将来是很难融入社会的。

根据人的成长规律，我们可以从 3 岁起就开始给孩子分配"任务"，因为这个年龄的孩子容易鼓动，渴望参与父母从事的一切活动。比如 3 岁可以端板凳、递用具；4—5 岁可以叠衣服、理床铺；6 岁可以收拾桌子、整理房间、擦皮鞋；10 岁的孩子就该固定地承担家里的某项劳动了，如收拾饭桌、倒垃圾；18 岁时，就应胜任全部主要的家务活儿，如做家常饭菜、拖地板、擦玻璃窗等等。这些，不仅帮助孩子向成年人过渡，而且教给他们尊重父母亲为持家所进行的一切辛苦劳动。总之，孩子是家庭成员，就应该让他对家庭尽义务。这不仅是劳动，还有助于智力的开发、道德的养成、技能的培养和今后对社会的适应。

十二、戒攀比

攀比是一把双刃剑。一方面，攀比能激发个人奋斗的潜力，给人带来向上的动力；另一方面，攀比也让自己活得很累，让自己的心理失去平衡。因为后者的攀比只是拿自己的弱点跟别人的优点比，等于拿自己的弱势对抗别人的强项，那么结果自然可想而知。哲人说，与他人比是懦夫的行为，与自己比才是真正的英雄。如果今天的我比昨天进步了，今年的我比去年增加了收获，你就可以满足。家长们知不知道世界冠军是怎么练出来的吗？我可以简单地告诉你们：四五岁开始，每天起早贪黑不断地训练，天天如此，年年如此。你吃得消吗？用现在一句流行的话说就是"你 hold 得住吗"？钢琴家郎朗是怎样出道的你们知道吗？首先，郎朗的祖父是音乐教师。父亲是部队文艺兵，专业的二胡演员，后来退伍到公安局工作。母亲是班级的文艺骨干。其次，郎朗 3 岁就开始练习弹琴，天天如此。他每天早上弹琴的声音就是隔壁邻居起床的号子。有一次，郎朗跟着父母去了舅妈家。晚饭后，郎朗和舅妈家的几个孩子正玩得开心，爸爸突然对郎朗说："不行，你得练琴了！"舅妈为难地说："哎，我哪儿有琴啊？"爸爸说："就让郎朗在地板上练习指法吧。"于是，郎朗就在地板上敲了起来。在郎朗 9 岁的时候，爸爸让郎朗去北京中央音乐学院学琴，于是就把公安局的工作给辞了。到了北京后，郎朗跟着爸爸住在丰台区的一间筒子楼里，妈妈一个人留在沈阳工作，用她一个人的工资来支撑着这个家。为了郎

朗，妈妈每月只花掉100元的生活费，却把剩下的钱全寄到北京。在北京，郎朗每天上午去上文化课，下午去学琴。为了更多地了解钢琴知识，爸爸每节课都要站在郎朗的教室外"偷听"，等下课回家后，父子俩是一边吃饭一边还在讨论老师教的课。家长们，你有这样的条件、决心和能力吗？

虽然我们看到世界冠军站在领奖台上非常扬眉吐气，看到郎朗演奏钢琴很爽，但你们不知道还有多少个辛辛苦苦训练的体育运动员没有走上领奖台？还有多少个天天弹钢琴的"郎朗"没有成为郎朗？我告诉你们，即使像他们一样的训练，他们成功的概率也许只有千分之一，也许只有万分之一，我们输不起。

如果家长真要攀比的话，就与别人攀比读书吧。刘墉先生曾在《偶像》一文中说过："高尚的爱好可以造就天堂，庸俗的爱好只会造就坟墓。"空闲时间，看书、下棋、锻炼都是我们的选项。前面说到的童银舫先生，他长期从事慈溪地方文化的研究，每年阅读相关书籍100本以上，每年写读书笔记三五本，每年发表文章二三十篇，许多作品在全国和省市的评奖中获奖。此前曾评为浙江省学习型家庭，宁波市首届十佳藏书家庭和首届十佳书香家庭。如果家长对这些不会或者没有兴趣，打扫卫生、洗衣服、修修补补也可以，这比打游戏、看微信肯定强。有其父母必有其子女，父母平时的行为高雅，耳濡目染，孩子的行为也高雅。孩子的眼睛都在看着你，要求孩子不能做的，我们做家长的自己首先要不做，对不对？只有肥沃的土壤才能长出好庄稼，只有良好的家庭环境才可能培养出智力优秀、聪明活泼的孩子。

教育是父母用自己的言传身教、以身作则去唤醒一颗幼小的种子，用自己的真实行动来慢慢影响它，让它生根发芽、枝繁叶茂。送给家长两句话，第一句是：脚踏实地，不要异想天开；回归理性，把身边的事情做好。第二句是：让每位爸爸成为孩子敬仰的英雄；让每位妈妈成为孩子崇拜的偶像！这是家庭教育的最好境界。

第五讲　知晓手段

有这样一个故事：一群孩子在一位老人家门前嬉闹，叫声连天。几天过去，老人难以忍受。于是，他出来给了每个孩子 10 美分，对他们说："你们让这儿变得很热闹，我觉得自己年轻了不少，这点钱表示谢意。"孩子们很高兴，第二天仍然来了，一如既往地嬉闹。老人再出来，给了每个孩子 5 美分。5 美分也还可以吧，孩子们仍然兴高采烈地走了。第三天，老人只给了每个孩子 2 美分，孩子们勃然大怒，"一天才 2 美分，知不知道我们多辛苦！"他们向老人发誓，再也不会为他玩了！在这个故事中，老人的方法很简单，他将孩子们的内部动机："为自己快乐而玩"，变成了外部动机："为得到美分而玩"。而他操纵着美分这个外部因素，所以也操纵了孩子们的行为，机智地解决了苦不堪言的吵闹。

列宁 8 岁时，随母亲去姑妈家做客。他不小心打破了一只花瓶，当时无人看见，查问原因时他因为害怕也没承认。细心的姑妈猜着准是淘气的列宁打的，不过妈妈一直保持沉默，等待着儿子从中萌发羞愧感。三个月后，妈妈亲昵地抚摸着儿子的头，欲有所言，不料列宁失声大哭，讲出了打破花瓶的事。妈妈安慰儿子，并宽容了他。妈妈知道儿子在这场内心的道德斗争中，美的、诚实的品质取得了胜利。

列宁做错了事之后，家长以宽大的胸怀接纳了孩子的过失，促其在父母的大度中去痛改前非。

孩子做错了事之后，家长当然也可以批评，但在批评方式上应是先肯定对的，再指出错的；先表扬以前的，再指出今天的；甚至可先做自我批评，再批评孩子。

批评孩子可以严肃，甚至可以严厉，但这不等于粗暴，更不等于讽刺挖苦、奚落和谩骂。否则就会伤害孩子的自尊心，势必会引起对立的情绪，这就是家庭教育的艺术！

同样，孩子做对了一件事，家长如何进行评价？过高，容易让孩子盲目满足；过低，又不容易达到激励的目的，"实事求是"就是评价的标尺，这就是家庭教育的技巧！

和谐的家庭氛围，有效的教育技巧，是家长养育孩子健康成长的法宝。

一、自带孩子

还是先讲一个故事。一位母亲对女儿说："女儿啊，妈妈要去赚很多很多的钱，之后送你去贵族学校读书。"女儿回答说："妈妈，我长大以后也要赚很多很多的钱，然后送您去贵族的养老院。"所以，我的建议是：无论你有多忙，一定要自己带孩子，让孩子留在自己的身边，隔代或隔两代的教育不可取。在农村，孩子由爷爷奶奶带的还有不少。对于孙辈，他们更多的是溺爱；作为我们的上一辈，他们的文化程度比我们要低，知识面比我们要窄，教育方法比我们要差，基本都停留在只满足吃饱、穿暖这些基本的生存条件方面。隔一代的长辈即使发现孙辈不对、犯错，一般都不会批评、惩罚，最多轻描淡写地说上几句不疼不痒的话，久而久之，使孩子错误成习惯。我曾经亲眼看到一位奶奶带着她养育的孙子来一家文化用品商店买东西。奶奶因为舍不得钱，一直念念叨叨不让孙子买文具。孙子一边说"我要买的，我管你什么！"一边不停地挑选自己喜欢的各种文具用品，一会儿就挑选了一大堆。他把这些文具放到付款台，对奶奶说："付钱！你当心一点！"这位奶奶不知是没有听到孙子的话呢，还是肉疼孙子，除了仍然不停地唠叨，并没有说孙子什么。你说，这样的隔代养育会是怎样的结果？

家庭教育是一个时刻与孩子心理沟通的过程。家庭教育是以亲子关系为中心展开的教育，所以，父母要尽可能地自己带孩子。曾经有人忠告：不要以为孩子还小，父母可以当甩手掌柜。如果父母让孩子从小在祖父母或外祖父母那里度过，等到孩子长大时，要么成为默默无语的沉默者，要么成为无法无天的捣乱者。

二、口径一致

家庭教育的"不一致"性，这在乡镇、农村也是一种相当普遍的现象。父母之间可能会出现不一致，父母与祖辈之间更有可能出现不一致，祖辈之间也可能出现不一致。这些不一致有的反映在教育思想上，有的反映在记忆内容上，有的反映在教育途径和方法上。一方面可能使孩子不知听谁的好，莫衷一是；另一方面可能会使孩子选择对自己"有利"的一方去听从，而不去明辨是非；还有可能造成孩子的烦恼情绪。

家长在对孩子的教育和培养方面要统一口径，这很重要。不能母亲批评父亲表扬，更不能当着孩子的面说母亲批评得不对，反之亦然。有时爸爸管孩子，妈妈护着："不要太严了，他还小呢。"有的父母教孩子，奶奶会站出来说话："你们不能要求太急，他大了自然会好；你们小的时候，还远远没有他好呢！"这样的孩子当然是"教不了"啦！因为他全无是非观念，而且时时有"保护伞"和"避难所"，其后果不仅孩子性格扭曲，有时还会造成家庭不睦。我的一个学生，是小学老师，文化程度比丈夫高（她丈夫是做塑料生意的小老板）。女儿读小学时，她就与丈夫约法三章，我教育孩子的时候你到一边去，看电视也好，玩手机也行，就是不要插嘴。她女儿现在在浙江某大学学习财经，各方面表现都相当优秀。

三、过问学习

家长要过问孩子的学习、作业情况。每天放学回家要翻一翻、看一看。作业有没有认真完成？错误率高不高？有没有及时订正？字迹清楚端正否？老师写了什么批语？看过了，完成了，签上字。在检查孩子作业的过程中或作业检查完毕后，家长要与孩子进行交流。要善于发现孩子的优点，交流的原则是多表扬少批评，多鼓励少打击，更不能讥讽、打骂。家长总是批评孩子，总是用不满意的口吻说教孩子，本意是恨铁不成钢，日久天长会让孩子在学习中产生压抑感，继而厌恶学习；会让孩子总觉得自己很差，不行。当然，如果孩子是真的做错了，也要给予批评，但要让孩子明白大人为什么要批评他，让他明白道理。

某中心小学有这样一位女教师，今年 39 岁，儿子读初中。因为时间比较长了，初中的一些教材内容许多已经忘记了。为了能跟上儿子的学习内容，能在家里辅导儿子，就在新华书店买了一套同样的教科书自学。这种情况在我们这里不止她一个，有几位在街上做服装生意的老板娘，有的把店交给营业员经营；有的干脆关门，先回炉自学，再全职辅导孩子。我们是否可以从中得到一些启发呢？

多与老师联系，主动了解孩子在校的学习态度和情况，比如在校态度端正否？上课注意力集中否？如果发现问题，就要与相关老师一起研究解决的办法并实施，不要以为只要老师不打电话投诉不家访，就说明孩子没有问题。现在的学校、家庭、社会三结合教育网络普遍还是做得比较好的，我相信家长们都有自己孩子各科任老师的电话号码及其他联系方法。有许多学校，同一班级的家长还建立了 QQ 群，微信群，有信息互相告知，有问题群里求助，是很好、也是值得推广的一个做法。

有位父亲对女儿的教育方式比较独特，他从来没有辅导过女儿做功课什么的，就是每天回来跟女儿聊十分钟，只聊四个问题，就完成了他的家庭教育。这四个问题是：1. 学校有什么好事发生吗？2. 今天你有什么好的表现？3. 今天有什么好收获吗？4. 有什么需要爸爸的帮助吗？看似简单的问题背后其实蕴涵着丰富的含义。第一个问题其实是在调查女儿的价值观，了解她心里面觉得哪些是好的，哪些是不好的；第二个问题实际上是在激励女儿，增加她的自信心；第三个问题是让她确认一下具体学到了什么；第四个问题则有两层意思，一是我很关心你，二是学习是你自己的事。就是这简简单单的四个问题，包含了很多关爱、关怀在里面，同时也从另外一个角度诠释了家教的方式方法，愿对家长们有所启发。

四、近优远劣

古人说，"近朱者赤，近墨者黑"。家长特别要关注自己孩子的朋友、伙伴是哪一类人，孩子和谁在一起很重要。

春秋战国时期的孟子小时候，父亲早早地死去了，母亲守节没有改嫁。一开始，他们住在墓地旁边。孟子就和邻居的小孩一起学着大人跪拜、哭嚎的样子，玩起办理丧事的游戏。孟子的妈妈看到了，就皱起眉头："不行！我不能让我的孩子住在这里了!"就带着孟子搬到市集,靠近杀猪宰羊的地方去住。到了市集,孟子又和邻居的小孩,学起商人做生意和屠宰猪羊的事。孟子的妈妈知道了,又皱皱眉头:"这个地方也不适合我的孩子居住!"于是,他们又搬家了。这一次,他们搬到了学校附近。每月夏历初一这个时候,官员到文庙,行礼跪拜,互相礼貌相待,孟子见了之后都学习记住。孟子的妈妈很满意地点着头说:"这才是我儿子应该住的地方呀!"等孟子长大成人后,学成六艺,获得大儒的名望。孟子认为这都是孟母从小严格要求、逐步教化的结果。

大家知道李嘉诚是谁吗?长江和记实业有限公司及长江实业地产有限公司主席,是从1999年开始一直到现在连续10多年蝉联华人首富的香港大富翁。我下面要说的故事就发生在他的身上:李嘉诚的司机给李嘉诚开了三十多年车,要退休离去。李嘉诚看他兢兢业业干了这么多年,为了能让他安度晚年,开了张200万元的支票给他。没想到司机说不用了,我有钱。李嘉诚很诧异,问:"你每个月只有五六千的收入,怎么能存下这么多!"司机回答说:"我在开车的时候,您在后面打电话说要买哪个地方的地皮,我会去买一点;您说要买哪支股票的时候,我也会去买一点,到现在已经有一两千万的资产了。"

这是两个正面的故事,再给大家讲一个反面的故事:我以前一个邻居的儿子买了一辆私家车开黑出租赚钱。俗话说,"虾与虾聚会,鱼与鱼扎堆"。要知道,开这种车的人免不了有几个好吃懒做的地痞流氓,有人就介绍他借高利贷给别人。第一次借了5万,一个月后连本带利拿了5万5千;第二次借了10万,不到一个月就拿了11万。我邻居的儿子想这么好的生意,钱来得这么快,第三次就在别人的怂恿下,东拼西借拿了100万给那人,结果可想而知,向他借钱的人跑路了,音信全无。他自己的债主则天天上门来讨债,没有办法,最后只好把车和自己住的房子全卖了还债。

沙子是废物,水泥是废物,但它们和在一起是精品;大米是精品,汽油是精品,但它们和在一起是废物。是精品还是废物不重要,重要的是跟谁在一起,跟着蜜蜂找花朵,跟着苍蝇找厕所。

五、旁敲侧击

成功的教育不是喋喋不休的传经诵道，而应该是春雨润物般的不露痕迹，一切尽在不言中（即专家所谓的"无痕教育"）。要多有意识地带孩子往有文化、知识、涵养的人和地方去，给予熏陶，使之潜移默化。有时，一个小小的细节，会对他的一生起决定性的作用。家长要经常带着孩子去逛逛书店，买一些书回来。书中什么知识都有，有许多知识他（她）拿起书就可以获取，会省下你教育、教学的许多时间和精力。甚至很多知识你也根本不知道对不对？而书知道！要经常带着孩子去逛逛博物馆，那里是历史文化的集萃地。去那里，既可以了解博物馆所在地乃至中国的历史，又可以观赏精美的器物，开阔眼界；要经常带着孩子去野外、公园和风景区走走，那里空气清新，植物丰富。从小培养孩子亲近大自然、热爱大自然，锻炼身体和调节精神，一举两得。

书读得好，处事、处世能力不强，今后走上社会要吃亏，要碰壁。家长要利用一切可以利用的时机对孩子进行教育和培养。这些内容涉及的范围非常广，但凡在实际生活中听到的、碰到的或者今后有可能碰到的，只要是对孩子今后生活有用的，可以是无所不包。比如与孩子在一起时可以讲讲某某地方的一个小朋友因为轻信陌生人的话，被人骗走了。某地一幢楼房突发火灾，一位女生带着她的奶奶，把手绢打湿，捂住鼻子从安全通道下来逃生了。英国一个 3 岁的小女孩打电话报警，把从楼梯失足掉下来陷入昏迷的怀孕的妈妈救了。某某人因为赌博，现在输得一塌糊涂，连房子卖了还不够，借他高利贷的人天天找他要钱，弄得他东躲西藏，人也跑得无影无踪，做父母的愁得头发都白了。今天我们家收到了一张假币，主要原因是你爸爸大意了，没有仔细看。你看，这张假币纸张偏软，纸边有点发毛，金属线是印上去的，亮处一照，水印也很模糊，我们以后一定要小心。今天浙江、上海等六省市公安机关，在公安部的现场统一指挥下，集中对浙江金华特大新型地沟油专案实施收网行动。捣毁炼制新型地沟油工厂、黑窝点多处，抓获犯罪嫌疑人一百多人，现场查获新型地沟油成品、半成品及油渣几千吨。这些油脂的来源主要由屠宰场的废弃物压榨而成，包括猪、牛、羊屠宰以后内脏的一些膈膜，以及猪皮、牛皮、羊皮上刮下的碎末，还有一些就是时间存放过长不能食用的变质动物的内脏。油提炼出后主要卖给小饭店烧菜、小摊位油炸食品，以后我们在外面吃东西要多长个心眼。今天我们家隔壁的某某开车出门遇到了一个碰瓷的。那人硬说是脚被某某的汽车压伤了，要求赔钱，并要求私了。某某不知道其中的奥妙，为了息事宁人，赔了2000元钱。回家一说，才知道上当，现在懊悔死了。

只要我们家长善于利用，生活中的每个细节其实都是可以用来教育孩子的。苏霍姆林斯基说："成功的教育应该使学生在没有意识到受教育的情况下，却受到毕生难忘的教育，而这种潜移默化过程中受到的教育往往具有滴水穿石的作用。"家长所有这些话并不一定要正对着孩子讲，只要孩子在场，只要孩子能听到就行，就是夫妻俩互相闲谈，甚至与客人、朋友闲聊都可以，目的只有一个，见缝插针地让孩子了解当今社会还有不健康的甚至是阴暗的一面，提高他抵御社会上假、恶、丑的侵害能力。家长要抓住每一个"机会教育"的机会，随人、随事、随时、随地、随境地进行随机教育。当然，这些话家长要进行必要的取舍，原始信息来源对孩子不利的部分要剔除，要进行必要的加工，这与欺骗和说谎不是同一个概念；要多用正面的例子，少用负面的例子。

我们做家长的要明白一个道理，成绩好不是孩子成才的唯一标准。成绩很好，其他方面不行，就是我们说的"高分低能"，他在以后曲折的生活道路上是要摔跤的。不是常常有报道说一个初中没毕业的农民骗了大学的教授几十万元钱，一个女硕士生被无业游民骗钱骗色等等。所以，培养孩子要把握好一个"度"，要全方位的培养教育。智商很重要，情商更重要。我们都是普通老百姓，还是做老百姓好，不要去高攀虚荣。要教育孩子懂得天上不会掉馅饼，遇事要想一想我是谁？千万不要幻想一步登天，要脚踏实地。我们要从小对孩子进行做人、生活的教育，这样才能避免走弯路，避免一步错导致步步错而成千古恨。

六、敢于漠视

一条板凳绊倒了孩子，不同的国度有不同的对待方式，不同的对待方式又造就了孩子不同的人格特正：中国的家长是打板凳，还一边不停地说："板凳坏！板凳坏！"用来安抚孩子，孩子学会的是推卸责任，抱怨他人；美国的家长是没看见，

不去干预，孩子学会的是爬起来走，独立性强；日本的家长是批评指责："你这么不小心，没看到板凳吗？"孩子学会的是承担责任，寻找原因。就像上面板凳绊倒孩子的处理方法一样，其实很多事情我们大人是不必急着挡在前面的，自己的责任让他自己承受，自己去解决自己的事务。让他明白，任何人都别想推卸责任，让别人替他们收拾残局。不要什么都帮孩子做，但可以帮助分析，告诉他如果是我会怎么做，以帮助增加他的判断力。做父母的不必生活上凡事都包办代替，放手让孩子自己做，除了培养孩子的独立能力，还可以增加他的责任感和自信。父母的过度包办，会让孩子变得没有礼貌、不懂得珍惜。当然，不事事指使孩子，但还是要有大方向的沟通。例如："你的责任是把自己的房间整理干净"，而不是"你房间又乱七八糟了"。当孩子没做到时，让他自己理解自己负责的重要性。比如玩具弄丢了，不要急着给他买，让他承受丢三落四的后果。把小伙伴的东西弄坏了，不必掏钱给他赔，让他自己出零花钱。只有经过因犯错而产生的后果的承受，他才会从中汲取教训，这远比家长过后反复唠叨的效果要好得多。还有，孩子之间吵架，一般情况下家长不用出面，那是常常有的事，也只是小事。很多时候家长出面帮腔，只会把小事弄成大事，把平常事弄成不平常。如果是打架，12岁前父母要出面调解，之后让他自我意识、自己思考、处理，当然，若问题严重，家长得出面。

要把选择权给孩子，让孩子成为自己的主人。尽管我们非常确定某事该怎么做，但是至少应该给孩子一个机会，让他学习独立决定。他从自己错误中所学习到的东西比从大人正确的指导中要多。让孩子知道有些事情父母提供意见，但是最后的决定权还在于他自己，而且随着他的长大，这些事情会越来越多。

需要特别向家长们提出的是，对于孩子的进步和成绩，虽然很小也不能漠视，有时还可以适当放大。记住，在孩子的教育上要有所为，有所不为。

七、敢于放手

无论学校老师布置的手工作业，还是家里一些简单的生活琐事，孩子能做的一定要让他自己做。跌倒了让他自己爬起来，被子让他自己叠，衣服让他自己穿，书包让他自己整理。总之一句话，父母不要包办，千万不要把孩子当作小皇帝养。

《隐忍与厚爱》是一篇随笔，是我近三十年的老朋友徐全荣先生写的。他是我国改革开放以后慈溪的第一个万元户，慈溪国之光塑料有限公司的老总，慈溪市诗词协会副主席，中国诗歌学会会员，浙江省作家协会会员，《宗汉文学》主编。2013 年 8 月 28 日他有一篇文章发表在《慈溪日报》B2《上林湖》版块上。我想，大家读了以后就不需要我再作其他的解析了。

　　我四十得子，按当地老话，叫先开花后结果。秋茄做种，上苍赐福，当然欣喜。像我这种景象，多少人会把儿子当作掌上明珠，宠爱有加。

　　儿子活泼可爱，从小俏皮，倒也让人有可宠之处，然而我和妻子以平常心视之，对他不宠不娇，与养育女儿没多大区别。家中分食品，大的、好的依次排辈，儿子只能分到最小的，时间长了，习惯变自然，儿子会主动把好吃的按长幼排序分发给大家。

　　儿子八个月大的时候，我开始指着图片给他讲故事，尽管他还比较懵懂，但随着他日渐长大，慢慢知道书上有故事，很有趣，自己也开始拿着书看图片，把图案想象成故事，咿呀咿呀地给我们讲了。

　　孩子是非观的确立，是塑造人格的基础，他做得不对的地方，及时告诉他，让他改掉，做得好的地方加以褒扬，以资鼓励，让孩子慢慢进入社会规范的轨道。这是我们教育孩子的初衷。

　　记得儿子读小学三年级时，有天下午妻子打来电话，说她有事回不来，叫我接一下儿子。说来惭愧，孩子已读三年级了，我总共接送他上下学没几次。这主要是因我打理公司比较忙，接送孩子的事妻子一肩挑了。妻子告诉我车不要停在离校太近处，因车多，接好后会开不出来。又告诉我几点下课，不要迟到了。

　　下午，加紧处理完事务，回掉了客户，又去买了一个儿子爱吃的面包，提早上路了。由于平时不太有机会接儿子，所以今天特兴奋，一种幸福感油然而生。开着车，仿佛觉得树也格外绿，路上的行人也格外亲的样子。

　　我把车停在离校几百米之外，便拿着面包向学校走去。到了校门口，虽然离放学还有十多分钟时间，但已站满了接学生的家长。我开始挤到最前面，伸长脖子，眼睛直勾勾地盯着里面的通道。少许，儿子出来了，他看到我叫了一声"爸爸"。他似乎有点惊喜，问我："妈妈呢？"我告诉他："妈妈有事，由我来接你。"父子俩便一前一后朝车子走去。

　　出来的路上，家长清一色地背起了孩子沉重的书包，孩子们都在吃着家长带来

的食物。我瞟了一眼儿子，只见他弓着腰，身上的书包估计有十来斤重，背得相当吃力。我问了他一句："重不重？"他说："不重。"我便不说话了。我看看手里的面包，又看看他弯向地面的脖子，觉得此时的他也没办法咽下面包，便任由他跟在我的后面，继续向前走去。

我心里暗暗地责怪当今的教育方式，又犹豫着该不该帮儿子背这个沉甸甸的书包。如果帮他背，这也是人之常情，周边的大人都在帮孩子背着，无可厚非。但又想想，这是儿子的负担，我今天可以帮他背，但孩子人生的路很长，我能帮他背一辈子吗？如果事事帮儿子做好、背完，日后当父母也背不动帮不了时，他负重的功能已经丧失，还能承受生活施加的重压吗？我觉得，儿子的包袱让他自己背才是最准确的。于是，我继续在前面晃悠晃悠地走，儿子气喘吁吁地在后面跟。

大约走了一半的路，儿子慢慢落在了我的后面。我停下来，说："儿子，你累了，可以停下来休息一会儿再走，爸爸等你！"他说不用。我们继续走着，想想应该跟他说明一下我不帮他背书包的理由，于是对他说："不是爸爸不想帮你背，是因为这是你自己的包袱，只有你自己背。你长大后会碰到比书包更重的许多包袱，大人无法都一一帮你背走，所以还是从小锻炼，免得日后背不动。"儿子点点头，对我说："爸爸，没关系的，我不累！"说完把书包往肩上松了松，咬咬牙又跟了上来。此情此景，我觉得鼻子有点酸，泪也流了下来，带着我是否过于残忍还是太过厚爱的问题，父子俩继续往车子走去。

一晃许多年过去了，转眼儿子已长成了一个独立坚强的青年，十七岁那年，他孤身远渡重洋，去大洋彼岸的美国求学。父亲节那天，儿子给我发来一首他刚写的诗，我把它节录在此，作为本文的结尾。那车影模糊的离别/是父亲的期盼/闯荡或稳安/有人为我点亮前方的灯盏/驱赶一路的严寒/你给我勇敢/是我受用一生的光环。

说起背包，我一位老师的儿子在美国留学后定居，有一次带着全家人回慈溪探亲。他的女儿还很小，只有七八岁，却背着一个与她年龄不相称的大背包。去飞机场接他们的姑姑想帮助她背，便对她说："我帮你背包吧！"不料，他的女儿睁大双眼，非常不解，并当即礼貌地拒绝道："谢谢你！自己的东西应该自己拿呀！"

父母要充分相信孩子的能力，锻炼孩子生活的自理能力，不要凡事包办、代替，增加孩子的依赖性。

八、敢于说不

很多父母对孩子有求必应，生怕拒绝会挫伤了他们的心灵。其实生活中的挫折是不可避免的，即使他们的要求很过分，也不愿意说"No（不！）"。其实，生活本身就包含种种挫折，只有既体验成功，同时也经受挫折的考验，一个人才能最后培养起成功者最重要的品格！要让孩子经历并正确对待挫折，拒绝他们的某些要求，是免不了的。"No！"和"Yes"一样，是人才成长的"基本营养素"。想想看！我们善于克制自己的物欲，却无节制地满足孩子的要求，更糟糕的是，他们达到这种高消费的水平不是靠努力、靠牺牲，而是靠抱怨、强求甚至要挟。容忍这种状况，我们实际上是在教给他们"优裕生活是可以不劳而获的"。因此，要学会对孩子的某些要求说"NO"，只给他们真正需要的东西。太容易获得的东西往往不珍惜，而且从中获得的乐趣也了了，这一点孩子和大人是一样的。

所以，父母应善于对孩子说不，要他学会克制与承受。有人做过一项实验表明，幼年时面对桌上精美的巧克力能克制自己攫取欲望的孩子，长大后的成就要远远高于不能克制的孩子。

但当前的问题是我们很多父母缺乏临场说不的处理技巧。典型的过程是这样的：上街前说好今天不买东西，但到了街上，面对诱惑，孩子先逗留再明示后撒泼，大人觉得很丢面子就屈服了，当然嘴上还是要恶狠狠地说，下不为例，否则就收拾你之类，显然这种空洞的威胁永远都不会兑现。另有一对夫妻是这样处理的：孩子撒泼，夫妻俩一商量，决定由妈妈出面说，你愿意赖在这儿就待这儿，我们先回去了。说完掉头就走，孩子见势不对，拔腿就追。回去后吃完晚饭，父母郑重地与孩子交谈，让他自己反省今天的行为，并主动作出行为承诺。

非洲国家卢旺达非常贫穷，贫穷得可能对于一般人只能想象，因此，有许多国家以及国外的义工都去帮助他们。一次，一个由许多国家组成的义工带着物资到那里去援助他们。中国义工下了卡车以后，看到一位瘦骨嶙峋，衣不蔽体的黑人男孩朝他们跑来，动了怜悯之心，转身就去拿了车上的物品向小男孩走去。

"你要干什么？"一个美国义工见此情况后大声呵斥，"放下！"中国义工愣住了。他不知道这是怎么了，我们不是要来做慈善工作吗？

美国义工朝小男孩俯下身子，说："你好，我们从很远的地方来，车上有很多东西，你能帮我们搬下来吗？我们会付报酬的。"小男孩迟疑在原地，这时又有不少孩子跑来，美国义工又对他们说了一遍相同的话。有个孩子就尝试从车上往下搬了一桶饼干。美国义工拿起一床棉被和一桶饼干递给他，说："非常感谢你，这是奖励你的。其他人愿意一起帮忙吗？"

其他孩子也都劲头十足一拥而上，没多久就卸货完毕，义工给每个孩子一份救济物品。

这时又来了一个孩子，看到卡车上已经没有货物可以帮忙搬了，觉得十分失望。美国义工对他说："你看，大家都干累了，你可以为我们唱首歌吗？你的歌声会让我们快乐！"孩子唱了首当地的歌，义工照样也给了他一份物品："谢谢，你的歌声很美妙。"

晚上，美国义工对中国义工说："对不起，我为早上的态度向你道歉，我不该那么大声对你说话。但你知道吗？这里的孩子陷在贫穷里，不是他们的过错，可如果因为你轻而易举就把东西给他们，让他们以为贫穷可以成为不劳而获的谋生手段，因而更加贫穷，这就是你的错！"

美国义工的处事方式谈不上什么技巧，但与中国义工不同的是，他把东西给孩子，要求他们以劳动获取。

九、敢于批评

当下，我们对孩子的教育大多是鼓励，俗称"戴高帽子"。更有专家说：好孩子都是夸大的。我实在是不敢苟同。适当鼓励孩子有自信，这是对的，但是不能过度。不管对错，无论好坏，均给以表扬、夸奖，用这种方法教育出来的孩子将来进入复杂的社会，他面临的反差足以把他摧毁，把他推向万丈深渊。教育可以没有惩戒手段吗？单凭鼓励就可以完成教育了？我认为，孩子行为不当，犯了错误是需要接受批评和代价的。我们应该告诉孩子，这个社会是残酷的，要准备受到很多委屈。大家知道，孩子都缺乏经验和判断力，需要父母的指导和不断矫正，对其过分民主或者毫无底线的迁就说好话，会把孩子宠坏，变得为所欲为。当然，当孩子长大一些以后可以晓之以理，并给他们更多的选择。我并不反对鼓励，适当的鼓励有利于孩子树立自信心，但作为父母总是不停地过分表扬、夸奖孩子，结果肯定会适得其反。这样的孩子往往缺少自我意识，他们做一点小事都希望得到表扬、夸奖，否则就不做。当然，不当的、过分的批评也会伤害孩子的自尊心。在批评孩子时，我个人认为家长需要注意以下六个方面：

1. 批评孩子要注意时间和场合

批评孩子尽量不要在以下时间进行：清晨、吃饭时、睡觉前。在清晨批评孩子，可能会破坏孩子一天的好心情；吃饭时批评孩子，会影响孩子的食欲，长此以往会对孩子的身体健康不利；睡觉前批评孩子，会影响孩子的睡眠，不利于孩子的身体发育。批评孩子一般不应在下列场合：公共场所、当着孩子同学朋友的面、当着众多亲朋的面。孩子的自尊心往往很强，在公开场合批评孩子，会让孩子感觉很没面子，会打击孩子的自信心，还可能会让孩子对父母心怀不满甚至心生怨恨，会影响孩子同父母之间的感情。韩国有一个小故事，很能说明这个问题：一位名叫黄喜的相国，微服出访，在路过一片农田时坐下来休息。瞧见农夫驾着两头牛正在耕地，便问农夫，你这两头牛，哪一头更棒呢？农夫看着他，一言不发。等耕到了地头，牛到一旁吃草，农夫附在黄喜的耳朵边，低声细气地说，告诉你吧，边上那头牛更好一些。黄喜很奇怪，问，你干吗用这么小的声音说话？农夫答道，牛虽是畜类，心和人是一样的。我要是大声地说这头牛好那头牛不好，它们能从我的眼神、手势、声音里分辨出来我的评论。那头虽然尽了力，但仍不够优秀的牛，心里会很难过……

当然，这也不是绝对的。比如，当孩子在公交车里、在超市里妨害到他人的利益时，就应该及时进行教育批评，如果在回家后才责骂孩子，是没有效果的。因为"伤人的情节"已过，孩子没有真实感，也就不能深刻了解大人责骂的意义。

2. 批评孩子之前要让自己冷静下来

孩子犯了错，特别是犯了比较大的错或者屡错屡犯时，做家长的难免心烦意乱，情绪波动会比较大，很可能会在一时冲动之下对孩子说出不该说的话，或者做出不该做的举动，这都可能会对自己和孩子产生极为不良的影响，有人甚至因此而酿成大错。因此，不管孩子犯了什么样的错误，在批评孩子之前，家长一定要强迫

自己冷静下来。只有冷静，才能对孩子所犯错误有一个客观公正的评判，才能有利于问题的解决，才能帮助孩子找出犯错的原因和改正错误的方法。

3. 批评孩子要给孩子申诉的机会

导致孩子犯错的原因是多种多样的，有孩子主观方面的失误，但也有可能是不以孩子的意志为转移的客观原因造成的。从主观方面来说，有可能是有意为之，也有可能是无心所致；有可能是态度问题，也可能是能力不足等等。所以，当孩子犯错后，不要剥夺孩子说话的权利，要给孩子一个申诉的机会，让孩子把自己想说的话和盘托出，这样家长会对孩子所犯的错误有一个更全面、更清楚的认识，对孩子的批评会更有针对性，也让孩子能心悦诚服地接受自己的批评。

4. 批评孩子不要带粗口

在批评孩子时，家长要特别注意不要带粗口，一些骂人的、非常难听的话不能用在孩子身上。这些过于脏的话会教坏孩子的，不仅达不到批评孩子的目的，反而适得其反，让孩子因此而学会了骂人。我们要做到文明批评。给家长举一个例子吧：比如快吃晚饭了，可是孩子吵着、闹着要吃桌子上的饼干。有两种教育方法，大家想想哪一种比较好：①妈妈一把夺下孩子手里的饼干，教训说："傻子！马上就要吃饭了不知道啊！你是猪啊！"②妈妈和颜悦色地说："小白兔老是吃零食，结果牙齿都掉光了，我们的宝贝可不会和它一样。如果那样的话，真的难看死了！"

5. 批评孩子之前可先进行自我批评

父母是孩子的第一任老师，孩子所犯错误，父母或多或少都会有一定的责任。在批评孩子之前，如果父母能先来一番自我批评，如：这事也不全怪你，妈妈也有责任，对你不够关心等等，会让家长和孩子的心理距离一下子拉得很近，会让孩子更乐意接受父母的批评，还可以培养孩子勇于承担责任、勇于自我批评的良好品质，一举多得。

6. 批评孩子之后要给孩子心理上一定的安慰

孩子犯错后，情绪往往会比较低落，心情往往也会受到影响。父母在批评孩子后，应及时给孩子一些心理上的安慰。可以从语言上来安慰孩子，比如说些"没关系，知道错了改正就行""我知道你是个好孩子，自己会知道怎么做"之类的话；也可以从行动上安慰孩子，比如，握握他们的手，拍拍他们的肩，或给他们一个微笑，一个拥抱等等，这样就会让孩子感到，虽然他们犯了错，但家长还是爱他们的，还是信任他们的，他们会对家长充满感激，也会对自己充满自信。

因为对现在年轻家长放纵孩子的现象见得实在太多了，在"敢于批评"这一小节的最后，我想再一次郑重地告知家长：批评是教育的一种重要的甚至是必不可少的手段。没有批评的教育是不完整不负责任的教育。真正的教育需要赞赏，也需要批评。如果说教育者是辛勤的园丁，孩子是花园里的花朵，那么批评就是园丁为花儿剪枝疏叶。

十、教有技巧

曾经有位年轻的母亲告诉我这样一件事：她的孩子两三岁时，总不喜欢喝白开水，后来她发现，只要给他变换一下喝水的方式，孩子就非常喜欢。普通的杯子不喝，就加上一根吸管，普通的吸管不喜欢，就变个卡通造型吸管，不然就用一个米老鼠图形的杯子。总之，只要有好玩有趣的形式，总能让孩子喜欢上喝白开水。

喝水如此，学习和其他的教育也不例外。只要我们做家长的上心，一种方法不行，就换一种思维试一试，总能想出让孩子健康成长的好方法，总能找到让孩子成才的最佳途径。

曾经听过一个故事，说是一个单亲家庭的孩子，父亲文化程度不高，家里非常穷困，孩子成绩非常差。家长会上，老师找父亲谈完话之后，父亲苦闷思索，抽了一晚上的烟，终于想到一个办法：孩子每天放学后，把老师教的内容，要求孩子重新教给自己一遍，自己和孩子一起参与学习！

结果这个办法效果显著。孩子觉得自己每天的学习意义非凡，一直到孩子考上重点大学，父亲才终止了这个方法。坚持的这些年，父亲也从事实上的文盲成为了高中生。

如何对孩子进行性教育，可以肯定地说，是摆在我们家长面前的一道难题。我相信，我们绝大多数家长正在苦苦寻觅它的答案，其实这也是时代和国情的总体特征。我国现代著名的散文家、学者、文学批评家、翻译家梁实秋先生是这样做的：他的小女儿文蔷小时候问过他们关于性的问题，但都没得到回答。后来女儿也渐渐悟出这是不能提的事。因此，到了十二三岁时仍糊里糊涂，不懂人事。几年以后，文蔷上了大学，有一天回家，看到客厅茶几上放着一本有关生理卫生的杂志。女儿很奇怪，因为这种杂志是从来不进家门的，哪儿来的呢？她好奇地拿起来翻阅。一看，恍然大悟，里面有男女生殖器官的基本知识。文蔷看完后也不作声。过了几天，家中又出现一本，是第二期。女儿才明白了，这是父母有计划的预谋，要给她一些必要的性知识。这种神秘的杂志出现了几次之后，又神秘地在家中消失。当然，文蔷的性教育也就圆满结束了。他女儿文蔷事后说，这种教法虽然不够理想，但是妈妈爸爸居然想到了，尽力而为了，已是不易。

有时候教育就是一棵树摇动另一棵树，一朵云推动另一朵云，一个灵魂唤醒另一个灵魂。

真正的教育不是什么都管，也不是什么都不管，在管与不管之间还有一个词叫：唤醒。

和孩子在一起，做父母的都会感到一种无限的乐趣。父母会随着孩子情绪的变化而变化：孩子快乐，父母高兴；孩子难过，父母揪心。

对于子女，父母面对的不仅是一种生活的乐趣，同样也承担着一份责任——对子女的抚养和教育。

第六讲　提升素养

　　要解决任何问题，抓住关键是根本，教育当然也一样。孩子以自我为中心、缺乏责任意识、协作态度和奉献精神；生活目标不明确，没有远大理想；学习动力不足，刻苦精神、奋斗意志薄弱；生活自理能力差，依赖性强，怯懦脆弱等。造成这种现象的根本原因，还是家庭教育过程中，无视时代的进步和社会发展对未来人才的要求，使得教育的观念、内容和方式出现偏差。当下的许多家庭，特别是乡镇和农村，父母在孩子的养育上有许多误区。孩子在家庭中的地位高人一等，处处特殊照顾。比如吃"独食"，好的食品放在他面前供他一人享用；做"独生"，爷爷奶奶可以不过生日，孩子过生日得买大蛋糕，送礼物。有的家长明明知道是孩子不对、有错，却不敢承认，自欺欺人，姑息迁就，对自己孩子的错误百般开脱，忽视了父母作为教育者对孩子应有的教导社会规范的职责。这样的孩子长大后缺乏上进心、好奇心，做人得过且过，做事心猿意马，有始无终。什么事都是孩子说了算，无限制的爱超过了理智，久而久之，使孩子产生"我要什么就有什么，我想干什么就干什么"的想法，其结果是孩子的欲望不断地发展，得不到有效控制，时长日久，养成任性、固执，从小不懂勤俭节约，不知道尊重他人的劳动成果，吃不得一点苦，唯我独尊和自私自利的性格。这种性格一旦形成，成年之后就很难适应复杂的社会生活，因为社会不会迁就你的孩子。就像一辆汽车只有动力系统而没有刹车系统，开到马路上去肯定会出事故。身处乡镇和农村的家长们关心更多的往往是孩子的文化课成绩，而忽视了孩子如何做人的道德要求；更多地关心学习的态度，而常常忽视了孩子的心理健康；更多地表现出对孩子的物质关爱，而忽视孩子对家庭和社会

责任感的教育等。

18世纪德国哲学家、古典美学的奠定者康德说，人类有两件事情最难：一是如何"统治"他人；另一个是如何"教育"他人。不错，教育孩子是一门科学，也是一门艺术，要讲究方式方法。但我们家长也不必前畏虎后怕狼，更不要把教育孩子想象成什么高不可攀的世界难题。孩子的教育还是有其规律可循的。只要我们用心去做，成功的概率是很高的。小胜在智，大胜在德。我的理念是从培养孩子的良好习惯入手，以德育人。一个有良好习惯和高尚道德的人，成功的大门难道还不会向他敞开？

一、习惯教育

我相信家长们能经常看到有一部分孩子或者就是自己的孩子非常多动，家里、家外坐不稳、立不住、不讲卫生、乱翻东西、乱丢垃圾，行为处事让人讨厌，也就是习惯不行。我国著名的教育家叶圣陶先生说过："什么是教育？简单一句话，就是要养成习惯。教育的核心不只是传授知识，而是学会做人。成功的教育须从习惯养成开始。"优秀是一种习惯，从小培养孩子良好的学习习惯和生活习惯，是孩子从进步走向成功的关键。

中国青少年研究中心的专家孙云晓指出："习惯决定孩子的命运。"习惯的力量是巨大的，就像一列高速运行的列车，即使你拉下了制动，它还会向前行驶。一个人一旦养成一个习惯，就会不自觉地在这个轨道上运行，如果是好习惯，将会终身受益。一个人一旦养成了好的习惯，那么一辈子都用不完它的利息。孩子小时候是培养习惯的最佳时期。有一个公式说明了早期教育的重要性：早期教育花一公斤的气力＝后期教育花一吨的气力。有这样一则故事：几年前，当几十位诺贝尔奖得主聚会时，记者问其中一位获诺贝尔奖的科学家："请问您在哪所大学学到您认为最重要的东西？"这位科学家平静地说："在幼儿园。""在幼儿园学到了什么？""学到把自己的东西分一半给伙伴，不是自己的东西不要拿，东西要放整齐，做错事要道歉，仔细地观察事物。"这位科学家出人意料的回答，直接说明了儿时养成的良好习惯对人一生具有决定性的意义。当然，学习习惯的养成也是如此。

我有一个老朋友，他儿子刚学会走路时也与大多数孩子一样，见到东西就拿，拿到东西就玩。我的这位朋友就想了一个办法：将暖水瓶里的热水调配到不伤手的温度，盛在一个罐子里故意让儿子去摸。他儿子摸到后烫得哇哇大哭，我朋友就告诉他："儿子，大人放着的东西不能随便摸，不能随便拿，有些东西有危险！"

准时、不乱丢乱放东西，哪里拿的用好后仍旧放哪里，吃饭要有吃相，不能剩饭，不能掉饭粒。什么时候做作业，什么时间之前必须完成，什么时间睡觉，都要有一个基本的时间框架和规定，并且要从小教育培养。

二、礼节教育

礼仪的核心是给人舒适和尊重，如桌位要有主次，介绍要有先后，穿衣要分场合，送礼要有讲究等等。俗话说："没有规矩，不成方圆。"进父母的房间要敲门，敲门要有节奏感，不轻不重，不急不慢，最多只敲两三次。早上上学、晚上放学回家见到父母长辈要说："我读书去了。""我回来了。"在学校碰到老师要说："老师好！"这些都是礼仪。礼仪可以分很多种，有"家庭礼仪""进餐礼仪""待客礼仪""做客礼仪""在校礼仪"等等。个人礼仪是一种社会个体的生活行为规范与待人处世的准则，是个人仪表、仪容、言谈、举止、待人、接物等方面的个体文明行为标准，是个人道德品质、文化素养、教养良知等精神内涵的外在表现。也是一种德，是一个人的公共道德修养在社会活动中的体现。其核心是尊重他人，与人友善，表里如一，内外一致。从表面看，个人礼仪仅仅涉及个人穿着打扮、举手投足之类无关宏旨的小节小事，但小节之处显精神，举止言谈见文化。个人礼仪，作为一种社会文化，不仅事及个人，而且事关全局。一个人若没有礼仪或不懂礼仪，凡事自以为是，我行我素，必然授人以柄，小到影响个人的自身形象，大到足以影响社会组织乃至国家和民族的整体形象。

先给大家讲一件现代相亲的事：

某地有一个小伙子，人有模有样，长得还可以，今年 26 岁。三月份的时候，由某镇小商品市场的一个老板娘介绍，与一位各方面条件比较相配的姑娘处对象。介绍人约好男女双方在自己的店铺里先见一次面，同时，也在那里登记一下有关的信息。可是等到了约定的时间还不见那个小伙子的人影，等过了十多分钟以后小伙子才到。到就到了吧，说明一下原因，道一下歉，再嘴巴甜一点，如果女方通情达

理的话，应该也能过去。问题是小伙子除说了一句："呀！你们到了这么早。"就没有下文了，气得对方的母亲拉着姑娘的手立马就走。

再给家长们说一个古代张良拜师的故事：

张良是西汉高祖刘邦的军师，他的祖先是韩国人，在秦灭韩后，张良立志为韩国报仇。有一次，因刺杀秦始皇未遂，受到追捕而避居到下邳。

张良在下邳闲暇无事。有一天他到下邳桥上散步，碰到一个老人，穿着粗布短衣，走到张良旁边，故意把自己的鞋子掉到桥下，然后回过头来冲着张良说："孩子！下桥去给我把鞋子拾上来！"张良听了一愣，很想打他一下，但一看他是个老人，就强忍着怒气，到桥下把鞋拾了上来。那老人竟又命令说："把鞋子给我穿上！"张良一想，既然已经给他拾来了鞋子，不如就给他穿上吧，于是就跪在地上给他穿鞋。那老人把脚伸着，让张良给他穿好后，就笑嘻嘻地走了。张良一直用惊奇的目光注视着他的去向。那老人走了里把路，又折回身来，对张良说："你这个孩子是能培养成才的，5 天以后的早上，天一亮，就到这里来同我会面！"张良跪下来说："是。"第 5 天天刚亮，张良到了下邳桥上。不料那老人已经等在那里了，见了张良就生气地说："和老人约会，怎么迟到了？以后的第 5 天早上再来相会！"说完就离去了。到了第 5 天早上，鸡一叫，张良就赶去，可是那老人又等在那里了，见了张良又生气地说："怎么又掉在我后面了？过了 5 天再早点来！"说完又走了。到第 5 天，张良没到半夜就赶到桥上，等了好久，那老人也来了，他高兴地说："这样才好。"然后他拿出一本书来，指着说道："认真研读这本书，就能做帝王的老师了！过 10 年，天下形势有变，你就会发迹了。以后 13 年，你就会在济北郡谷城山下看到我——那儿有块黄石就是我了。"老人说完就走了。

天亮时，张良拿出那本书来一看，原来是《太公兵法》（辅佐周武王伐纣的姜太公的兵书）！张良十分珍爱它，反复地学习、研究。

10 年过去了，陈胜、吴广等人起兵反秦，张良也聚集了一百多人响应。沛公刘邦率领了几千人马，在下邳的西面攻占了一些地方，张良就归附于他，成为他的部属。从此张良根据《太公兵法》经常向沛公献计献策，沛公认为很好，常常采用他的计谋，后来成了刘邦运筹帷幄、决胜千里的军师。刘邦称帝后，封他为留侯。

爱默生说过："美好的行为比美好的外表更有力量。美好的行为，比形象和外貌更能带给人快乐。"

比尔·盖茨曾讲过，企业的竞争，是员工素质的竞争，进而到企业，就是企业形象的竞争。教养体现细节，细节展示素质。可见一个人的素养高低对企业的发展是多么重要啊！

在商务交往中，个人便代表了整体，个人的所作所为，一举一动，一言一行，就是企业典型的活体广告。等孩子们一出学校，找工作，面试，哪一样不要求我们要有良好的商务礼仪！

一名学习成绩一般，但有礼貌很懂事且生活能力强的小孩，比一个学习成绩优秀但不懂事，很没礼貌生活能力差的小孩，日后在人生事业中有更大的发展。所以家长要督促孩子养成良好的人格修养，并且以身作则。

话说回来，既然礼仪很重要，家长怎样对孩子进行教育呢？其实很简单，对孩子的礼仪教育不一定是要像老师上课一样，有计划、有教案。除了家长自己身体力行以外，更多的时候是随机的。即碰到什么，想到什么，家长就教孩子什么，现场说法，有情有景，孩子容易接受，也乐意接受。至于礼仪的范围和标准，一是应该因人而异，年龄不一样，性别不一样，教育的要求和内容也不一样；二是入乡随俗，地区不同，礼仪不同；三是我们平时表扬小孩，一定要表扬他的行为修养，而不是一直夸她的外貌或成绩。家长们可以回忆一下外貌漂亮帅气的人，特别是女孩子，绝大多数都不太有作为。为什么？——沉醉在自己的美貌里不能自拔，再一个就是整天忙于应付贪图美色的异性的轮番进攻。

话说到这里，可能有家长会说，好多礼仪我们也不懂啊！是的，我们这个年龄阶段的人，刚好处于优秀的传统文化被摧毁、被遗忘，现代文明又跟不上的年代，没学好。不过没关系，只要你想学，很简单，花几元十几元的钱，去书店买一本有关礼仪的书籍看一看即可。还有一种更简单的办法，就是打开电脑，百度里搜索一下就有。我记得前几年我们慈溪市人民政府还专门印过一本《市民礼仪教育》的小册子免费赠送市民，不知家长们有没有拿到。

三、良善教育

不该拿的东西不拿，不该做的事不做，这是做人最起码的品质。我爱人开了两家文化用品商店，每天下班以后、晚上、双休日、节假日如果没有事情，我就在店

里待着。有一次，一位年轻的妇女手里拿着钱走进我们店里，对我爱人说："老板娘，今天上午你多找了我50元钱，回到家里才发现，还给你。你把我的50元钱当作100元了。"像这样主动上门还钱、还书的，二十几年下来还真的不少。我爱人刚开店还没几年的时候，隔壁镇有一个生产电器的老板，也姓华。一天晚上，他到我们店里买好东西后，将一只手提包落在货架的一个角落里，等到我们发现的时候已经过去了一个多小时了。我只好打开包，发现包里面有一叠百元大钞，估摸着应该有七八千元钱。（没数，要知道那时的七八千元钱至少相当于现在的七八万元吧。）找到他放在包里的名片，按名片上的联系方法打电话给他。我先给他开玩笑，说："华老板，你现在在哪里？"他回答说："我马上就要到家了。"我说："你到我们店里不来了？"他说："不是来过了吗？这么晚了，回家睡觉了，不来了。"我说："真的不来？你想想，身边少了什么东西？你今天还真的要再来一次。"这件事情之后，这位华老板买东西，只要我爱人店里有的，他绝不会到其他地方去买。我不是表扬自己，给自己脸上贴金。我认为不是自己的东西真的不能拿，拿了也睡不着觉。

孔子云"己所不欲，勿施于人"。我们首先应该做一个堂堂正正的人，一个谦谦君子，然后才是成才，不能做一部单纯掌握知识技能的机器，要成为一个身心和谐发展的人。道德文明就是我们素质的前沿，拥有道德文明，那我们就拥有了世界上最为宝贵的精神财富。一个人的心地善良，就是素质高的表现，容易成才，也往往是优秀的人，他获得别人帮助的可能性也就越大。

四、感恩教育

感恩教育从内容上看应包括识恩、知恩、感恩、报恩、施恩等几个方面。从对象上看，我们要感恩的是自己周围的人，那些帮助过我们，关心我们，鼓励过我们的人。这里包含我们对父母对家庭的感恩，对其他亲人的感恩，对同学、老师和朋友的感恩，对国家与社会的感恩，对大自然的感恩等。

当前，大多数独生子女有一个通病：孝敬父母和长辈的意识越来越淡薄。他们只知道向父母索取关爱，却不愿或不懂得回报。现实中，随着独生子女家庭的普及，人们传统观念中那种"养儿防老"的意识也逐渐淡化，家庭教育中的问题随之也越来越明显，最突出的表现就是不图回报的过度溺爱。我们应该经常能听到做家长的说："你只要给我书读好，我不想靠你吃。"今天的孩子在社会、学校以及家里都充分享受着无忧无虑的美好生活，这种客观上的优越生存环境，在一定程度上强化了孩子的自私、贪婪，以及非人性意识，但主要原因还不在于优越生存环境的本身。优越的生存环境本身并没有错，错误的是我们家长对孩子过度关爱和感恩教育的缺失。

我有一户做手工业的远房亲戚，家里生了两个女儿。一直以来，相对于隔壁邻居的农民，经济条件比较优越。女儿小时，他们娇生惯养；女儿出嫁后，母亲既做保姆，又做月嫂。帮大女儿把外甥女管到3岁；帮小女儿把外甥管到12岁。今年上半年，做母亲的生病了，大多数时间神志不清，也起不了床，病情相当严重。应该说，这个时候是最需要有亲人照顾的时候了，对不对？结果的情况是，大女儿来了一个星期，说："我家里也有事的。"走了。小女儿来了，说："我姐来了一个星期，我也一个星期。还有，医院里不能睡的，我要住在宾馆里，住宿费要在你们这里报销。"问题还不止这些，父母的钱平时只要经过她们的手，基本上是"肉包子打狗，有去无回"。就在照看她母亲的一个星期里，小女儿也仅仅去了两三趟医院，绝大多数时间都在外面办自己的事情。大家说说，像这样的女人，当你知道了她的底细以后，你还会与她打交道吗？像这样的女儿，学历再高，你能说你的培养是成功的？

"滴水之恩，涌泉相报"，历来是我们中华民族的优良传统。当这种传统美德正面临丢弃的严重局面时，我认为做家长的都有义务和责任去思考这样一个问题：那就是如何教育好我们的下一代，使之重新回归我们中华民族的美德，如何让孩子学会"理解"和"感恩"。

我认为，一是要从小教育和训练孩子懂得记情、感恩、宽容、谦让和与人为善，并通过适当的奖惩，让孩子从小就感受到只有懂得感恩的人才会受人尊敬和喜爱，才会有人与你相处，才能从各个方面获得更大的情感回报；二是感恩教育可以孝敬父母为突破口，让孩子学孝、知孝、行孝；三是可以以三八妇女节、母亲节、父亲节、端午节、重阳节等节日为突破点，对孩子进行传统的道德教育。

其实感恩不需要惊天动地，只需要孩子的一句问候，一声呼唤，一丝感慨。如果我们做父母的一进家，孩子会迎出来后问候："妈妈，回来啦！我去给你倒杯

茶。"爸爸，你累了，先休息一下。"就可以让家长高兴一个晚上，也就说明你的教育已经成功了。

五、环保教育

家长在教育孩子要做好低碳环保时，首先自己要注意以身作则，从一言一行里给孩子做好榜样。教育的内容方面，家长可以从孩子的衣、食、住、行等日常生活中渗透。比如孩子长大长高比较快，衣服还没有小到不能穿就尽量穿，即使不能穿了也不要丢，捐献给贫困地区的孩子，既合理利用了资源，又做了慈善事业，一举两得。告诉孩子平时不刻意追求时尚，买过多的衣物；告诉孩子穿旧衣服没有甲醛等污染物，更健康。在饮食方面，饭和菜能吃多少就盛多少，量食而盛，剩菜剩饭既浪费粮食，又关乎素质。平时用水，比如洗手，打肥皂的空当，要提醒孩子关掉水龙头。洗好了更不用说了，要即刻随手拧紧水龙头。用过的还比较干净的水，可以二次利用，用洗脸水洗脚水来拖地板、擦洗物品、浇花草等。在用电方面，孩子能做的就比较多了：如随手关灯，做到人走灯灭；空调的温度冬天不要打得太高，夏天不要太低，够用就好。在预防减少环境污染方面，尽量不使用塑料包装袋，告诉孩子塑料包装袋大部分是用不可降解的聚乙烯生产的，这些包装物被抛弃到大自然中后，降解时间至少需要 200 年；在环境方面，平时尽量使用垃圾桶盛装垃圾，而不使用塑料袋，不随手乱扔塑料包装物。需要特别指出的是家里的废电池中含有大量的重金属，如锌、铅、镉、汞、锰等。据专家测试，一粒纽扣电池能污染 600 立方米的水，相当于一个人一生的用水量。一节一号电池烂在地里，可以污染 12 立方米的水，能使一平方米的土地失去利用价值。所以不能随便乱丢乱扔，一定要妥善处理。不使用一次性筷子。教育孩子花草树木除了具有美化环境的作用，还有净化空气、吸收噪声、灰尘的作用，要种植和保护花草树木。孩子接触最多的是纸张，有的孩子一张纸只写了几个字就随手扔了，有的只写了一面。要教育孩子纸是用木材做的，造一张纸要经过无数道工序，要耗费许多资源，能正反两面写的一定要写两面，绝不浪费。有家长可能会说："环保不环保，能省多少钱啊，这些钱对于我们家来说，根本算不了什么！"我要告诉家长的是：对孩子进行环保教育，从大的讲，关乎环境，关乎人类的生存；从小的讲，关乎一个人的素质。一个人今后要向大处发展、向高处发展，高素质是必不可少的基本条件之一。一个注重环保的孩子，就是一个生活有规律、做事有板眼、胸中有爱心的人。一个注重环保的孩子，肯定也是一个老师布置的作业会及时完成，家长的要求会努力做到的孩子，也就是一个我们老师中意、父母省心的品学兼优的好孩子！

六、劳动教育

在讲劳动教育以前，先给家长看一份美国孩子的家务清单：

9—24个月：可以给孩子一些简单易行的指示，比如让宝宝自己把脏的尿布扔到垃圾箱里。

2—3岁：可以在家长的指示下把垃圾扔进垃圾箱，或当家长请求帮助时帮忙拿取东西；把衣服挂上衣架，使用马桶、刷牙、浇花，晚上睡前整理自己的玩具。

3—4岁：更好地使用马桶，洗手；更仔细地刷牙，认真地浇花，收拾自己的玩具，喂宠物；到大门口取回地上的报纸；睡前帮妈妈铺床，如拿枕头、被子等；饭后自己把盘碗放到厨房的水池里；帮助妈妈把叠好的干净衣服放回衣柜；把自己的脏衣服放到装脏衣服的篮子里。

4—5岁：能独立到信箱里取回信件；自己铺床，准备餐桌（拿刀叉，摆盘子）；饭后把餐具放回厨房；把洗好烘干的衣服叠好放回衣柜（能正确叠不同的衣服）；自己准备第二天要穿的衣服。

5—6岁：能帮忙擦桌子；铺床、换床单（从帮妈妈把脏床单拿走，并拿来干净的床单开始）；自己准备第二天去幼儿园要用的书包和要穿的鞋（以及各种第二天上幼儿园用的东西）；收拾房间（把乱放的东西捡起来并放回原处）。

6—7岁：能在父母的帮助下洗碗盘，能独立打扫自己的房间。

7—12岁：能做简单的饭；帮忙洗车，吸地擦地，清理洗手间、厕所；扫树叶，扫雪；会用洗衣机和烘干机；把垃圾箱搬到门口街上。

13岁以上：能换灯泡，换吸尘器里的垃圾袋；擦玻璃（里外两面），清理冰箱，清理炉台和烤箱，做饭，列出购物清单；洗衣服（全过程，包括洗衣、烘干衣物、叠衣以及放回衣柜），修理草坪。

再给家长看一份德国法律规定的家务劳动清单：

　　孩子在 6 岁之前可以玩耍，不必做家务；6—10 岁，偶尔要帮助父母洗碗、扫地、买东西；10—14 岁，要剪草坪、洗碗、扫地及给全家人擦鞋；14—16 岁，要洗汽车、整理花园；16—18 岁，如果父母上班，要每周给家里大扫除一次。

　　对于不愿意做家务的孩子，父母有权要求法院督促孩子履行义务。

　　反观我们，有很多家长都有这样的想法，也都在这样做着，即：只要孩子把书读好，家务和劳动不做也行，部分家长甚至孩子要做也不让做，久而久之，最后将孩子培养成了"饭来张口，衣来伸手"的懒虫。成绩也不见得比其他同学好到哪里去。我邻居有一个小男孩，8 岁了，上小学二年级。有一天放学回家要吃香蕉，吵着要正在厨房里煮饭的奶奶为他取香蕉并剥皮，老人家正忙得脱不开身，就说"你自己拿吧"。这时她的小孙子就大吵大叫，自己动手剥吃香蕉后故意将皮丢了一地，且还感到很委屈……吃香蕉自己拿自己剥皮，对于一个七八岁的孩子来说并不难，为什么要别人代劳呢？

　　问题就出在我们家长身上，是家长溺爱孩子的结果。试想，一个什么都不想做、什么都不会的人今后怎么去打天下？所以，劳动教育很必要也很重要。家长完全可以让自己的孩子从幼儿的时候就做起来。3—4 岁的孩子可以让他们学会照料自己的生活，比如自己吃饭、洗手洗脸、脱穿衣服鞋袜等。5—6 岁的孩子可以开始参加一些简单的家务劳动，如抹桌椅、收拾玩具和碗筷、扫地、整理床铺等。有条件的家庭还可以让孩子参与一些种植花草和饲养小动物的活动。

　　其实幼儿对劳动是非常感兴趣的，是天性所在，只要我们家长不失时机地、耐心细致地进行指导和坚持。家长教幼儿劳动要由浅入深、由易到难。当幼儿学会一种劳动技能，完成一种劳动任务时，家长要及时赞扬，鼓励他们的进步，使之有成就感。一个阶段后，家长再见机提出新的劳动要求。只有这样，才能使幼儿不断提高自己的劳动能力，巩固已学会的劳动技能，逐渐养成良好的劳动习惯。不过，有一点家长需要注意的是，在给孩子分配家务时，一定要注意安全。一些有危险的事，尤其是与电、煤气、开水等有关的劳动尽量不让孩子做，且在劳动强度和时间上也不宜过量和太久，以免使孩子厌烦或畏惧家务劳动。相关的一些劳动技能，家长应耐心细致地给孩子讲解并示范，使孩子了解怎样做和为什么这样做。如让孩子清理桌面和扫地，要先清理桌面再扫地，因为这样做只需扫一次地就够了。抹桌面要教孩子挽起袖子，以免弄湿衣服；告诉孩子洗抹布时不要把水洒得满地都是，以免滑倒；抹时应顺着一个方向抹，整个桌面都要抹到；抹好后要将抹布洗净挂好。这样边示范边讲解，让孩子看清听懂，他才会学着做，并逐步掌握这些技能。由于孩子能力有限，做的事情往往不能尽善尽美，有时甚至还会好心办坏了事，对此，家长一定不能呵斥，而应在表扬优点的基础上提出改进的要求。"今天扫地扫得很干净，就是角落里忘了扫，明天你肯定会把地扫得更干净。"对孩子家务劳动的鼓励，应以精神鼓励为主，但也不排斥适当的物质奖励。一件孩子喜欢的玩具，一本好看的书，都会使孩子进一步体会到劳动带来的快乐。

前面已经说了，在德国，孩子要帮助父母洗碗、扫地和买东西，让孩子从小养成爱劳动的习惯是法律规定的。

某镇初中有一位男教师，家住在靠山的地方。家里既有承包地又有承包山，是地道的农民加山民出身。他读初二的时候成绩还不怎么样，按他那时的成绩肯定考不上大学。暑假的时候，他的爸爸有意识地带他到山上去背松树。承包山离家也比较远，需要翻过两个山头。一个人背着两棵大松树来回一趟就是半天，一天下来弄得他腰酸背痛、筋疲力尽。晚上吃晚饭的时候，他爸爸说话了："儿子，背树很辛苦吧！爸爸是做农民的，几乎每天都是这样劳动的。你要想不吃苦，就得好好读书；你不好好读书，就得吃苦。你自己看着办！"也就是从那个暑假开始，他发奋读书，最后考上了师范大学，成为了一名中学教师。根据我的观察，早些年书读得比较好的孩子有两类家庭：一类是父母做教师的，还有一类是父母特别贫穷的农民。原因很明白，父母是教师的，有文化，教育教学方法得当；父母是特别贫穷的农民，孩子对"穷"和"苦"这两个字感触特别地深。他们深知，要想改变这样的现状，只有发奋把书读好。当然，这不是绝对的，也不一定精确，家长们可以想一想，找一找身边的事例，是不是这样。

前些年我看到有电视和媒体报道某某机构组织什么夏令营，让城市里的孩子住在老百姓家里参加劳动、体验生活。我说，与其生硬地让孩子去吃苦，不如让他们平时处理好自己手头的事，一步步学会自己穿衣服、整理书包、解决人际关系，然后建立起独立的意志力和思考能力，孩子以后需要独立生活时就不会让家长措手不及。

七、勤俭教育

先给大家举三个例子：毛泽东一生粗茶淡饭，睡硬板床，穿粗布衣，生活极为简朴，一件睡衣竟然补了 73 次、穿了 20 年。英国女王伊丽莎白二世经常说的一句英国谚语是"节约便士，英镑自来"。每天深夜她都亲自熄灭白金汉宫小厅堂和走廊的灯，她坚持皇家用的牙膏要挤到一点不剩。号称"车到山前必有路，有路必有丰田车"的日本丰田公司，在成本管理上从一点一滴做起，劳保手套破了要一只一只地换，办公纸用了正面还要用反面，厕所的水箱里放一块砖用来节水。一个是开国领袖、一个是一国之尊、一个是世界著名的跨国公司，大家想想他们没有钱吗？肯定不是！那又是什么呢？——金钱买不到的"优秀品质"！

中国有一句老话：叫做"富不过三代"。这是前人通过观察总结得出的结论。为什么会怎样？我想主要的问题大多数出在教育上。是上一代的娇惯让下一代好吃懒做；是上一代的放纵让下一代奢靡淫逸。一代人生活如果少进多出，或者只出不进，那么金山银山也会很快掏空！

我们现在的家庭是什么情况，好多孩子好吃懒做，电灯开了不记得关，水龙头开了不记得关，吃饭既剩菜又剩饭，还这个不要吃，那个不要喝，花钱大手大脚，买东西没有节制，过度消费。买衣服、鞋帽必名牌，买学习用品浪费严重，究其原因，问题也就出在家长身上。有部分家长认为就这么一个孩子，只要孩子开口就尽量满足，别人有的咱一定要有，咱不能比别的孩子条件差。认为我们苦点没关系，咱不能委屈孩子，不能让人家看不起。说到底，就是虚荣心在作怪。尽管我们绝大多数的家庭还没有到可以让孩子随心所欲地花钱这样一种富裕的程度；尽管我们绝大多数的家长还在为生计而整天忙碌着。

当然，这种动机和愿望都是善良的，但是父母可能万万没有注意到，孩子的要求是无尽的，这样的做法也是不利于孩子发展的。试想如果父母今天满足了孩子的这个要求，孩子就可能会觉得父母能够有求必应，于是他明天又可以提出另外的新的要求。父母今天可能设法满足孩子的这个不太合理的要求，明天也许就无法满足他的那个欲望了，稍不如意，便大哭大闹，攻击别人甚至父母，最后在他们达不到目的或满足不了愿望时，还有可能由失望而转变为消沉。

我认识不少父母，尤其是一些善良的母亲，他们对待自己非常苛刻，常常是节衣缩食，好吃的让孩子吃个饱，自己不吃；好衣服让孩子穿，自己穿破的、旧的。然而，孩子并不能理解父母的这番苦心，反而以为是家里有钱，养成一种大手大脚的习惯和极端的利己主义，甚至造成他们在父母面前的一种特权。这样的孩子长大以后当然也不会懂得孝敬父母，因为他们心中至高无上的就是自己。有的孩子甚至可笑到这种程度，说他们的父母不喜欢吃好的，只喜欢吃粗茶淡饭；不喜欢穿新衣，而喜欢穿旧衣服、破衣服。

那么，怎样才能做到让孩子勤俭朴素呢？从自己做起，为孩子树立榜样，指导孩子怎样花钱和省钱，从小培养孩子正确的消费观，训练孩子有计划地使用零用钱，量入为出，告诉孩子节约光荣，浪费可耻等等。方法很多，只要我们家长有心。

还有一个方法就是让孩子参加劳动。猿之所以能够进化成人，就是因为学会了使用工具进行劳动。刘少奇同志说："劳动最光荣。"据《参考消息》2017 年 4 月 19 日报道，牙买加有一个 117 岁的老妇人，叫维奥莉特·布朗。有人问她长寿的秘诀，她说："我长寿的秘诀就是劳动。我以前种甘蔗，什么都是自己干。"劳动这东西真的是太好了，不但能锻炼身体，增长知识，收获果实，让人长寿，还能洗涤灵魂。我们可以让孩子从力所能及的家务劳动做起，让他们真切地体会劳动的艰辛，劳动成果的来之不易，从而珍惜现有的劳动果实。孩子不是经常向家长要零用钱吗？那好，零用钱有，做家务吧！扫地多少，洗碗多少，打扫其他卫生多少，让孩子从家务劳动中去获取。家长们不妨去试一试。我预言：绝大多数孩子会抢着做家务。这样，既解决了零用钱的问题，又培养了孩子爱劳动的习惯，让孩子懂得金钱来之不易；懂得只有付出才有回报这样的道理，从而懂得要节俭；懂得读书只有努力勤奋，才能获得高分。对于孩子一些过分的要求，做家长的要断然拒绝，绝对不能心慈手软。

所以在平时，我们做家长的应该有意识地教会孩子要与家庭中的其他成员合理地分享食物和其他物品；学会使孩子的要求与家庭中其他成员的需求相适应；学会使孩子的要求始终要以勤俭节约为原则。要经常教导孩子，并让孩子知道和懂得：虽然爸爸和妈妈都深深地爱着他，但这并不意味着他就是全家唯一有特权的成员，就是皇帝！我有一个做古玩生意的朋友，并不怎么富裕，平时家里买来水果、零食

什么的，自己先吃大部分。我问他为什么不给正在读书的女儿多留一点？他说："她以后会没有吃吗？她以后吃东西的时间长着呢！我们吃东西倒是有限了。"我想这话有道理啊，当时无言以对。家长们以为呢？

八、诚信教育

我用一个事例开始这个话题吧：欧洲某些国家的公共交通系统的售票处是自助的，也就是你想到哪个地方，根据目的地自行买票，没有检票员，甚至连随机性的抽查都非常少。一位中国留学生发现了这个管理上的漏洞，或者更确切一点说，以他的思维方式看来是漏洞。他暗自高兴，在学习的空闲时期常常坐车到处溜达，基本上不买票。就这样，在留学的几年期间，他一共因逃票被抓了三次。

毕业后，他试图在当地寻找工作。他向许多跨国大公司投了自己的资料，因为他知道这些公司都在积极地开发亚太市场，可都被拒绝了。一次次的失败，在让他纳闷的同时也让他愤怒。他认为一定是这些公司有种族歧视的倾向，排斥中国人。最后一次，他冲进了某公司的人力资源部经理的办公室，要求经理对于为何不予录用他这件事给出一个合理的解释。

他们的对话是这样的：

先生，我们并不是歧视你，相反，我们很重视你。因为我们公司一直在开发中国市场，我们需要一些优秀的本土人才来协助我们完成这个工作，所以你一来求职的时候，我们对你的教育背景和学术水平很感兴趣。老实说，从工作能力上，你就是我们所要找的人。

那为什么不收天下英才为贵公司所用？

因为我们查了你的信用记录，发现你有三次乘公车逃票被处罚的记录。

我不否认这个。但为了这点小事，你们就放弃了一个多次在学报上发表过论文的人才？

小事？我们并不认为这是小事。我们注意到，第一次逃票是在你来我们国家后的第一个星期，检查人员相信了你的解释，因为你说自己还不熟悉自助售票系统，只是给你补了票。但在这之后，你又两次逃票。

那时刚好我口袋中没有零钱。

不、不，先生。我不同意你这种解释，你在怀疑我的智商。我相信在被查获前，你可能有数百次逃票的经历。

那也罪不至死吧？干吗那么较真？以后改还不行？

不、不，先生。此事证明了两点：一、你不尊重规则。不仅如此，你擅于发现规则中的漏洞并恶意使用；二、你不值得信任。我们公司许多工作的进行是必须依靠信任进行的，因为如果你负责了某个地区的市场开发，公司将赋予你许多职权。为了节约成本，我们没有办法设置复杂的监督机构，正如我们的公共交通系统一样。所以我们没有办法雇佣你。可以确切地说，在这个国家甚至整个欧盟，你可能找不到雇佣你的公司，因为没人会冒这个险的。

诚信，就是诚实、守信；就是对自己和他人负责，讲信用。这是一种难能可贵的品质，经济越发达，社会越文明，诚信越讲究、越重要。讲诚信的人会赢得更多的机会和朋友。

诚信教育与其他教育也一样。在我们家长自己做到的同时，在教育上还是需要讲究一些策略的，让孩子从小逐步养成守诚信的好习惯。

那么，怎样培养孩子诚信的品德呢？我认为一是要培养正确的信念。要让孩子知道谎言毕竟是谎言，千万不要把别人当作傻子。你骗得了一时，却骗不了一世；骗得了今天，却骗不了明天。俗话说"门背后拉屎天要亮的"。一旦别人知道了你在撒谎，你，甚至你们全家人都被他"拉黑"了，别人再也不会与你交心，就是平时还在与你接触，也是泛泛应付而已。这是程度比较轻的，碰到严重一点的事情，比如在司法上做假证，还要吃官司坐牢。二是要掌握两条处世原则。即没有把握的事情不轻易许诺。在待人接物上要以诚待人，既热情又量力而行，不要因为爱面子或者考虑不周对没有把握做到的事情向别人许下诺言，结果不好收场。其次是许诺了的事情就应努力办到，不失信于人。一旦答应了别人的事情，就应该全力以赴地去做。需要补充说明的是有一点需要让孩子明白：那就是蓄意说谎与善意谎言的关系。家长教育孩子要待人真诚并不等于不假思索地将自己的感觉和想法一定要说出来，因为你的感觉是否正确尚是一个需要判断的问题。真诚的核心和灵魂就是与人为善。如果对别人来说，"失声"和"谎话"更适宜和容易接受，又不会伤害任何人的利益，我们不妨放弃对"完全诚实"的固执，但是在任何时候，都绝不能为个人利益而放弃诚实。我校有一位女教师的丈夫，是做塑料生意的，几年下来，钱赚

得不少。房子有宁波、浒山；汽车有宝马、奔驰。他就经常说："在竞争这么激烈的塑料生意市场里，我们能有今天，秘诀就是诚信。"

"人无诚信不立，家无诚信不睦，业无诚信不旺，国无诚信不稳，世无诚信不宁。"一个人要想在社会上长期立足，必须讲诚信。诚信是一个人安身立命的基石，也是一个办大事的人的根本。家长们在家教上要经常渗透，不能忽视。可以从要求孩子独立完成作业、不抄袭、不请他人代做、答应别人的事要说到做到、借别人的东西要按时归还、做游戏要讲规则等开始，既促使孩子兑现承诺，体会到成功的喜悦，也让孩子在实践中养成诚信的习惯。

前几天，我的一个在北京搞健康教育工作的学生来看望我。我们聊着聊着就聊到了我的儿子。我说儿子在浙大读博士，马上就要毕业了。他现在一边在读书，一边在网上做"淘宝"生意，收入也比较可观。但我们父母同意、支持他在读书阶段做生意并不是缺钱。主要还是想让他历练历练，想让他接触一下社会上各种不同的人。通过与各种不同的人打交道，懂得这个世界除了美好，还有丑陋，碰到不同的情况该怎样应对。主要是我和我爱人觉得儿子太老实，在这些方面有一些过，需要在世上磨砺。儿子负责在网上进货、出货，我们负责在家里收货、发货。工钱要算的，给他发的本钱要还的，到不是我们抠门，而是我们觉得年轻人钱太多不是好事。当然，这些钱和家里所有的一切最终还是他的。我告诉大家，我儿子是一个怎样的人：网上做生意不是要将出售的商品拍照对吧？要拍照就得将原包装的商品开封，那么这些开封过的物品我儿子就不出售了。有几次商品发出去以后又退回来了，说是质量有问题，经过检查确实有问题。我们就很纳闷，明明好好的东西怎么会有质量问题呢？而且退回来的东西有一些脏。通过分析，得出的结论是我们的东西被同行或买家掉包了。我们就问儿子，要不要以其人之道还治其人之身？儿子说："算了，大家都这样环环相报何时了。"我的学生听了我的介绍以后就说了这样一句话："华老师，这是办大事的人。"

曾经有人总结说有两类孩子比较会成才：一是做事认真，有板有眼，诚实可信，说一不二；二是忠厚、勤劳、吃得起苦的。一句话，好家长都是学出来的，好孩子都是教出来的，好习惯都是养出来的，好成就都是奋斗出来的！记住：人格加知识加能力加健康等于财富，我们共同努力。

九、爱心教育

安徽阜阳市有一个叫于继深的人写过一篇有关爱心的文章，当我读到这篇文章的时候，感动得眼泪几乎要夺眶而出。那时还在 2008 年，现在我原封不动地拿出来与家长们一起分享：

都说在上海这个国际化大都市最不缺的就是人才，对此我深有同感。所以我只有尽可能地把每一份求职信写得诚恳一点，把每一份简历制作得完美一点。看着寄出去的简历一封封如泥牛入海，我的自信也开始一点点消失，不得一次又一次地降低求职的标准。因为我知道再过一周如果还找不到工作的话，我就真的只能露宿街头了……

就在第 5 天的时候，我终于接到了一个通知面试的电话，是一家涉外酒店的人事部打来的。我想起 3 天前，我给这家酒店寄去过求职信，应聘其中一个客房部主管的职位。

按他们要求的时间，我准时来这家酒店参加面试，想不到应聘这个职位的竟然有上百人。通过一上午的筛选和角逐，最后确定留下 15 人，通知第二天下午三点半再来酒店参加由总经理亲自主持的面试。虽然我也在这 15 人之中，但是老实说，对接下来最后一关的面试，我并没有多大的把握。因为在上一轮的面试，我无意发现前面几个人的简历。他们好多人都有这方面的工作经历，有几个人手里还持有四级英语证书。我深知，具有相关的从业经历，是这里每一家招聘单位最看重的。

然而就算有百分之一的希望，我也要尽百分之百的努力去争取，于是我从网上搜集了有关这家酒店的一些资料以及关于客房服务方面的一些文章。希望能在第二天的面试中，不会被主考官看出来：在这方面我还是一个新手！

第二天，我提前了一个小时，早早地来到这家酒店的附近等候。因为我知道，现在企业的时间观念都是比较强的，我甚至还想好了其中的每一个细节。包括固然不能迟到，但也不能去得太早，比他们要求的时间提前 15 分钟应该是最佳时间……

看着时间还早，于是我就准备到附近的公园里走一走。就在我准备穿过马路的

时候，听见一声惊慌失措的哭喊。顺着哭声望去，我发现是一对老年夫妇，男的六十多岁，神志不清地躺在地上，嘴歪在一边，身上吐的全是秽物；女的看上去好像比男的还要年老一些，正焦急地在路边拦出租车。可能是看到两个人身上的秽物太脏的缘故吧，有几辆路过的出租车，明明是空的，可也没有停下来，就连来往的路人也都是匆匆的，没有一个停下来看一眼的。也许，这就是大都市，人们对不关自己的事情早已习惯了漠然置之！

面对我停下来的询问，老大娘哭着语无伦次地说："刚刚还好好的，不知道为什么？一下子就晕过去了……"

我看着躺在地上神志不清、大口喘气的老伯，猛然想起3年前中风死去的父亲，当时的症状就是这个样子。我知道对于这种病人来说，时间就是生命。想到这里，我不知道从哪里来的勇气，一下子站到马路中间，强行拦住了一辆出租车。然后我一边把病人抱进车内，一边掏出手机让老大娘给家里打电话凑钱。等我们到达医院的时候，老人的儿子已经比我们先到并已办好了入院手续。老人被推进了急救室，经初步诊断，老人患的就是中风。医生说："幸亏来得及时，否则后果不堪设想……"

我从医院里出来时已是下午5点多了，这时我才猛然想起下午3点半的面试，我想这下子算是彻底的没有希望了！然而第二天，我却意外地接到了那家酒店的电话，说昨天由于酒店负责面试的人员临时有事，所以在没有来得及通知的情况下，取消了原定的面试，并且还因为他们的失约向我道了歉，同时通知我第二天下午3点去酒店参加面试。我真没想到竟有这样巧合的事，昨天我有事了，他们酒店也有事。我想也许是上天注定不让我失去这个面试的机会，作为我昨天做好事的一点回报吧！

下午3点，我准时来到那家酒店。当工作人员按排队的顺序把我领进总经理办公室以后，我顿时呆住了：总经理！竟是前天被我送进医院去的那个老人的儿子。见到是我，他也有一瞬间的惊讶，接着就站起来真诚地向我道谢！他说他正在派人到处找我，准备向我表示感谢呢！没想到我们竟提前在这里遇见了！接下来他讲了他们酒店能在这么多同行中站稳脚跟，是完全得益于酒店对员工奉行的"爱心"和"感恩"教育。现在"爱心"和"感恩"的服务理念已成了他们酒店的一种企业文化。他最后告诉我：今天的面试其实就是对应聘员工的一个小小的爱心测试。我已提前用自己的身体力行圆满地通过了这场面试。他真诚地预祝我今后在这里工作愉快！

从酒店出来，我突然觉得世界是那样的美好，走在街上我想对每一个人微笑。我想起了父辈们经常告诫我的那句话："善有善报。"也许偶尔做一次善事就能得到回报，那只是一种偶然或巧合，但是如果你能把行善当成一种习惯，永远地保持下去，你就一定会得到善报，这是必然的。对此我深信不疑！

在交往的过程中，要以诚相待，对别人的事情热情关心，对别人的困难想办法解决，这样才能够取得别人的信赖。这样，当别人快乐的时候才会跟你一起分享，自己遇到困难的时候别人才会毫不犹豫地给你帮助。帮助别人，我们不要求能获得回报，这样想的话可能目的和动机也不纯，但帮助别人，有一样东西您推也推不掉，那就是——快乐！

十、责任教育

责任心是为人处事的基本要求，是孩子健全人格的基础，也是一个人日后能够立足于社会、获得事业成功与家庭幸福至关重要的人格品质。我还是举几个例子吧：

某公司要裁员，下岗名单公布了，有内勤部的小灿和小燕，规定 1 个月后离岗。那天，大伙看她俩都小心翼翼的，不敢多说一句话。因为她俩的眼圈都红红的，这事摊到谁头上都难以接受。

第二天上班，小灿心里憋气，情绪仍然很激动，什么也干不下去，一会找同事哭诉，一会找主任伸冤，什么定盒饭、传送文件、收发信件这些她应该干的活，全扔在一边，别人只好替她干。小燕呢，她也哭了一个晚上，可是难过归难过，离走还有 1 个月呢，工作总不能不做，于是她默默地打开电脑，拉开键盘，继续打文稿、通知。同事们知道她要下岗，不好意思再找她打字了。她特地和大家打招呼，主动揽活。她说："是福不是祸，是祸躲不过。反正也就这样了，不如好好干完这个月，以后想给你们干都没机会了。"于是，同事们又像从前一样，"小燕，把这个打出来，快点儿！""小燕，快把这个传出去！"小燕总是连声答应，手指飞快地点击着，辛勤地复印着，随叫随到，坚守着她的岗位，坚守着她的职责。1 个月后，

小灿如期下岗，小燕却被从裁员的名单中删除，留了下来。主任当众宣布了老总的话："小燕的岗位谁也无法代替，像小燕这样的员工，公司永远也不会嫌多！"

小灿走了，小燕怎么留下了？是强烈的工作责任意识给了小燕机会。

小王和小李同时受雇一家公司，拿着同样的薪水，可是一段时间后，小王青云直上，小李却仍在原地踏步。

小李很不满意老板的不公正待遇，终于有一天，他到老板那儿发牢骚了。老板一边耐心地听着他的抱怨，一边在心里计划着如何向他解释他们之间的差别。

"小李，你去集市看看早上有什么卖的东西？"小李回来向老板汇报说今早集市上只有一个农民拉了一车土豆在卖。"有多少？"老板问。小李又跑到集市上回来告诉老板说有 40 袋土豆。"价格多少？"小李第三次赶到集市问来了价格。老板说："好吧，你看看小王怎么做的。"

小王很快从集市上回来向老板报告说：到现在为止只有一个农民在卖土豆，一共 40 袋，价格是多少，土豆质量不错，他带回来一个让老板看。这个农民一个钟头后还会运来几箱西红柿，据他看价格非常公道。昨天他们铺子里的西红柿卖得很快，库存不多了。他想这么便宜的西红柿老板肯定会要一些，所以他把那个农民也带来了，现在外面等回话呢。此时，老板转向小李：现在你知道为什么小王的薪水比你高了吗？

我想，家长们这时都已经知道了答案。那么，作为家长，具体的话应该怎样培养孩子的责任心呢？我归纳了四点，供参考。

1. 有意识地交给孩子一些任务，锻炼孩子独立做事的能力。随着孩子年龄的增长，爸爸妈妈要逐步教孩子自己的事情自己做。做之前提出要求，鼓励孩子认真完成。如果孩子遇到困难，家长可在语言上给予指导，但是一定不要包办代替，让孩子有机会把事情独立做完。

2. 鼓励孩子做事情要有始有终。孩子好奇心强，什么都想去摸摸、去试试，但是随意性很强，做事总是虎头蛇尾或有头无尾。所以交给孩子做的事情，哪怕是很小的事情，爸爸妈妈也要有检查、督促以及对结果的评价，以便培养孩子持之以恒，认真负责的好习惯。

3. 可适当地让孩子了解一些父母的忧虑和难处，提出一些问题，引导孩子独立思考和选择，大胆发表自己的见解，让孩子感到家庭的美满幸福，要靠爸爸妈妈和自己的共同参与，进而增强孩子对家庭的责任心。

4. 鼓励孩子勇敢地承担责任。例如，孩子跟着爸爸妈妈到朋友家做客，不小心损坏了物品。这时应该让孩子知道，是由于自己的过错，才造成了这种后果，应当给予赔偿。

对孩子责任心的培养应该大处着眼，小处着手。家长要认识到每一件小事都是培养孩子责任心的开始，要有意识地交给孩子一些任务，锻炼孩子独立做事的能力，鼓励孩子做事情要有始有终。事后要有检查、督促以及对结果的评价，以便培养孩子持之以恒、认真负责的好习惯。适当让孩子做一些家务活，可以让孩子意识到他在家庭中的身份，使他在做家务活的过程中形成自己对家庭的责任意识；安排孩子适当从事力所能及的社会工作，比如帮邻居送信、陪爷爷奶奶说话等。要让孩子从学会对自己负责，对家庭负责开始，继而学会对他人负责，对社会负责。

教书匠与教育家的区别就是：教书匠关注的是教给了学生多少分数；教育家关注的是教给了学生多少做人的道理。前者是标，后者是本。

教育、教学有四种类型：1. 叙述；2. 讲解；3. 示范；4. 启发。启发是最高级的形式。

"任何人在幼年时代播下什么样的种子，那他老年就要收获那样的果实。"在这一讲，我想用大名鼎鼎的 17 世纪捷克教育家夸美纽斯说的这一句话作为总结。

第七讲　打造性格

　　我老家村里有个叫阿潮的人，头脑灵活，胆量又大，什么违法不违法的事只要有利可图的，他都敢做。前些年因此发了大财，进出宝马，美女三天两头换一个，威风得不得了。村里的一位大嫂就对她的儿子说："小根啊，你看那阿潮，就是胆子大，现在发了大财。你啊——做人实在太老实胆小了，以后讨饭去吧！"俗话说，常在河边走，哪能不湿鞋。没过多久，阿潮因为贩毒被警察抓了，判了死刑。这时，村里的那位大嫂又对儿子小根说："你看阿潮，违法的事都敢做，真是胆大包天。现在好伐，人都不能做了。"

　　胆子大与胆子小，其实讲的就是性格。阿潮唯利是图再加上无法无天的极端性格，最后把他送上了断头台。当然，这种情况并不多见。下面一个故事，能让家长们对性格与成功、成才的关系会有更进一步的认识。

　　从前有三个兄弟，很想知道自己的命运，于是就去问智者。智者听了他们的来意之后，说："在遥远的天竺大国寺里，有一颗价值连城的夜明珠，如果叫你们去取，你们会怎么做呢？"

　　大哥说："我生性淡泊，夜明珠在我手里不过是颗普通的珠子，所以我不会前往。"

　　二弟挺着胸脯说："不管有多大的艰难险阻，我一定会把夜明珠取回来。"

　　三弟则愁眉苦脸地说："去天竺路途遥远，险象环生，恐怕还没取得夜明珠，人就没命了。"

　　智者说："你们的命运已经很明白了。大哥不求名利，将来难有荣华富贵，但也正是由于淡泊，你会在无形中得到很多人的帮助和照顾。二弟意志坚强，处事果断，不惧困难，预测你的命运前途无量，也许会成大器。三弟性格懦弱，遇事犹豫不决，恐怕你命中注定难成大器。"

我对三兄弟的性格分析是：大哥没有追求，所以也就谈不上成功与否。但他的性格随和，与别人的关系会处理得很好，因此他的一生会在平平淡淡中过去；二弟愿意积极付出，方向明确，成功的希望会很大；三弟是一个连行动都没有的懒虫和怕死鬼，肯定不会成功。

瑞士著名心理学家和分析心理学的创始人荣格说："性格决定命运。"因为性格决定着我们为人处事的风格，性格也决定着我们是否受人欢迎与尊重。撇开机缘巧合和个例，一个人是否受人欢迎与尊重，他与人的合作能否成功，能否获得别人的帮助，与一个人不同的处事风格所产生的结果是不一样的。所以说人的性格与成功、成才大有关系。在这一讲中，我将对人的性格的相关问题一一进行分析讲解。

一、性格的形成

性格是一个人行为中比较稳定的心理特征的总和，贯穿着一个人心理活动的始终，调节着整个人的行为方式。在日常社会生活中，人们常常说到的一个人的个性，实际上主要是指的这个人的性格。

人性格的形成主要由三大因素组成的，一是先天（即遗传）；二是家庭环境。家庭环境在影响人的性格中占很重要的位置；三就是社会环境因素。有影响，但没有家庭因素重要。所以说，人的性格是先天和后天因素共同作用下形成的，即一个人的性格是在遗传、环境、教育等因素的交互作用下形成的。不同的遗传、生存及教育环境，形成了各自独特的心理特点。遗传因素无法改变又是过去时，这里不作研究。下面我们只对家庭环境和社会环境进行探讨。

就拿家庭对一个人性格形成的影响来说：我们说家庭是社会的细胞，是一个人最早接触的社会环境。家庭因素对孩子性格的影响不但具有稳定性和长久性，而且具有广泛性。比如，家庭的收入状况，家庭成员的职业，家庭氛围，家中孩子的数量，孩子在家中的作用与地位，父母的教养方式，家庭结构的完整性等等。如果父母处境不顺，困难，表情苦闷，言语忧抑，容易使孩子形成沉默寡言的性格特征，

甚至玩世不恭，消极悲观。还有一种可能就是比别的孩子要早熟，要坚强。其次，父母对孩子的教养方式也会对孩子的性格产生重要影响：如果父母对孩子是采取宽容、理解、民主、保护、非干涉性、合理的态度的话，孩子就容易形成领导风格；形成活泼好交际、态度友好、积极、情绪安定等性格特征；如果父母对孩子干涉、专制、溺爱、支配、压迫、独裁等，就会使儿童产生抑郁、任性、适应力差、胆怯、执拗、情绪不安定等性格特征。

"性格由习惯演变而来。"古罗马诗人奥维德说。就像前面说过的那样：孩子正在学走路，不小心摔倒了，一些家长马上跑过去扶起孩子，并心疼地说："这地面真不好，把我们宝宝绊了一跤。"长此以往，只会让孩子把跌跤归于外因，而不从他自身找原因，从而影响他对事物的判断，不能正确面对挫折。这与我们家长对孩子的溺爱不无关系。

有一次，朋友带着孩子一起过来聚餐。开席后，孩子爬上桌，像飞轮一样拼命转动菜台，什么好吃的就往自己嘴里抢，大人根本没办法伸筷子。我问朋友，你不管管孩子？他说，现代教育要解放天性，不能拿老一套束缚孩子。他没有想过，一个孩子最后是要成为公民的，是要进入社会的，如果漠视别人的存在，当别人的权利受到伤害的时候，他的天性能保证他一生的幸福吗？如果一个孩子没有被自己的爹妈管教，那他被社会修理的时候会付出怎样的代价？话再说回来，如果这个孩子的父母以后还是不管，任其这样发展下去，那他的性格就是任性、唯我独尊和没有社会性的。2015年3月1日的"中国日报网"就有这样一则报道：

由于儿童生活条件、环境的不同，受教育的不同，所以发展的倾向也就不同。特别是儿童的性格形成与其母亲的态度有着直接关系，据调查：

母亲的态度是支配型的，儿童的性格则是服从、无主动性，消极和依赖、温和的。

母亲的态度是照顾过度的，儿童的性格则是幼稚、依赖、神经质、被动、胆怯的。

母亲的态度是保护的，儿童的性格则是缺乏社会性、深思的、亲切的，情绪是安定的。

母亲的态度是溺爱型的，儿童的性格则是任性的、反抗的、幼稚的、神经质的。

母亲的态度是百依百顺的，儿童的性格则是无责任心、不服从、攻击的。

母亲的态度是对孩子忽视的，儿童的性格则是冷酷的、攻击的、情绪不安定的、创造力强的、社会性的。

母亲对孩子是常常拒绝的，儿童的性格则是神经质的、反社会的、粗暴的、企图引起人们的注意、冷淡的。

母亲的态度是残酷的，儿童的性格则是执拗的、冷酷的、神经质的、逃避的、独立的。

母亲的态度是民主的，儿童的性格是独立的、直爽的、协作的、亲切的、社会的、创造的。

母亲的态度是专制的，儿童的性格是依赖的、反抗的、情绪不安、以我为中心、大胆的。

从上述调查资料看，儿童性格的形成是和家长特别是母亲的态度分不开的。当然这个资料反映出来的结果还需要进一步验证，这里仅供父母在教养孩子时作参考。

二、性格的特征

往细处讲，人与人没有完全一样的性格特点，所谓"人心不同，各有其面"。但是，性格的独特性并不意味着人与人之间的个性毫无相同之处。在性格形成与发展中，既有生物因素的制约作用，也有社会因素的作用。性格作为一个人的整体特质，既包括每个人与其他人不同的心理特点，也包括人与人之间在心理、面貌上相同的方面，如每个民族、阶级和集团的人都有其共同的心理特点。性格是共同性与差别性的统一，是生物性与社会性的统一。《红楼梦》中贾宝玉的性格是率性、多情、温和、善良、富有同情心、单纯、没有功利心。林黛玉的性格是敏感、细心、淡泊、真实、易伤感、绝顶聪明、悟性极强、多愁善感、冷傲孤僻、才学横溢。这是他们两人的不同点，但贾宝玉和林黛玉同样具有叛逆精神，这是相同点，也是他们爱情的基础。

人的性格特征复杂多样。从心理机能上划分，性格可分为：理智型、情感型和意志型；从心理活动倾向性上划分，性格可分为内倾型和外倾型；从社会生活方式上划分，性格可分为：理论型、经济型、社会型、审美型和宗教型；从个体独立性

上划分，性格又可分为独立型、顺从型和反抗型等等。

我们就从心理机能上来分析人的各种性格的特征：理智型特征方面的人做事仔细、精确，总不出差错；也有的则做事粗枝大叶、丢三落四。具有这些特征的人，有人喜欢思索，善于研究和提问，看问题全面客观；也有的则是思想的懒汉，不爱分析，看问题主观狭隘；有的爱知识，爱书本，爱创造，会异想天开；有的就不爱学习，做事墨守成规等等。

情感型特征方面的人：有的爱感情冲动，情绪强烈，急躁易怒，这样的人往往容易吵架，没有耐心，人际关系也比较紧张；有的则平静温和，善于自制，好像从来没有脾气；有的心境愉快，是个乐天派；有的却多愁善感，郁郁寡欢，没有为难的事也要拉上几件来操心、着急等等。

意志型特征方面的人：有的人很有主见，能独立决断地处理问题，敢于负责，能独当一面；有的却依赖性特别大，遇事手足无措；有的则固执己见，刚愎自用；有的做事有计划性，下定决心后就能排除万难，坚忍不拔地干到底；有的却在人生征途中畏难怯懦，遭到挫折就怨天忧人，做事往往虎头蛇尾等等。

《三国演义》中的诸葛亮谦虚谨慎，是理智型性格的典范；关羽忠义勇武，是情感型的化身；张飞脾气暴躁，是意志型的代表。我们说人是最复杂、最具变化的动物。以上三大方面的性格并不能全部罗列或概括世界上所有人的特征，就是每一种性格特征所表现的程度深浅也各不相同，同一个人在不同的时间段所表现出来的性格有时也不一样，只能是比较典型、比较普遍而已。

三、性格的测试

科学发展到现在，什么东西都可以进行测试，人的性格也不例外。下面这九幅图片是科学家跟一位心理学家一起合作的成果，并且经过历时几年的全球性测试，不断地调校各个图片的颜色及形状，然后再次进行测试，直至他们得到这些非常成功的图片。据称心理专家也认同这些图片代表了九种不同的性格，是全球最准确的性格测试。这个实验要求最好能在 5 秒钟内选出自己喜欢的图片。我把它编进这本书里，供家长们参考。

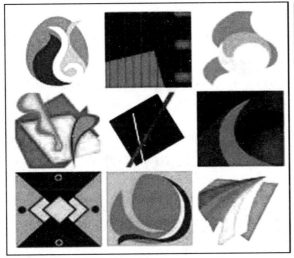

九个图片代表九种不同的性格，找出其中你最喜欢的一个根据图片的编号相看答案。

心理图片测试答案见下：

第一幅图：务实，头脑清醒，和谐。你作风自然，喜欢简单的东西。人们欣赏你脚踏实地，他们觉得你稳重，值得信赖。你能够给予身边的人安全感，你给人一种亲切，温暖的感觉。你对于俗气的，花花绿绿的东西都不屑一顾，对时装潮流抱着怀疑的态度，对于你来说，衣服必须是实用及大方得体的。

第二幅图：专业，实事求是，自信。你掌管自己的生活，你相信自己的能力多于相信命运的安排。你以实际、简单的方式去解决问题。你对日常生活中所遇到的事物抱有现实的看法，并且能够应付自如。人们知道你可担重任，因此都放心把大量工作交给你处理。你那坚强的意志使你时刻都充满信心。未达到自己的目标之前，你绝不罢休。

第三幅图：温和，谨慎，无攻击性。你生性随和，但处事谨慎。你很容易认识朋友，但同时享受你的私人时间及独立生活。有时候，你会从人群中抽身而出，一个人静静地思考生活的意义，并自娱一番。你需要个人的空间，因此有时会隐匿于美梦当中，但你并不是一个爱孤独的人。你跟自己及这个世界都能够和睦共处，你对现状亦非常满意。

第四幅图：无忧无虑，顽皮，愉快的人。你喜欢自由自在，无拘无束的生活。你的座右铭是：生命只能活一次，因此你尽量享受每一刻。你好奇心旺盛，对新事物抱有开放的态度；你向往改变，讨厌束缚。你觉得身边的环境都不断在变，而且

经常为你带来惊喜。

第五幅图：独立，前卫，不受拘束。你追求自由及不受拘束、自我的生活。你的工作及休闲活动都与艺术有关。你对于自由的渴求有时候会使你做出别人出乎意表的事。你的生活方式极具个人色彩；你永远不会盲目追逐潮流。相反的你会根据自己的意思和信念去生活，就算是逆流而上也在所不惜。

第六幅图：时常自我反省，敏感的思想家。你对于自己及四周的环境能够比一般人控制得更好更彻底。你讨厌表面化及肤浅的东西；你宁愿独自一人也不愿跟别人闲谈，但你跟朋友的关系却非常深入，这令你的心境保持和谐安逸。你不介意长时间独自一人，而且绝少会觉得沉闷。

第七幅图：具分析力，可靠，自信。你对事物的灵敏度令你可以发现旁人忽略了的东西。这些就是你的宝石，你喜欢发掘这些美好的东西。你的教养对于你的生活有很特别的影响。你有自己高雅独特的一套，无视任何时装潮流。你的理想生活是优雅而愉快的，你也希望跟你接触的人们都是高雅而有教养的。

第八幅图：浪漫，爱幻想，情绪化。你是一个感性的人。你拒绝只从一个严肃、理智的角度去理解事物。你的感觉亦十分重要。事实上，你觉得人生必须要有梦想才叫活得充实。你不接受那些轻视浪漫主义及被理智牵着鼻子走的人，而且不会让任何事物影响到你那丰富的感情及情绪。

第九幅图：精力充沛，好动，外向。你不介意冒险，特别喜欢有趣的、多元化的工作。相比之下，例行公事及惯例会令你没精打采。你最兴奋的是可以积极参与任何比赛活动，因为这样你就可以在众人面前大显身手了。

这里需要特别提醒家长们的是，无论什么样的性格测试，都有它们的局限和不足，只能作为参考。

四、性格与命运

行为养成习惯，习惯形成性格，性格决定命运。根据林语堂原著改编的电视剧《京华烟云》中，曾家三个媳妇三种性格，结果就有三种不同的命运。大媳妇曼娘虽然善良老实，却极其懦弱，逆来顺受，因而一生悲苦；二媳妇自私、贪婪、嫉妒、冷酷，所有的人都厌恶她，是另一种悲惨的命运，既害人又害己；三媳妇木兰性格最好，她勤劳、善良、开朗、贤惠、富有同情心、顾全大局，所以就颇受人尊敬，结果使他人快乐、自己幸福、家庭美满。

20世纪初，美国心理学家特尔曼和他的助手们在25万儿童中选拔了1528名最聪明的孩子，测定他们的智商，调查他们的个性品质，一一记录在案，然后进行长期观察和跟踪研究，看看是不是聪明的孩子长大后都有成就。孩子们上完小学、中学，有的进入社会，有的上了大学，特尔曼和他的助手们仍在设法跟踪，记录他们的变化。从50年代公布的跟踪研究材料看，他们的成就大不一样。在这些跟踪对象中，多数人在事业上取得不同程度的成功，成为专家、教授、学者、企业家或有各种专长的人，但也有罪犯、流浪汉、穷困潦倒者。

据分析，排除机遇等社会因素外，失败者几乎都存在着某些不良的性格品质，有的意志薄弱，有的骄傲自满，有的缺少积极进取精神，有的孤僻而不善于处理人际关系。总之，这些失败者，主要是因为非智力因素欠缺，所以他们落伍了，甚至走向成就的反面。

这一研究对我们的启发是很大的。社会上有不少少年犯都比较聪明，至少有小聪明，但他们性格品质不良，结果聪明反被聪明误。上面所说的阿潮就是这样的一个人。

我看到过有一本杂志上曾经写有这样一个故事：一家著名的企业公开招聘管理人才。在应聘者当中，不乏高学历的人，口才异常出众的人，更有曾经从事过管理工作的人。但是，到了最后，负责招聘的企业老总却选中了一位在走廊上随手捡起一张废纸的应聘者（更早时我还看到过随手捡起一把扫帚）。有人问企业老总："为什么你要选那位不占任何优势的应聘的人呢？"企业老总说："一个有好习惯的员工，就是一座金矿；有这种人格魅力的人，一定可以为公司创造更多的财富。"

五、性格与成才

积极开朗、勤劳奋发、善良诚实、情趣高尚、坚强自信，都是一个人的优良性格。积极开朗的人就是一个阳光的人，一个进取向上的人，愿意与他在一起的人就多。与之相反的则是沉郁寡言，整天抑郁寡欢，与人缺少交流。你不愿意与别人在一起，别人谁跟你在一起？没有人愿意和你在一起，你还怎么发展？勤劳奋发的人

就是一个热爱劳动的人。世上没有一帆风顺的事业，没有唾手可得的成就。在人生的旅途上，即便是算不上成就的小小收获，也要付出艰辛的努力去争取。财富靠劳动创造，靠自己劳动创造的财富既可靠又久长。反之，整天游手好闲，靠其他不正当手段获取的财富是不义之财，是靠不住的，是犯罪的行为。善良诚实的人与人为善，富有同情心，说话、做事实事求是，不骗人，能交到知心朋友，也能获得别人的同情和帮助。俗话说："龙找龙，凤找凤，好汉找英雄。"一个情趣高尚的人，他圈子里的人也情趣高尚。情趣高尚的人都是一些有品位的人，与他们在一起起点就高。"篱靠桩，人靠帮，关老爷靠周仓。"意思就是篱笆靠桩子站立，人靠别人帮助成事，就是关公也要靠周仓保护。与他们在一起，靠这些情趣高尚的人的助力，成功的概率当然就高。反之，情趣低下、处事庸俗，怎么能成大器？至于坚强自信，我们可以用诺贝尔研究的一个爆炸实验来说明：

诺贝尔发明了液体炸药后，为了控制恶性爆炸事故，他敢于和"死神"近距离接触。在一次次的实验中，他的几个助手被炸死了，他的弟弟被炸死了，他的父亲被炸成重伤，半身不遂，他自己也常常是死里逃生。即使是这样，他还是坚持实验，以致当时瑞典政府和邻居都称他是"炸神"，纷纷提出抗议，勒令他停止实验。邻居还要把他赶走，说你再这样炸下去，不知哪一天我们也都被你报销了。诺贝尔没有办法，就把实验室搬到一条大船上，开到大湖的中央去做实验。终于有一天，一声爆炸之后，诺贝尔血肉模糊地从实验室里爬了出来，狂喊道："我成功了！我成功了！"他为自己掌握了爆炸控制技术而激动得忘了受伤和流血。

可见，一个人具有优良的品质对成才是多么的重要！

六、性格的矫正

有一首名为《钉子》的小诗是这样写的："丢失一个钉子，坏了一只蹄铁／坏了一只蹄铁，折了一匹战马／折了一匹战马，伤了一位骑士／伤了一位骑士，输了一场战斗／输了一场战斗，亡了一个国家。"诗写得很明白，亡国的大悲剧是由丢三落四的小性格造成的。我们要想成功必须从小事做起。优良性格的养成也是这样，唯有从小事做起，才能养成良好的性格。良好的性格会让我们受益一生。

有位美国记者采访晚年的投资银行一代宗师 J·P·摩根，问他："决定您成功的条件是什么？"老摩根说："性格。"记者又问："资本和资金何者更为重要？"老摩根一语中的地答道："资本比资金重要，但最重要的还是性格。"

1998 年 5 月，华盛顿大学 350 名学生有幸请来了世界巨富沃沦·巴菲特和盖茨来他们学校演讲。当学生们问到"你们怎么变得比上帝还富有？"这一有趣的问题时，巴菲特说："这个问题非常简单，原因不在智商。为什么聪明人会做一些阻碍自己发挥全部工效的事情呢？原因在于习惯、性格和脾气。"盖茨表示赞同。无论是在工作和生活中，都是性格决定命运，性格好比是水泥柱子中的钢筋铁骨，知识和学问则是浇筑的混凝土。

虽然有老话说："江山易改，本性难移""从小看大，三岁知老"，其实这些话只说对了一半。人的本性是比较难改变的，但并不是不能改变。人的性格的形成，有先天遗传的因素，但更多的是后天环境的影响。印度发现的狼孩子，从小在狼群里生活，长大后就自然具有狼的野性行为，这就是一个很好的例证。一个人性格的本质特征是天生的、是后天不容易改变的，但性格的一些外在表现却是可以改变的。比如，内向的、不喜欢与人交往的性格，经过引导、培养和磨练会有一定程度地改变。并且，环境与教育也可以使性格的某些方面得到发展和强化，作用增加，某些方面得到阻止和弱化，作用降低。

那么如何养成良好的性格或者习惯呢？有一位禅师，带领一帮弟子来到一片草地上。他问弟子们，怎么可以除掉草地上的杂草。弟子们想出了各种办法：拔、铲、挖等等。但禅师说，这都不是最佳办法。因为野火烧不尽，春风吹又生。什么才是最好的办法呢？禅师说：明年你们就知道了。到了第二年，弟子再回来发现，这片草地长出了成片的粮食，再也看不见原来的杂草。弟子们才明白最好的办法原来是在草地上种粮食。我们在培养孩子良好的性格时，是否可从禅师那里领悟借鉴呢！好的多了，不好的自然就少了。

有这样一句话："知识改变性格，性格扭转品质，品质决定命运。"这话不能说不对，但我要说："性格扭转品质，品质提升知识。"

我们大多数家长可能以为孩子只要聪明就能成才，这是十分片面乃至错误的观点。如果从孩子读书学习的角度讲，任性、孤僻、吵闹、折腾、倚小卖小、不听教育，或者成天不得安静，那么注意力就不集中，感知就不清晰，观察就不仔细，记忆就很模糊，思维就不启动，想象就不丰富，又怎么可能开发好智能呢？那些一上

小学不久学习就跟不上趟的孩子，大多是被惯坏了性格的不良儿童。

一个有优良性格乃至品质的人，他能静下心来读书，耐得住寂寞，能吃苦，有恒心，肯动脑筋，会钻研，这样的孩子何愁不能把书读好？

所以，人的性格确实就是命运。每个家庭都要及早培养孩子的优良性格，并把它放在首位，这是教子成才一本万利的大事。

美国出生的 19 世纪至 20 世纪的著名小说家、文艺评论家、心理分析小说的开创者亨利·詹姆斯说："性格，既不坚固，也不是一成不变。"同时代英国杰出的空想社会主义实践家和教育家罗伯特·欧文说："教育人就是要形成人的性格。"美国心理学之父，美国本土第一位哲学家、教育学家、实用主义的倡导者，美国机能主义心理学派创始人之一，也是美国最早的实验心理学家之一威廉·詹姆士说："播下一个行动，便会收获一种习惯；播下一种习惯，便会收获一种性格；播下一种性格，便会收获一种命运。"家长们，从小在孩子的心里埋下"好习惯，好人生"的种子，用恒心去浇灌，一定能获得可心的回报。因为有了健康的性格，才能享受健康的人生。人生的许多不幸，许多疾患都与性格息息相关。人虽然不能控制先天的遗传因素，但有能力掌握和改变自己的性格。

因此，趁现在孩子还在婴儿、幼儿、小学生的时候，我们做家长的，一定要在打造孩子优良的性格上下功夫。下面我就几种孩子常见的不良性格具体地讲讲改变方法：

1. 过于内向孤僻的

具有这样性格的孩子，不大引人注意，这就更需要我们细心地观察孩子的行为表现，用心揣摩孩子的真实心理，然后对症下药。

（1）先要发现孩子的优点，肯定他的点滴进步，常在集体面前赞扬他，帮助他建立自信心；其次，在生活中要给他更多的关爱和照顾，让他感到家庭的温暖，喜欢这个家庭。

内向的孩子在熟悉的地方比较放得开，我想这不仅与情绪有关，也与经验有关。经验丰富了，知道怎样去应付各种问题，孩子主动性和自信心就增强了，交往的积极性也就提高了。所以，最重要的是让孩子多参加集体活动，给孩子提供各种表现自己的机会，让他从中得到锻炼。

（2）坚持送孩子去幼儿园，这样可以让孩子进入一个儿童世界，让他在集体生活中学会与同伴交往，在交往中会学到原来不懂的新知识，并享受到和同伴在一起的乐趣。

（3）选择一两个性格开朗、身体健康、年龄比他略小一点的小伙伴一起玩耍，这样既可以培养孩子的自信心，而且还可以相互帮助。

（4）平时要放手让孩子自由玩耍。有的家长对孩子的整洁、卫生、安全等顾虑较多，因而总是限制孩子不准这样，不准那样，这样会束缚孩子的个性发展。应鼓励孩子去玩沙、玩泥巴，踩雨后的积水，爬石子堆、黄沙堆等。其实只需穿上合适的衣服，注意安全即可让他尽情地玩。这样无拘无束的自由玩耍，会使孩子的性格开朗起来。

（5）与孩子一起共同感受快乐。例如给孩子讲讲笑话和幽默故事，互相开开玩笑，参加孩子们的游戏，带孩子出去玩等等。

（6）耐心对待孩子，不要对他提出过高的要求。对于孩子的畏缩行为，如不敢滑滑梯、跳蹦床、不敢大声说话等，家长也要尽量克制自己的情绪，不要作出太强烈的反应。

2. 特别任性专横的

任性，是独生子女的通病，主要表现为固执、抗拒、不服从父母的管教、不按照父母的要求去做等；或者表面上答应，内心不服，父母不在旁边时，就由着自己的性子来。对于这种情况家长可以用下面六种方法去改变：

（1）明确要求，预防在先

家长平时对幼儿的行为要有明确的要求，如制定一些简单、明确的规则。规则一旦制定，就要坚决执行，以此来规范孩子的行为，如待人接物的礼貌要求，作息时间的安排等。这些规则可以使孩子明白自己的行为并不是随心所欲的，而应该受到一定的约束。

（2）冷处理

当孩子由于要求没有得到满足而发脾气或打滚撒泼时，父母不要去理睬他，不要在孩子面前表露出心疼、怜悯或迁就，更不能和他讨价还价。可以采取躲避的方法，暂时离开他。当无人理睬时，孩子自己会感到无趣而做出让步。例如，孩子吵

着要买玩具，甚至在地上打滚，父母可采取不劝说、不解释、不争吵的方法，让孩子感到父母并不在意他的这些行为。当孩子闹够了，从地上爬起来时，父母可以说：我们知道你不开心，但你现在不闹了，真是一个好孩子。并表示出高兴、满意和关心，跟他讲道理，分析他刚才的行为对不对。这种冷处理的方法往往比较有效。

（3）转移注意力

这种方法适用于年龄较小的孩子。父母可以利用孩子的注意力易分散，易为新鲜的东西吸引的心理特点，把孩子的注意力从他坚持的事情上转移到其它新奇、有趣的物品或事情上。

（4）激将法

利用孩子的好胜心理，激发起他们的自信心去克服任性。

（5）适当惩罚

对于年龄小的孩子，只靠正面教育是不够的，适当惩罚也是一种极为有效的教育手段。如孩子任性不好好吃饭，父母不用多费唇舌，过了吃饭时间就把食物全部收走，一会儿他饿了要东西吃的时候可以适时教育他这就是不好好吃饭的结果。你不用担心饿坏孩子，一顿两顿不吃对孩子的生长发育不会有影响。

以上方法同样适合用于整天吵闹折腾的孩子。

3. 善于嫉妒小气的

古埃及有这么一则寓言。小鸟儿问："爸爸，人幸福吗？"鸟爸爸答："没咱们幸福。"小鸟儿问："为什么？"鸟爸爸答："因为人心里扎了根刺，这根刺无时不在折磨着他们。"小鸟儿问："这刺叫什么？"鸟爸爸答："叫嫉妒。"

《三国演义》中记载的"孙刘联盟"打了一场赤壁之战，实际上就是周瑜和诸葛亮联手御曹。不过，在整个合作过程中，周瑜嫉妒诸葛亮，时刻都想干掉这位"神得近乎妖"的军师。到诸葛亮气死周郎时，周公瑾大呼："既生瑜，何生亮！"饮恨而亡。后世便把这种相互嫉妒暗自较劲的人及其心理现象称作"瑜亮情结"。

嫉妒小气的特点就是以自我为中心，唯我独尊、独美、独富、独霸。有这种倾向或者性格的孩子往往是攻击性的，既不利于团结别人，也会给自己造成痛苦和心理失衡。对于孩子的这种倾向，我的解决办法是：

（1）四平八稳赞扬

尽管孩子的嫉妒并不是道德问题，但家长也不能因此就不重视甚至忽视了孩子的感受。如果家里来了小客人，父母对于他们的态度不要过于热络，不可为了尽地主之谊而有着明显的厚此薄彼。孩子也是很敏感的，尤其在对待父母关爱这一方面，有时候或许大人是无心的，但孩子却都放在了心上。在招呼小客人的同时，注意要把自己的孩子包括在内。

（2）各有所长解析

有时候嫉妒和羡慕仅仅只是一线之隔。当孩子看到别人有漂亮的裙子，想着"真是一条漂亮的裙子啊！如果我也有，那该多好啊"，这就是羡慕；如果想的是"为什么她有这样的裙子，我却没有，我不管，我也要"，这就变成嫉妒了。每个人都有自己的优势，要帮助孩子找到自己的闪光点，比如在画画方面有天赋，比如身体的协调性很好等等。让孩子知道自己也有能让别的孩子羡慕的地方。家长不要大声呵斥他，更不要说"你真是个坏孩子""这么不懂事"这一类伤害孩子的话。

（3）因势利导激励

嫉妒其实是一把双刃剑，利用得当，完全可以变成激励孩子的动力。因为有嫉妒心的孩子，说明他也有很强的自尊心。如果看到别的孩子比自己好，心里一定会有股子不服气。家长在这个时候要做的应该鼓励孩子积极进取，与小朋友们良性竞争，告诉他只要尽力付出了就已经收获了成功，就是好孩子。要时刻对孩子说"你行的，要相信自己有潜力"，而不是一味地泼冷水，更不是数落和贬低。只有这样，孩子的负面情绪才能够转化为积极的动力。

（4）换位思考明理

孩子因为自制力不强，心里怎么想很容易就怎么做。这个时候父母亲不能粗暴地打骂孩子，应该耐心和他讲道理，问他："如果今天是别的小朋友抢你的玩具，你会不会感到很难过？"用换位思考的方式让他明白自己的不对之处。同时趁机教育孩子要知错能改，勇于承认错误，让他向对方道歉。孩子道歉后，家长也不要忘了表扬孩子，让他知道认错并不丢人，而是很正确的行为。

4. 事事优柔寡断的

先给家长说一件我亲眼看到的事：有一个小女孩去商店买自动铅笔，挑来挑去就是决定不下到底哪一款是自己满意和需要的。要知道现在的物资异常丰富，就拿自动铅笔来说，厂家为了吸引顾客，每天都有很多新品种面世。挑这一种吧，那一种好像更漂亮，选那一种吧，另外一种也是我喜欢的。这样十多分钟过去了，还是没有定下来。站在旁边的母亲不停地催促："快点，快点，我还要去上班呢。"一会儿又埋怨："我就是说嘛，没用的东西，连买一支铅笔都是这样！"做女儿的委屈郁闷，做母亲的气恨交加，最后连铅笔都没有买成。

上面讲的是孩子，我再给家长们说一件大人的事：某店主租房开店十年有余，已经稍有积蓄，每每想着有一间属于自己的店面房，省得每年交房租，以至于利润的很大一部分都给了房东。这一天，机会终于来了，隔壁的一间房子要出售了，价10万。他觉得贵，跟人家还价，对方同意最低9万5千。他还觉得贵，心想再便宜1万或者几千。结果，没过几天房子就被别人买走了。又过了两年多，另一家店面房要出售了，要价15万，他又去跟人家谈，要求便宜一点。心想，这房子和两年以前的那间房子差不多，价格相差也太大了，12万还差不多。结果可想而知，房子又被别人比他的心理价多2万的钱买走了。就这样，又是十余年过去了，他的房子始终没有买成，还是租房开店。

优柔寡断的性格是指遇事拿不定主意，下不了决心，总是考虑这，考虑那，瞻前顾后。这对于孩子以后走上社会肯定不利，特别是现在竞争这么激烈的现状尤其如此。要改变这样的性格，我有5条建议给家长：

（1）放松限制，帮孩子摆脱依赖心理

遇事能够征询他人意见，借助他人智慧，然后自己做出正确决策，无疑是值得提倡的。但是缺乏主见的孩子不是这样，他每遇到点事就问别人怎么办，完全等着别人拿主意，这是孩子的依赖心理在作怪，也是长期以来父母管得过多过细所造成的，必须想方设法帮他拿掉这个"拐杖"，让他的自主意识成长起来。例如，当孩子遇事向爸爸讨主意时，爸爸不要马上说三道四，而是要引导和鼓励他拿出自己的意见，哪怕孩子说出的意见没有多少价值，也要先予以鼓励的语言，后再帮其完善，最后要让孩子感到，这个决定是自己做出的，以此来培养孩子的自信、自强、自立的勇气和信心，久而久之，果敢性格就会逐渐形成。

（2）创造机会，鼓励孩子下决心

为了培养孩子敢于作决定的良好习惯，父母们就得在一些事情上，尽可能给孩子充分自主的机会，让他产生一种"我可以决策和选择"的感觉。这样一来，孩子就会凭自己的思考、能力去决定做什么事、如何去做。比如去餐厅吃饭，可以让孩子点餐；去商场购物，可以让孩子决定买篮球还是排球等等。

（3）勿求完美，鼓励孩子当断则断

有些孩子遇事犹豫不决，一个重要原因，就是总怕自己考虑得不周全。这本无可非议，但是，周全与否是相对的。爸爸要让孩子懂得，万事不可能十全十美，事实上也很少有十全十美的事，很多人就在追求完美中犹犹豫豫，甚至坐失良机。凡事能有七八分的把握，就应该下决心了，这对于孩子形成果断的性格会大有裨益，告诉孩子要做一个有胆识的人。

（4）有备无患，告知孩子先想后做

"三个臭皮匠，凑成一个诸葛亮。"事前要有准备。我们不说每做一件事都要有详尽的计划和研究，那样肯定不现实，事实上也不会去做，但一些可能的了解和咨询还是需要的，因为人的知识和阅历永远不可能满足你碰到的事和物。"机会总是给有准备的人"，只有事先做过或者做足功课的人，做事才会既快又好。

（5）遇事冷静，不为外力所动

告诉孩子，行动时，比如去商店买东西，要学会排除外界（商家）的干扰和暗示，稳定情绪，根据自己的能力和实际需要取舍。如果还是拿不定主意，就跟着第六感走，不管对或错，成功或失败都不用后悔，至少你努力过！

七、走适合的路

有的家长说，我孩子的性格就是这样，真的没有办法改变。如果是这样的话，也不要急，只要这种性格还没有到不可收拾的地步。反过来我也要说，人的每一种性格都有自己的优势（优点和长处），一个人能否成功，还有一个关键就是你能否准确识别并全力发挥自己的性格优势。只有识别和接受了自身的性格优势，寻找到最适合发挥自身性格优势的工作或职业，并坚持下去，才有可能获得人生成功。如

果你为孩子的性格找准了方向，找到了最适合他自己的工作或职业，他就会如鱼得水，纵横驰骋，他就有可能走向人生的成功；如果孩子的性格与他的工作或职业不相适应，性格就会阻碍工作或职业的顺利进展，使他感到被动、缺乏兴趣、倦怠、精神紧张、力不从心。一个对工作或职业感到不满意的人，不管他如何努力，都很难有优越的表现，也就是说，一个人做自己的性格天赋所不擅长的事情往往是徒劳无益的。

傅雷是我国著名的翻译家，他的译作《艺术哲学》《传记五种》《约翰·克里斯朵夫》等在我国读者中具有广泛的影响，后来出版的《傅雷家书》可能家长们都比较熟悉，也深受读者的喜爱。但家长们不知道的是傅雷的性格却比较复杂，可以概括为孤僻、高傲、耿直、极端认真且嫉恶如仇。为什么会有这样的性格呢？傅雷的母亲望子成龙心切，信奉"棒头底下出人才"这一观念，傅雷的性格与他从小受到母亲严厉的管教有关。因为这样，傅雷幼小的心灵在一定程度上受到扭曲，变得孤独甚至有些乖戾。即使在傅雷功成名就之后，他的性格的某些方面在常人看来也还是有些"怪"，甚至是不通人情的。比如他办事认真、有条有理的程度已经到了令人难以接受的程度。他规定几点钟工作，几点钟休息，几点钟吃饭，都是准时的，不能更改的。在他工作时，谁也不能去惊动他。与人交谈，也有时间的限制，到了点他便会请人家回去。这种性格显然不适宜处理好人际关系。除了高傲，傅雷同时还脆弱、不愿受辱等，这可能就是导致傅雷夫妇在"文革"中自杀的重要原因。他小时候的班主任、著名书法家苏局仙先生也认为："怒安（指傅雷）有些孤高自赏。"傅雷的内兄朱人秀，在傅雷去世后说过这样一段话："傅雷性格刚直，看不入眼的事，就要讲；看不惯的人，就合不来。后来，他选择闭门译书为职业，恐怕就是这个原因。"朱人秀的话对于我们理解性格与事业的关系不无启发。就人与人和谐相处而言，傅雷的性格或许只能打 60 分，但从事业的角度看，他的性格又是一个难得的长处，使他能够极端认真地对待事业，敢于蔑视世俗常规，能独立思考，始终保持高洁的精神品格。在《艺术哲学》的《译者弁言》中我们可以看到，在 20 世纪 20 年代末面对西方文化时，年仅 21 岁的傅雷即有一种独立思考的可贵品格。1981 年傅聪回国探亲，当被问及他的父亲对他最重要的影响是什么时，他回答说："独立思考。他是一个活生生的榜样，独立思考，一切都不人云亦云，决不盲从。"傅雷刚正不阿，嫉恶如仇的性格，从处世角度来说可能不容于世，但就搞翻译做学问来说，又绝对是一大长处。因为坚持自己的学术观点，一丝不苟，决不向任何错误、歪曲和混淆黑白的思想低头，正是著书译书者最可贵的品格。这一点，《傅雷家书》可谓展现得淋漓尽致。诚然，傅雷事业上的成功与其天资、个人努力及各种机遇是分不开的，但另一方面我们也应该看到，从某种程度上说，这也是他的独特性格与最适宜于他的事业结合在一起的结果。通过对傅雷事业与性格关系的分析，我们可以得到如下启迪：性格是一把"双刃剑"，我们在选择人生目标时，要注意扬长避短，要尽可能地把自己的职业与性格特点结合在一起。

又如，现代派文学的鼻祖，表现主义文学的先驱，捷克小说家，敏感、多疑、胆小的卡夫卡做职员就力不从心，感到异常受罪，而他从事写作就得心应手、游刃有余，最终成为了一个享誉世界的伟大作家。他的代表作有《审判》《变形记》《城堡》等，中国的读者都不陌生。

"因材施教、长善救失"的教育原则就是根据受教育者个体的差异性提出来的。所以，我们做父母的要根据自己孩子的性格进行教育指导，扬长避短，选择最适合孩子性格特长的事情去做，还是会成功的。

最后，我把举世闻名的德裔美国科学家，现代物理学的开创者和奠基人爱因斯坦说的一句话告诉大家："优秀的性格和钢铁般的意志比智慧和博学更重要……智力上的成就在很大程度上依赖于人格的伟大。"20 世纪的法国著名思想家、文学家、批判现实主义作家、音乐评论家、社会活动家罗曼·罗兰则说："没有伟大的品格，就没有伟大的人，甚至没有伟大的艺术家，伟大的行动者。"

第八讲　提高智商

　　一个犹太人走进纽约的一家银行，来到贷款部，大模大样地坐下来。"请问先生有什么事情吗？"贷款部经理一边问，一边打量着来人的穿着：豪华的西服、高级皮鞋、昂贵的手表，还有镶宝石的领带夹子。"我想借些钱。""好啊，你要借多少？""1美元。""只需要1美元？""不错，只借1美元。可以吗？""当然可以，只要有担保，再多点也无妨。""好吧，这些担保可以吗？"犹太人说着，从豪华的皮包里取出一堆股票、国债等等，放在经理的写字台上。"总共50万美元，够了吧？""当然，当然！不过，你真的只要借1美元吗？""是的。"说着，犹太人接过了1美元。"年息为6％。只要您付出6％的利息，一年后归还，我们可以把这些股票还给你。""谢谢。"犹太人说完，就准备离开银行。一直在旁边冷眼观看的分行长，怎么也弄不明白，拥有50万美元的人，怎么会来银行借1美元？他慌慌张张地追上前去，对犹太人说："啊，这位先生……""有什么事情吗？""我实在弄不清楚，您拥有50万美元，为什么只借1美元？要是你想借30万、40万美元的话，我们也会很乐意的……""请不必为我操心。只是我来贵行之前，问过了几家银行，他们保险箱的租金都很昂贵。所以嘛，我就准备在贵行寄存这些股票。租金实在太便宜了，一年只须要花6美分。"

　　贵重物品的寄存按常理应放在金库的保险箱里，对许多人来说，这是唯一的选择。但犹太商人没有困于常理，而是另辟蹊径，找到让证券等锁进银行保险箱的办法。从可靠、保险的角度来看，两者确实是没有多大区别的，除了收费不同。通常情况下，人们是为了借款而抵押，总是希望以尽可能少的抵押争取尽可能多的借款。银行为了保证贷款的安全或有利，从不肯让借款额接近抵押物的实际价值，所以，一般只有关于借款额上限的规定，其下限根本不用规定，因为这是借款者自己就会管好的问题。能够钻这个"空子"，转换思路思考问题，这就是犹太人在思维方式上的"精明"。善于转换思路思考问题，常能获得更多的成功机会。

在培养和教育孩子的这个话题中，有家长会说："我家的孩子学习成绩差，是因为智商低；他家的孩子学习成绩好，是因为智商高。"是的，撇开其他因素，一般来说，智商比较高的人，学习能力比较强，智商比较低的人，学习能力比较弱，而学习能力的强弱又直接关系到孩子成绩的好坏和高低。在这一讲中，我就向家长们讲一讲有关智商研究的情况以及后天提高的一些方法。

一、智商的定义

说到智商，我首先不得不简单地解析一下什么叫智商？智商是智力商数的简称，又叫智能。它是通过一系列标准测试测量人在其年龄段的智力发展水平。智力也叫智能，它是人们认识客观事物并运用知识解决实际问题的能力。智力表现多个方面，如观察力、记忆力、想象力、创造力、分析判断能力、思维能力、应变能力、推理能力等，也包括文商。一般以两个英文大写字母 IQ 来表示。我们知道，概念大多比较抽象，也不太好理解，我想讲两个简单的关于智商高低的故事，用来帮助大家加深印象。

第一个是《田忌赛马》：

赛马是春秋时期的一项娱乐项目，特别是在齐国，最受贵族欢迎。上至国王，下到大臣，常常以赛马取乐，并以重金赌输赢。齐国大将军田忌多次与国王及其他大臣赌输赢，但屡赌屡输。一天，他赛马又输了，回家后闷闷不乐。他的贵宾孙膑安慰他说："下次有机会带我到马场看看，也许我能帮你。"

当又一次赛马时，孙膑随田忌来到赛马场，满朝文武官员和城里的平民也都来看热闹。孙膑了解到，大家的马按奔跑的速度分为上、中、下三等，等次不同装饰也不同，各家的马依等次比赛，比赛为三赛二胜制。

孙膑仔细观察后发现，田忌的马和其他人的马相差并不远，只是策略运用不当，以致失败。孙膑告诉田忌："大将军，请放心，我有办法让你获胜。"田忌听后

非常高兴，随即以千金作赌注约请国王与他赛马。国王在赛马中从没输过，所以欣然答应了田忌的邀请。

当时比赛的规则是上等马对上等马，中等马对中等马，下等马对下等马，并且要用不同的马鞍。比赛前，田忌按照孙膑的主意，用上等马鞍将下等马装饰起来，冒充上等马，与齐王的上等马比赛。比赛开始，只见齐王的好马飞快地冲在前面，而田忌的马远远落在后面，国王得意地开怀大笑。第二场比赛，还是按照孙膑的安排，田忌用自己的上等马与国王的中等马比赛，在一片喝彩中，只见田忌的马竟然冲到齐王的马前面，赢了第二场。关键的第三场，田忌的中等马和国王的下等马比赛，田忌的马又一次冲到国王的马前面，结果二比一，田忌赢了国王。

从未输过比赛的国王目瞪口呆，他不知道田忌从哪里得到了这么好的赛马。这时田忌告诉齐王，他的胜利并不是因为找到了更好的马，而是用了计策。随后，他将孙膑的计策讲了出来，齐王恍然大悟，立刻把孙膑召入王宫。孙膑告诉齐王，在双方条件相当时，对策得当可以战胜对方，在双方条件相差很远时，对策得当也可将损失减低到最低程度。

后来，国王任命孙膑为军师，指挥全国的军队。从此，孙膑协助田忌，改善齐军的作战方法，齐军在与别国军队的战争中因此屡屡取胜。不过这是后话。

这个故事小学语文课本里有，现在年轻的家长应该都知道。就孙膑用策略赢得赛马这件事来说，他至少在观察力、分析判断能力、思维能力、应变能力、推理能力等方面高出田忌不少，这就是智商高低的分别。

下面再给大家讲一个周总理的故事：

有一次，周恩来总理举行记者招待会，介绍新中国的建设成就。一个西方记者问："请问，中国人民银行有多少资金？""中国人民银行的货币资金嘛，有18元8角8分。"周恩来委婉地说。当他看到众人不解的样子，"中国人民银行发行的货币面额为10元、5元、2元、1元、5角、2角、1角、5分、2分、1分的10种主辅人民币，合计为18元8角8分……"

这位记者提出这样的问题，有两种可能性，一个是嘲笑中国穷，实力差，国库空虚；二个是想刺探中国的经济情报。周总理的回答，幽默风趣，让人折服，获得全场的一片掌声。同样，如果用智商的高低去衡量，我想在如观察力、分析判断能力、思维能力、应变能力、推理能力等方面表现出了周总理过人的才气。

二、智商的检测

要了解一个人智力的高低，需要进行科学的测试。第一个智力测试的方法叫比奈·西蒙智力量表。是由法国人比奈·西蒙由 1905 年制定的，发展到今天，已经有几十个各种不同的智力测试方法，包括很多项目，涉及很多内容，不同的国家和地方（单位）选取的测试题目有异，数量也不等，少则十几个，多则几十个。下面是我从相关测试题中精选的 10 个题目，解答后再进行简单的分析，用来加深家长们的理解。

1. 选出不同类的一项。○ A. 蛇　○ B. 大树　○ C. 老虎

2. 男孩对男子，正如女孩对____。○ A. 青年　○ B. 孩子　○ C. 夫人　○ D. 姑娘　○ E. 妇女

3. "9 7 8 6 7 5 ____"。请写出"____"处的数字

4. 望子成龙的家长往往____苗助长。○ A. 揠　○ B. 堰　○ C. 偃

5. 一、∧、▽、_ 。三个符号后面接下去的应是下面哪个。○ A. ×　○ B. J　○ C. □　○ D. ○

6. 我在排队，排在我前面有 5 个人，我后面的人比前面少 2 个人，队里总共有几人？

7. 数数右边有多少个三角形？

8. 一毛钱一个桃，三个桃核换一个桃，你拿 1 块钱能吃几个桃？

9. 小鸡和小鸭一起玩，可是一不小心小鸭掉到坑里了，小鸡怎样把小鸭救上来？

10. 一条船上有 75 头牛，34 只羊，问船长几岁？

1—7 题的答案分别是：B. 大树；E. 妇女；6；A. 揠；C. □；9；10。第 8 题的解题方案是：1 块钱买 10 个，吃完后有 10 个核。再换 3 个桃，吃完后有 4 个核。再换 1 个桃，吃完后有 2 个核，向卖桃的赊 1 个，吃完后剩 3 个核。把核都给卖桃的，顶赊的那个。所以，一共吃了 10 + 3 + 1 + 1 = 15 个桃。第 9 题：往坑里放水。第 10 题：没有答案。

在这 10 道测试题中，基本上包含了常识、理解、算术、类同、记忆、字词、

图像、排列、拼图、符号等这几个检测内容。

三、智商的划分

不用分析检测我们也知道，人的智商肯定有高有低。智商的高低会直接影响到一个人在社会上的成功与否。按照现在世界上通用的说法，正常人的 IQ 在 80—120 之间，其中 80—90 属于中下，90—110 属于正常，110—120 属于中上。70—80 属于低下，70 以下属于智力缺陷，120—130 属于上等，达到 130 属于超常，达到 140 基本就算天才了。

需要家长们明确的是：人类对于大脑的认识才刚刚开始，智商学说当然也有不科学的一面，更不能作为成功的决定因素。由于智商探究的时间不长，加上受限于样本的不足和人脑的特殊性，智商测试只能给出一个估算的范围而无法得出准确值，仅供人们参考。

另外，智商与遗传的确有较大关系，但是通过后天的努力还是能有一定的提高。若一个孩子智商在 70 以下也不能轻易说他弱智。因为智商的检测只能测孩子智力的当前水平，不能测孩子智力的潜在能力，因为孩子的发育受环境和教育的影响，在以后发展过程中会有变化。当前的智商检测还只能对孩子的智力做量的评估，不能做质的评估。智商仅是一个数值，不能反映儿童智力的差异，也不能表明一个人的学习成绩，更不能预测一个人未来的成就。有的心理学家认为人的智力应分 6 种，即语言智力，音乐智力，逻辑数学智力，空间关系智力，身体运动智力，自我认知智力。有时在测试时，由于孩子过于紧张影响测试结果，就不能说明孩子的真实情况。还有一个原因就是孩子的智商在 60—70 之间的，就必须结合孩子的社会适应能力进行分析评估，若其社会适应能力低于同龄儿童，智商在 70 分以下，才可考虑智力发育落后，应加强教育帮助。反过来对智商高的孩子也不能放松教育，小时被认为是低智商傻子和被认为是高智商的天才，长大以后倒着来的很多。

四、智商的作用

家长们可能会说，华老师您讲了这么多有关智商的问题，可我们平时没有感觉到与旁边的人有多大的差别呢？是的，在现代典型的智力测验中，设定主体人口的平均智商为 100，则根据一定的统计原理，一半人口的智商，介于 90—110 之间，其中智商在 90—100 和 100—110 的人各占 25%。智商在 110—120 的占 14.5%，智商在 120—130 的人占 7%，130—140 的人占 3%，其余 0.5% 人智商在 140 分以上，另有 25% 的人智商在 90 分以下。另据我国科学家证实，不同民族、不同性别和不同血型的人的智商，并无明显的先天差异。也就是说，处于普通智商的人最多，智商特别高、特别低的人都是少数，即中间大，两头小。

在现实生活中，极大多数领域，比如做做普通的工作，处理日常的生活等事情，我们基本上感觉不到智商的高低，但如果你细心一点的话，就会马上感知到。比如做同样一件事，甲需要 10 分钟，乙则只需要 9 分钟甚至更短；同样是烧一只菜，甲烧出来的菜既不好吃又不好看，乙烧出来的菜又好吃又好看。现在不是全民炒股吗？为什么有的人越炒钱越多，有的人却越炒钱越少，个别的甚至倾家荡产的也有，这就是智商高低的缘故。韩国的围棋选手李昌镐与中国的围棋选手常昊进行过多次比赛，但比来比去总是李昌镐第一，常昊第二，既让人百思不得其解，也让人扼腕叹息。后来，经过测试，终于知道了问题的所在：李昌镐的智商是 139，常昊的智商是 138，仅仅相差 1。

说到这里，家长们会想：哦，智商越高人越聪明；会想：要是我孩子的智商能达到 120 甚至 130 以上，那该有多好。想着想着，家长们的脑子里自然而然地会蹦出一个关键性的问题，那就是——我孩子的智商能提高吗？如果"能"，又有什么方法和路子呢？

要回答这个问题，首先得让家长们明白两点：

其一，我不是科学家，也没有这方面的专业知识，但我们相信科学，尊重科学。

其二，现在我们假设人的智商天生就有差别，根据科学家的研究，也是可以通过饮食、充分的休息、经常动脑筋等方法来提高智商的，因为后天的培养和调节同样至关重要。

下面我就有关科学家的研究成果，经过归类取舍以后选取 10 种方法，提供给家长们。

五、提高的方法

1. 通过调整饮食提高智商

粮食类。如小米含有丰富的蛋白质、脂肪、钙、铁、维生素 B_1 和 B_2 等营养成分，有"健脑主食"之称。小米中所含的维生素 B_1 和 B_2 分别高于大米 1.5 倍和 1 倍，其蛋白质中含有很多的色氨酸和蛋氨酸。临床观察发现，吃小米有防止衰老的作用。如果平日常吃点小米粥、小米饭，将有益于脑的保健。玉米胚中富含亚油酸等多种不饱和脂肪酸，有保护脑血管和降血脂作用。尤其是玉米中含水量谷氨酸有些高，能帮助促进脑细胞代谢，常吃些玉米尤其是鲜玉米，具有健脑作用。

蛋类。如鸡蛋、鹌鹑蛋等含有丰富的蛋白质、卵磷脂、维生素和钙、磷、铁等营养成分，是大脑新陈代谢不可缺少的物质。大脑活动功能，记忆力强弱与大脑中乙酰胆碱含量密切相关。实验证明，吃鸡蛋的妙处在于：当蛋黄中所含丰富的卵磷脂被酶分解后，能产生出丰富的乙酰胆碱，进入血液又会非常快地到达脑组织中，可增强记忆力。国外研究证实，每天吃一两只鸡蛋就可以向机体供给足够的胆碱，对保护大脑，增强记忆力大有好处。

奶类。牛奶是一种近乎完美的营养品。它富含蛋白质、钙及大脑所必需的氨基酸。牛奶和酸牛奶（钙更多）中的钙最易被人吸收，是脑代谢不可缺少的重要物质。钙能增强人们的自我克制能力，缺少钙会导致人易于激动。此外，牛奶还含有对神经细胞十分有益的维生素 B_1 等元素，如果用脑过度而失眠时，睡前一杯热牛奶有助入睡。牛奶还含有乙酰典肉毒碱，能保护大脑防止出现衰老情况。

鱼类。鱼类可为大脑提供丰富的蛋白质、脂肪酸，钙、磷、维生素 B_1、维生素 B_2 等，它们均是构成脑细胞及增强其活力的重要物质。淡水鱼所含的脂肪酸多为不饱和脂肪酸，不会引起血管硬化，对脑动脉血管无危害，相反，还能保护脑血管、对大脑细胞活动有促进作用。此外，牡蛎是最好的含锌食物，可以防止智力下降和记忆力减退。记得以前我听一位专家讲营养的时候，有一句顺口溜是这么说的："吃多条腿的还不如吃四条腿的，吃四条腿的还不如吃两条腿的，吃两条腿的还不如吃没有腿的。"这里"多条腿的"是指虾、螃蟹等水产品，"四条腿的"是指猪、牛、羊等动物，"两条腿的"是指鸡、鸭、鹅等家禽，"没有腿的"就是指鱼。可见，鱼的营养很丰富。

肉类。羊肉含有焦性谷氧酸酯，能增强人们的记忆力和学习能力。一些动物的肝、肾脏富含铁质，铁质是红细胞的重要组成成分。经常吃些动物肝、肾脏，体内铁质充分，红细胞可为大脑运送充足氧气，就能有效地增强大脑的工作效率。

豆类。如大豆和豆制品含有约40%的优质蛋白质，可与鸡蛋、牛奶媲美。同时，它们还含有丰富的卵磷脂、钙、铁、维生素 B_1、维生素 B_2 等，是理想的健脑食品。此外，扁豆是一种含有丰富维生素 B_1 的食品。它有助于增强智力和体育运动中的反应能力。

干果类。包括花生、核桃、葵花籽、芝麻、松子、榛子等，均含有大量的蛋白质、不饱和脂肪酸、卵磷脂、无机盐和维生素，经常食用，对改进脑营养供给非常有益处。如花生中富含卵磷脂和脑磷脂，它是神经系统所需要的重要物质，能延缓脑功能衰退，抑制血小板凝集，防止脑血栓形成。人类经过实验已经证实，常食花生可有所改进血液循环、增强记忆、延缓衰老，是名副其实的"长生果"。核桃中所含的油脂可供给大脑基质的需要。核桃中所含的矿质元素锌和锰是脑垂体的重要成分，常食核桃有益于脑的营养补充，有健脑益智的作用。又如枣，含有丰富的维生素C，100克鲜枣内含维生素C380—600毫克，酸枣则更多，高达1380毫克。

蔬菜类。黄花菜富含蛋白质、脂肪、钙、铁、维生素 B_1，均为大脑代谢所需要的物质，因此，它被人们称为"健脑菜"。洋葱富含葡萄糖激肽，它能降低血糖含量。血糖含量过高可能导致脾气暴躁，注意力不集中和孩子说大话。胡萝卜含有极为丰富的抗氧化剂，能延缓人的衰老过程。菠菜虽廉价而不起眼，但它属健脑蔬菜。由于菠菜中含有丰富的维生素A、C、B_1 和 B_2，是脑细胞代谢的"最合适供给者"之一。此外，它还含有大量叶绿素，也具有健脑益智作用。辣椒的维生素C含量居各蔬菜之首，胡萝卜素和维生素含量也非常丰富。辣椒所含的辣椒碱能刺激味觉、增加食欲、促进大脑血液循环。近年有人发现，辣椒的"辣"味还是刺激人体内追求事业成功的激素，使人精力充沛，思维活跃。辣椒生吃效果更好。

水果类。人在注意力不集中时，最好吃一个苹果。它含有丰富的抗坏血酸，对于人体铁的吸收是绝对必要的。苹果能平静人们过于活跃的思想，帮助人们把注意力集中到最重要的事情上。香蕉含维生素 B_6，它能减弱人们的抑郁情绪。缺乏维生

素 B_6 将使人们记忆力减退。橙子的最大优点就是富含维生素 C。维生素 C 摄入量过少会造成体质虚弱，无精打采和智力下降。橘子含有大量维生素 A、B_1 和 C，属典型的碱性食物，可以消除大量酸性食物对神经系统造成的危害。考试期间适量吃些橘子，能使人精力充沛。此外，柠檬、广柑、柚子等也有类似功效，可代替橘子。葡萄富含维生素 B_{12}。它能以此增强学习能力和集中注意力。葡萄还含有苹果酸，其重要性在于把铝排出大脑。苹果酸也能预防人的老年性痴呆病。菠萝是一种极好的含有血清素的水果。血清素能止疼，调整睡眠和感情的细微变化，它对大脑极为重要。菠萝含有非常多的维生素 C 和微量元素锰，且热量少，常吃有生津、提神的作用，有人称它是能够增强人记忆力的水果，是一些音乐家、歌星、演员和主持人最喜欢的水果，因为他们要背诵大量的乐谱、歌词和台词。

2. 通过合理的休息提高智商

人经过一晚的睡眠，大脑得到了充分的休息，早上醒来半小时后是人一天之中智商最高的时候。人的大脑工作 5 个小时后，到了中午 12 点，大脑很累了，这时人的精神会很差，智商比较低。就拿我自己为例，几年前的一个午后，我从宁波办完事回慈溪家里，人已相当疲劳，昏昏沉沉的。当车开到九龙湖公墓路段的时候，连右侧的半个车轮已经在路基外了也不知道，车子差点翻到落差有 2 米多的苗木地里酿成车祸，惊出一身冷汗。所以，有条件的话，最好午后小睡一会儿，就是打一个盹也行。中午睡不睡，下午的工作效率是不一样的，当然，上午很晚起床和习惯不午睡的人例外。到了晚上 10 点钟，人的大脑工作了一天，非常疲惫，这时人的智商非常低。充足的睡眠可以让大脑休息，提高明天的智商。晚上不要喝水，睡觉的时候不要想事情，以免影响睡眠质量。

3. 通过调节情绪提高智商

人在高兴的时候智商会提高，人在疲劳、慌张、激动、悲伤、恐惧、害怕、郁闷、着急、紧张、愤怒、烦躁、冲动、急躁的时候智商会下降，也往往会做出傻事。所以为了提高我们的智商，一定要忘记痛苦的事情，多想一想快乐的事情。一定要控制自己的情绪，不要大发脾气，不要大吼大叫，一定要做一个淡定、乐观、坚强、幽默的人。就在前几天，某镇一条大街上就发生了两位小车的驾驶员打架的情况。事情的经过是这样的：甲车车主把车停在大街上，乙车开过来无法通过，就叫甲车车主移动一下汽车，让一下。不知是没有听到，还是故意不让，甲车没动。乙车车主因为家里有事，心里比较着急，见甲车不让，就开口骂了一句，结果可想而知，两人都跳下车子动了手，打得头破血流，最后双双进了医院……我们不是经常在看电视吗，你看谍战片中的那些特工，在与对手交谈的时候多么冷静，明明知道对方是自己的敌人还谈笑风生，若无其事，就是在生死关头也沉着应对，到最后完成艰巨的任务。试想：如果甲、乙两车的车主当时都冷静一点，都淡定一点，事情的结果还会这样吗？如果一个特工遇事冲动、不能控制自己的情绪，他还能长期潜伏吗？答案当然都是否定的！

4. 通过学习提高智商

人的潜能是无限的，大部分人的潜能没有被开发出来，只有不断地学习，才能开发我们的潜能，获得成功。相信自己，你不是不聪明，只是你的潜能没有被开发出来。多和比自己能力强的人在一起，多和聪明人在一起，向他们学习，人的智商就会提高。农民通过拜老农为师，学会了怎样种地；工人通过拜师，学会了操作机器制造各种产品；新战士通过部队老战士和领导的训练指导，学会了使用兵器；我们家长在更年长的家长的指导下，学会了烧菜、做饭；通过向别人请教或短期培训，学会了使用手机、电脑等等。在实际学习中，同一个指导者，不同的学习个体，他们学到的技术会有高低之分。为什么呢？这就牵涉到了学习者的学习方法和努力程度。要学得好，学得精，甚至青出于蓝而胜于蓝，我认为应要求孩子做到以下五点：

（1）会倾听，让孩子的耳朵竖起来

倾听是一种能力、一种素质。根据孩子的年龄特点，家长在平常的交谈和日常生活中要向孩子渗透并利用一切可利用的时机，让其从体验中领悟倾听的重要性。请家长们看一则中国新闻网转载日本新华侨报网的报道：

一个3岁的女孩子，她要上幼儿园的小班。第一天上学的时候，小女孩穿好衣服出来，爸爸一看马上就想说："哇，你赶快回去换衣服。怎么穿得乱七八糟的！"原来她不但穿了长裤也穿了裙子，里面衣服的袖子比外套还长，颜色也搭配得很奇怪。这时妈妈比较沉着，她示意爸爸先不要说话。这时娃娃车也来了，妈妈让她先

上学去了。

结果下课回来，小女孩就跟妈妈说："都是你，你害我在学校被大家取笑。"妈妈这时候就趁机跟她说："我有没有教过你怎么穿衣服呢？有没有说过穿了裙子就不要穿裤子了呢？"小女孩点点头，说："是好像说过，可是，我没有听清楚啊！"妈妈又说："所以，听妈妈的教导很重要，你以后要认真听妈妈的话哦。"经过这样的沟通，小女孩就认识到倾听的重要性了。

家长们可以设想一下，如果爸爸叫女儿当场就换掉衣服，那么小女孩可能到很大了还不知道要为自己的行为负责。这个妈妈就不一样了，她愿意放手让女儿去犯一次错误，虽然女儿被同学取笑，但妈妈借此来教育孩子应该为自己的行为负责，并且获得了较好的效果。

在学校，老师对学生的倾听就有要求：同学发言时，其他人不能有声音，即使有不同的观点也一定要让别人说完后再补充或质疑，可以不用举手，直接站起来说。当听同学发言时，要耐心、静心、用心，听清楚他们发言的内容，对他们的观点进行归纳，想一想他说的有没有道理。学校的课堂上，老师对学生听的姿势也有明确的要求。比如，听老师或同学读书时，眼睛要看着书，而不是东张西望。听老师讲话时，要看着老师的眼睛。如果同学的回答与自己的思考相一致，则以微笑、微微点头表示认可或赞同。如果有不同意见，先不要打断别人的发言，而应耐心听完后再发表自己的看法等等。

最后，我想告诉家长，让孩子学会倾听要做到"五心"，即：一要专心，无论是听老师讲课，还是听同学发言，脑子里不想其他的事；二要耐心，不随便插嘴，要听完别人的话，才发表自己的意见；三要细心，当别人的发言有错时，要求学生学会评价，做到不重复他人的意见，自己的意见要建立在他人发言的基础上或者提出更新颖的想法；四要虚心，当别人提出与自己不同的意见时，要能虚心接受，边听边修正自己的观点；五要用心，在听取他人意见时不能盲从，要有选择地接受，做到"说""听""思"并重，相互促进。家长可教给孩子一些比较方便可行的方法：一是猜想其他人会说什么；二是对别人的观点进行归纳；三是想想别人说的有没有道理。这是一种十分有效的倾听方法，经过一定时间的训练，孩子就能学会先听后说，想好再说，真正养成倾听的习惯，真正掌握"倾听"这把金钥匙！

（2）会观察，让孩子的眼睛亮起来

观察是孩子认识世界、获取知识的主要途径，儿童的观察能力也是在观察活动中发展起来的。孩子观察力的发生、发展比起其他能力相对要早一些，因此在儿童早期心理发展中发挥的作用就更为显著。充分利用科学启蒙活动的优势，教孩子在观察中学会观察，是科学启蒙活动的教育目的之一。

学生在校要写作文，家长也希望孩子有较强的写作能力，可有些孩子的作文内容空洞无物，或记流水账，或废话连篇。我们知道写作是离不开观察的，观察力强的学生往往能把一件事描写得形象逼真、生动具体，特别是能把烘托主题的某些细节描述得很入微，而观察力较差的孩子往往只看到事物的大概，见树不见山，作文内容怎能不空洞呢？

唐代著名诗人白居易有两句诗曰："人间四月芳菲尽，山寺桃花始盛开。"后人对此颇有疑问，为何同在四月里，一个"芳菲尽"，一个"始盛开"呢？宋代大科学家宋括开始对此也大惑不解，直到有一次他登山游历，时值四月，发现山下桃花已谢，而西山上的桃花正在盛开，方才恍然大悟：原来山上山下气候不同，才有此奇观。由此十分叹服白居易的观察力。

我国古代著名工匠鲁班因茅草割破手指而细心观察，发现了茅草叶边缘的小齿，从中受到启发，发明了锯子，人人皆知。

古今中外，又有多少科学家、文学家的不朽发明、传世之作，不是在对外界事物敏锐的观察中产生的？既然观察在人的创造性活动中具有如此重要的作用，怎样才能培养孩子形成较强的观察力呢？首先，培养孩子有目的性地进行观察。小孩子的心理带有很大的无意性，他们还不会有意识、有目的地进行观察，经常被事物表面的一些新异的特性所吸引，而看不到事物本质的、全面的特征。因此家长在科学启蒙活动中可以根据观察内容帮助孩子确定目的要求，逐步引导孩子学会根据任务来进行有目的的观察，这样的观察才能深入细致，才能有意识地采集信息，使观察富有成效。其次，是指导孩子制订观察计划。学会制定观察计划是培养孩子观察力的又一个方面。年龄较小的孩子在观察中往往无次序、无规律，左顾右盼。成人可以指导他们先观察什么，后观察什么。可以按照事物本身的先后顺序，也可按照从外到内、从局部到整体的原则。这样做有利于培养孩子的观察习惯，学会制订观察计划，为以后的独立观察打下基础。再有，家长要帮助孩子掌握一些观察方法。基本的观察方法有：

①记观察日记，这样可以掌握事物的发展变化过程。

②在观察中提出问题，这样可以引导观察的进一步深入，揭示事物的本质。

③运用多种感官去感知事物的不同特征，这样可以使观察更全面。

总之，观察是孩子提高技能活动中最基本、最常用的一种方法，要让孩子在观察中学会观察。从不同的时间、地点，不同的角度、方位仔细察看，这样获得的结果就比较全面、正确。

（3）会思考，让孩子的大脑转起来

先给家长们举一个例子：

18 岁的茜茜想去参加舞会。她问爸爸："我想参加舞会，可以吗？"爸爸本来想直接告诉她可以或不可以，但马上念头一转，说："你说呢？你觉得可不可以？"女儿愣了一下，开始估算自己的功课还有多少没写，考试会不会受到影响，然后告诉爸爸说，她可以参加舞会。接着她又问爸爸："那我几点回家？"爸爸本来要脱口而出说11 点前一定要回家，不过他忍了下来，又反问女儿："你说你几点回家？"女儿又开始估算，舞会结束的时间、要搭谁的车、要先送谁回家……最后她跟父亲说："我11：30 可以回家。"父亲笑笑说："好，那你就11：30 回家。"这时女儿觉得爸爸不太对劲，跟平常不一样，又接着问："那如果我11：30 还不回家呢？"这时父女俩相视而笑，因为他们都知道，女儿会为自己作的决定负责。

这些教养孩子的方式，就是要让孩子学会思考。

（4）会表达，让孩子的嘴巴动起来

有疑问不说出来别人怎么知道，有想法不说出来别人怎么了解，对不对？学会了某项技能，有很多时候还需要你说给别人听。比如你办厂，你总得跟客户进行有效的沟通，把你产品的性能、操作方法、优点介绍给对方，让对方愿意跟你做生意，乐意接受你的产品，所以，表达很重要。对小孩由于好奇心所激发的各种各样的提问，不能压制，更不能嘲笑和讽刺，做家长的要给予耐心地回答。要鼓励孩子不懂就问，不要装懂，更不要怕难为情；要经常鼓励孩子对某一件事情进行叙述，对于不完整、不正确的语句家长再进行适当的补充和纠正。孩子小时不是都非常喜欢听大人讲故事吗？家长们讲了故事以后，为锻炼孩子的表达能力，就可以要求孩子把刚刚讲过的故事复述一遍。当然，故事要由短及长，情节由简单到复杂，要循序渐进。家长们如果能这样去做的话，就不怕孩子的口才不好。

（5）勤练习，让方法成为技能

有想法不去行动就是空想，光说不练就是耍嘴皮子。知道了怎么做而不去做哪有结果？做任何事情都需要行动和付出。

东晋大书法家王羲之自幼苦练书法。他每次写完字，都到自家门前的池塘里洗毛笔，时间长了，一池清水变成了一池墨水。后来，人们就把这个池塘称为"墨池"。王羲之通过勤学苦练，终于成为著名的书法家，被人们称为"书圣"。古今中外有许多由于勤学苦练而获得成功的例子。中国有一句成语，叫"百炼成钢"，做任何事情，只有经过不断的刻苦练习，始能成为这一方面的专才。

上面所说的一些技能主要是通过教和学获得，是"师傅"和"徒弟"双方现场互动的结果。还有一种通过学习提高智商的方法就是拜书为师。一本好书可以影响孩子的一生。读书不仅可以增长知识，还可以增加见识。俗话说："秀才不出门，能知天下事。"就是这个道理。多读书，有助于拓宽孩子的知识面，使孩子更容易融入社会。

5. 通过勤奋努力提高智商

"刀越磨越亮"，经常动脑筋的人的智商会越来越高，老年人得"老年痴呆症"，就是因为长期不动脑筋的缘故。

我们人人熟知的爱因斯坦。1905 年，他获苏黎世大学哲学博士学位，并提出光子假设，成功解释了光电效应，因此获得 1921 年诺贝尔物理学奖，同年，创立狭义相对论（其中在 1915 年的时候创立了广义相对论）。爱因斯坦还为核能开发奠定了理论基础，在现代科学技术和他的深刻影响下，核能在广泛应用等方面开创了新纪元，被公认为是继伽利略、牛顿以来最伟大的物理学家。1999 年 12 月 26 日，爱因斯坦被美国《时代周刊》评选为"世纪伟人"。大家可能不知道的是他 3 岁多还不会说话，9 岁时说话还不流畅。小时候做小板凳做不好，很粗糙，一只脚还是歪的，老师甚至在课堂上说："还有谁看到过比这更糟糕的小板凳吗？"在哄堂大笑中，爱因斯坦红着脸站起来说："我想，这种凳子是有的！"说着，他从课桌里拿出两个更不像样的凳子，说："这是我前两次做的，交给您的是第三次做的，虽然还不行，却比这两个强得多！"爱因斯坦也就是那些年被校长认为"干什么都不会有作为"的笨学生。爱因斯坦去世后，普林斯顿医院的顶级医师托马斯·哈维把他的

大脑悄悄带回家中，浸泡在消毒防腐药水里，后来又用树脂固化，再切成大约200片，并亲自动手研究大脑，同时也给科学界提供切片进行研究。威尔特森的研究小组经过超过3000次的数据测试统计结果：爱因斯坦的智商只有146。而任意取100名普通人的大脑，按照当年的威尔特森规则智商就有125。爱因斯坦的事同时也说明：智力不是问题，问题是我们的培养、教育，甚至是潜移默化的影响；小时候成绩不怎么好，或者某一件甚至几件事做不好也不是问题，问题是我们后面的坚持和努力。我们都知道《龟兔赛跑》的故事，说的就是一只勤奋的龟战胜一只骄傲的兔的事例，我想用来说明这个问题是比较贴切的。

京剧大师梅兰芳年轻的时候去拜师学戏，师父说他生着一双死鱼眼睛，灰暗、呆滞，根本不是学戏的材料，拒不收留。但天资的欠缺没有使他灰心，反而促使他更加勤奋。他喂鸽子，每天仰望天空，双眼紧跟着飞翔的鸽子，穷追不舍；他养金鱼，每天俯视水底，双眼紧跟着遨游的金鱼，寻踪觅影。后来，梅兰芳的眼睛变得如一汪清澈的秋水，闪闪生辉，脉脉含情，终于成了著名的京剧大师。

华罗庚教授说："勤能补拙是良训，一分辛劳一分才。"意思就是：即使天资差些，只要勤奋，就一定能成功。

6. 通过听古典音乐提高智商

如果人类的大脑能与之共鸣或者能很快接受音的旋律和节奏，那么我们称这种音乐为智音。也就是通常人们在说的音乐能提供智商的来源，但实际上并不是所有的音乐都能提高智商。一些研究表明，古典音乐的音波对人类的大脑产生的刺激能提高智商，更普遍的说法是音乐神童莫扎特的音乐能够提高智商。古典音乐能提高智商的另一根据就是爱因斯坦，爱因斯坦很喜欢听音乐，不仅如此，爱因斯坦对子女也要求他们接受音乐。

有趣的是，美国佛罗里达州和加利福尼亚州的政府早在几年前就立法规定每一名新生婴儿都必须获赠莫扎特与贝多芬的音乐激光唱片，因为研究显示聆听这两名大师的音乐能够提高儿童的智商。除此之外，他们也同样立法规定这两个州内的每一间托儿所都必须播放莫扎特与贝多芬的音乐让孩子们听，以便进一步为儿童营造一个能提升智商的环境。

那么，中国的哪些古典乐曲也有同样或者相似的功能呢？有人列出了这样10

首乐曲，它们是：《高山流水》《广陵散》《平沙落雁》《十面埋伏》《渔樵问答》《夕阳箫鼓》《汉宫秋月》《梅花三弄》《阳春白雪》《胡笳十八拍》。家长们不妨去试一试，至少，这些音乐能让人快乐，这是明摆着的事实。

7. 通过运动提高智商

美国科学家经过多年研究得出结论：坚持锻炼的人，在智力和反应方面明显高于很少锻炼（或极少运动）的同龄人。他们研究的主要依据是大脑活动所需的能量主要来源于糖，而大脑本身储备的糖极少。食物是血糖的供给源，运动能使人食欲大增，消化功能增强，促进食物中淀粉转化为葡萄糖，再吸收到血液中变成血糖，以源源不断地供给脑神经细胞。还有就是运动能改善血管硬化。血管硬化导致血液循环障碍，既是造成中风和冠心病的直接原因，也是导致大脑功能失调、思维及记忆力减退的重要因素。运动还会促使大脑本身释放脑啡肽等有益的生化物质。实验表明，运动后，脑组织中的核糖核酸会增加 $10\% - 12\%$。核糖核酸能促进脑垂体分泌神经激素，对改善人的思维能力和提升智力大有益处。运动能改善不良情绪，使人精神欢愉。运动还能有效预防和治疗神经紧张、失眠、烦躁及忧郁等症状，这些问题（或不良情绪）最易导致人的思维不灵、注意力减退和反应迟钝。所以，有人称运动是很好的"神经安定剂"，它使人心理更健康、头脑更聪明。

对于婴儿，加拿大的脑外科医生拉加扁说，婴儿出世后一天到晚都在睡觉，而且睡后就喝奶，喝饱后又继续睡。这种自然行为对许多父母而言是"乖宝宝"的表现，可对美国的专家而言，却是不明智的做法，这会白白错失了提升智商的良机。他说："婴儿最关键性的时刻就是在出生后的头两年。"很多家长在这两年内总是让孩子尽量睡觉，甚至每天让他们睡上 17—19 个小时，而且还自豪地到处夸奖自己的孩子很听话、不会吵闹。这是错误的认知。一味地让孩子睡觉，简直就是把孩子当成一盆花草、植物来养育，对孩子脑细胞的发育并没有多大用处。做父母的应该好好利用时间陪婴儿玩耍、对他们说话，让他们学习辨认各种声音。研究显示，要是父母经常和孩子沟通，孩子长大后将会比较懂得利用言语来表达自己，当然也比较聪明。

8. 通过鼓励提高智商

还有一个方法就是不断地给孩子以鼓励与信心，告诉他你能行，你能解决，你能完成。而不是你真笨，你真傻等等。这不是讲迷信，从科学的角度讲，是一种心理暗示法；从人际关系的角度讲是信任和鼓励。一个人在和谐和信任的环境里生活和工作，他的各种能量能充分发挥出来，他的智商也就来得高。

最后，我要告诉家长：智力不是重要的，比智力更重要的是意志，比意志更重要的是品德，比品德更重要的是一个人的胸襟！

第九讲　培育情商

　　三国里有一个响当当的人物，叫周瑜，长得很帅，智商高，会领兵打仗。据说毛主席评价周瑜是这样说的，"周瑜是个共青团员呐。"就是说周瑜年纪轻轻地就当了大都督。当时，几乎所有的老将都不服他。周瑜 33 岁的那年，火烧赤壁，打了大胜仗，这下，所有的人都服他了。但是，周瑜智商这么高的一个人，后来是怎么死的吗？是被诸葛亮气死的。临死时，周瑜仰天长叹，大叫了数声，"既生瑜，何生亮！"最后气绝而亡，年仅 36 岁。当时周瑜的事业正是如日中天，已经成功，并且还应该取得更大的成功，持续的成功。问题就出在周瑜顺利的时候趾高气昂，遇到逆境的时候，爱动怒、爱生气、心胸狭窄容不得人，所以，他不但没有取得更大的持续的成功，却因为生大气而过早地撒手人寰。

　　在现代社会也有这种情况。有不少神童，长大后没有像人们想象的那样有出息，为什么？有的学生虽然也很聪明，但是性格孤僻、怪异、不合群、不宜合作；有的自卑、脆弱，不能面对挫折；有的急躁、固执、自负，情绪不稳定；有的冷漠、易怒、神经质，与周围的人很难沟通；特别是有的以自我为中心，什么都是我，我，我，不关爱他人，不关心他人，总喜欢周围的人围绕他一个人转。有的大专家，智商特别高，做课题也可能是一把好手，也有一定的名气，但是他们与人合作方面还不尽如人意，对人苛刻挑剔，不能原谅人，不能宽容人，导致人们对这个大专家敬而远之，到后来成为孤家寡人。也有不少人，智力虽然不太出众，也不是太聪明，甚至大家认为他可能还是低智商的，但后来却成了大事业，成了大成就，取得了成功。

是什么原因导致这样的结果呢，是情商；是情绪、情感。情商是人成功的一个特别重要的因素。也就是说智商再高，情商不高不一定能成功，不一定能持续成功。而智商不太高，情商比较高，反而很可能成功。

一个人运作事情需要三种储备，知识、经验和智慧。知识是如何得到的？传授、读书；经验是如何得来的？智慧是如何得来的？悟出来的。有知识不等于有智慧。有一个故事是这样说的：一个老头对一个博士说，一个聋哑人到杂货铺买剪刀，聋哑人用两根手指不停地跟老板比划，老板终于明白了，他要买剪刀。博士，我问你，如果一个瞎子来买锤子，他应该怎么比划呀？博士毫不犹豫地说，应该这样比划（向下挥拳）。老头说，你真是一个博士，他说买锤子就行了。这是一个笑话。

智商虽然是成功的极其重要的因素，但是影响一个人一生的，更多的还是你的性格，你的世界观，你的价值观，你的耐心，你的信心，你的毅力，你的情绪，你的情感等这些品质，即情商。情商一般用 IQ 表示。美国有一个专门搞咨询研究的机构，他们调查了 188 个公司，测试了每个公司的高级主管，研究他们的智商、情商与他们的工作之间有什么关联。经过调查发现，情商的影响力是智商影响力的 9 倍。智商差一点的人，如果拥有更高的情商指数，完全可以获得成功。还有人这么说，智商是求职的通行证，情商是晋升的梯子。

我们未来的社会是高速发展的社会，人们遇到的是快节奏的生活，高频率的工作负荷，再加上复杂的人际关系，越来越激烈的竞争，人们会普遍感到心理的压力很大，只有高智商应付显然力不从心，还必须有高情商才能够适应社会，应对自如。现在好多家庭的孩子都过着饭来张口，衣来伸手的生活，做什么脑子都不用动，就像温室里培养出来的弱苗，试验基地里圈养的大熊猫，一旦种植到野外或放归大自然，生存都成问题，怎么还能在综错复杂的现实社会中明辨是非、脱颖而出？

那么，怎样对孩子进行情商教育呢？我认为要从小开始，同时也完全可以在普通的日常生活中进行。我简单地将它概括成 10 条，供家长们参考：

一、多动脑筋

生活中有些事情，只要我们稍微留意一下，总会想出许多解决问题的办法，因此要培养孩子勤于思考的习惯。一个男孩子因为腿短而无法爬上滑梯的第一级台阶，他央求妈妈把他抱上去，母亲告诉他："动动脑筋你就会有办法的。"小男孩想了想："把我的小推车拖到那儿，然后站上去。""很好，去吧，孩子。"母亲说。小男孩这样做了，一切变得十分容易了。让孩子多动脑的方法很多，比如多给孩子讲一些动脑筋的故事；多给孩子看一些开动脑筋的书籍；多让孩子玩一些动脑筋的游戏等等。对于一些孩子自己能解决的事，家长切不可包办代替。孩子解决问题遇到困难时，也不要急于帮助他，只在适当的时候给他一些建议。在孩子认识新的事物时，不要急于告诉孩子是什么，为什么，尽量给孩子一定的时间去发现。孩子想问题与成人不一样，没有束缚，常常"异想天开"，做家长应该予以肯定和鼓励。要鼓励孩子的创新精神和求异意识。例如，平时，要支持孩子在没有危险的情况下进行各种尝试。玩玩具和做游戏时，不一定非要孩子照一成不变的模式去做，不妨出点新花样。如出了差错，不要急于去责备孩子，最好帮助孩子分析一下，找到更妥当的方法，并告诉他什么是可行的，给他适当的提示，让他换个方法再试试。做对了就要给予鼓励。只要父母注意孩子多动小脑筋，遇事想办法，他就一定会成为聪明的有所创新的孩子。

另外，我建议家长平时让孩子学下象棋。下象棋确实能提高他们的情商。因为你这一子下去，必须得考虑对方会出什么棋，还得考虑自己接下去再出什么棋……棋越下得好，考虑的步数就越多，这样不断地练习，脑筋会越来越好，情商当然也就越来越高了。

二、多接触社会

有的家长很少让孩子出门，担心这担心那。孩子看到生人就哭、就躲，长大后易敏感、退缩。有的小孩子自私自利，缺乏团结精神，因而也很少有朋友，长大以后也会因人际关系紧张，而影响才能的发挥。所以，孩子懂事时就要让他适应新环

境，对胆小的孩子鼓励他多接触人，或主动站起来回答老师提出的问题，这一过程又叫脱敏。不给孩子机会，他的适应能力是不会自然萌发的。家长要多带孩子参加各种集体活动。在集体活动中，孩子会从实践中逐渐学会怎样与人相处、协商与合作并解决矛盾冲突。孩子在幼儿园或学校当了小干部，家长要予以积极鼓励和支持。

家长可以从孩子小时就让他们练习待人接物的方法，比如鼓励孩子与家里的客人主动打招呼；出门时鼓励孩子主动与陌生人打交道，如，问路、买票、购物等；家长也要适当带孩子去参加一些聚会、集体活动，让孩子见见各种场面，学习与各种人接触等。前些日子，一个我过去老同事的外甥女由她母亲带着来我家串门，主动叫我爱人大外婆，叫我大外公。中间她母亲和我们谈话的时候，她一会儿看看书，一会儿看看我们家里的其他物件，文质彬彬的非常讨人喜欢。末了，回去时同样主动地向我们摆摆手说："大外婆、大外公再见。"我爱人说："这是她们平时教育的结果，也肯定是母亲经常带她女儿外出见世面的结果。"

还有非常重要的一点就是尽可能多的让孩子与比自己聪明的、能力强的人多接触。花朵在空气新鲜的环境中，才能开得更美丽。卡耐基说，一个人成功需要三个步骤：为成功的人做事，同成功的人共事，用成功的人办事。

三、培养自信心

一个在体操方面很有前途的 12 岁小孩来见总教练，总教练没有当即让她表演体操，而给了她 4 只飞镖，要她投射到办公室对面的靶子上。那个小女孩胆怯地说："要是投不中呢？"教练告诉她："你应该想到怎样成功，而不是失败。"小女孩反复练习，终于获得成功。因此，在生活中，你应该告诉孩子，做任何一件事心里首先要想到成功，而不是失败，相信自己成功的人才能取得成功。下面是一位家长写的故事，题目叫《喝彩》，我们看了以后就应该有所体悟。

女儿 2 岁时患过脑膜炎，留下轻微的后遗症：记忆力较差，反应较慢。上小学后，成绩总是比别的孩子差一截，喜欢恶作剧的小同学背后喊她"笨孩子"，女儿常常气得哭鼻子。

7 岁时，女儿读二年级，还是全班的"尾巴"。尽管我们请了家教老师，每天都给她补课，但头天晚上教的，第二天一早就忘了。每天做家庭作业时，都得由我和孩子他爸轮番辅导。一次，做语文作业时，有一道题是要求模仿"青蛙的眼睛鼓鼓的，肚皮白白的"写一句话，女儿的作业本上写道："妈妈的眼睛鼓鼓的，肚皮白白的。"我一看气不打一处来，劈头劈脑地吼开了："你真笨到家了，全世界数你排名第一！"

谁知道那以后，女儿做作业时，一见我坐在旁边，就胆战心惊地左顾右盼，要么一个字不写，要么埋头写："我笨、我笨、我笨……"

看着女儿这副样子，我真是又生气又难过。一个双休日，我和丈夫带着女儿去医院看心理医生。医生是我的高中同学，她详细地问了女儿的情况后，又和女儿耐心地交谈，不断地夸奖女儿聪明懂事。她说女儿很正常，用不着看其他医生，最后竟让孩子她爸带女儿去逛公园。她留我谈心，问女儿考试的最高分是多少？我说，得过一次80分。医生又问："得到80分后，你们做父母的表扬过孩子吗？"我愣了一下说："80分在她们班上是很一般的，我们没有表扬。"医生说："同全班比较起来是一般的，但对她个人来说，就很不一般了，你们不能老盯着孩子的不足，应该学会为孩子的进步喝彩，哪怕是一点点微不足道的进步，你们都要给予她衷心的祝贺。英国有名的教育家史宾赛说过：'对孩子的一次喝彩，胜过百次训斥！'喝彩和鼓励，可以让自卑的孩子走出下陷的泥沼。"我想到女儿刚才听医生夸奖时的一脸灿烂，似乎看到了希望！

以后，我们听取了医生朋友的建议，再不用抱怨、责备、监督的目光看着女儿了。女儿回家做作业时，我们不再守在她的旁边说三道四，而是鼓励女儿好好做。女儿每次拿作业本给我们看时，我们就认真地夸奖她字写得很端正："今天的作业得了76分，比昨天多3分，有进步！"渐渐地，女儿脸上的笑容多了，说话的声音也响亮了。不久，家教老师高兴地对我们说，她的记忆力增强了，三次共听写60个生词，她只错了2个。期中考试到来的时候，女儿第一次向我们保证："我一定要争取考90分！"尽管只是一句"保证"，我和她爸爸却乐得眉开眼笑，因为这可是女儿破天荒的第一次呀，女儿有了自信心！考试成绩公布后，女儿竟考了96分，全班排名第四，班主任老师还亲自为女儿戴上了一朵小红花！

多为孩子喝彩，让孩子充满信心，孩子就会越来越优秀。

四、培养忍耐力

1960 年，著名的心理学家瓦特·米歇尔在斯坦福大学的幼儿园做了一个实验：他召集了一群 4 岁的小孩依次坐在一个大厅里，在每个人面前放了一颗软糖，对他们说，小朋友们，老师要出去一会儿，如果你能控制住自己不吃这颗软糖，老师回来后会再奖励你一颗软糖。如果你吃了它，我们就不再奖励。老师走出门外，躲在窗后观看。只见这群 4 岁的小孩看着软糖，进行着激烈的思想斗争。一段时间后，一些小孩把手伸出去了，然后又缩回来，又伸出去，再缩回来。就这样，有的小孩禁不住诱惑，开始吃了，但也有相当多的小孩坚持下来了。他们是怎么坚持下来的？一些小孩就数自己的手指头，努力着不去看软糖；一些小孩则把脑袋放在手臂上，努力使自己睡觉；还有一些小孩闭着眼睛数数，一二三四……老师回到教室后，当然给坚持住不吃软糖的小朋友再奖励一颗。但这事完了吗？没有。米歇尔就分析：他们凭什么坚持下来了？并且继续跟踪观察分析这些小孩上小学、上初中后的情况。他们发现，能控制住自己不去吃软糖的孩子，上了初中以后，大多数表现比较好，成绩也比较好，合作精神也比较好，有毅力。而控制不住自己，表现不好的，不光是读初中，进入社会以后的表现，大概也是如此。

软糖事件，这项并不神秘的实验使人们意识到，智力在人生作用方面的价值过去估计偏高，人生成功的作用还有其他因素，即忍耐力和自制力。这在心理学上叫延时效应，或延时满足。许多孩子做事虎头蛇尾，缺乏意志和耐性，长大以后事业上也少有成功。那么怎样培养孩子的忍耐力呢？比如，幼小的孩子急于喝奶时，不要马上满足他，让他哭一会儿，一边慢慢和他说话，一边拍他的后背，然后再给他吃，忍耐时间逐渐加长，从几秒到几分钟；对每次都把零花钱很快花光的孩子，家长可以说："如果你能忍住一星期不花零花钱，下周可以加倍给你，你可以攒起来买你需要的大东西了。"孩子遇到困难，家长不要马上给他帮助，而是鼓励他坚持一下，忍受挫折带来的不愉快，努力争取成功。生活是一种学习的过程，也是一种适应的过程，所以需要一种坚忍的精神。最初，强迫自己忍耐是一种磨砺，尔后，能驾驭自我的忍耐就是意志力的体现。

五、培养好奇心

英国文艺复兴时期最重要的散文作家、哲学家弗朗西斯·培根说："知识是一种快乐，而好奇则是知识的萌芽。"

平平是个聪明漂亮的女孩，一天，她问妈妈：为什么别人都夸我漂亮？妈妈自豪地说：你每天喝一袋牛奶，牛奶最有营养，能让人漂亮健康。平平立刻把一袋牛奶哗地倒进鱼缸里。妈妈见状，当即骂开了：那是人喝的东西，怎么能倒进鱼缸里？你看，这水我刚换好，现在又要重新换，你真讨厌！其实，平平只是想知道鱼儿喝了牛奶后，是否也会肤白体健。既然牛奶对人有好处，为什么鱼儿不能喝，她要亲自验证一下。这本是多么难能可贵的探索行为啊，但由于妈妈嫌麻烦，平平的探索行为受到制约。这件事的后果是，平平以后再有大胆新奇的想法，也不敢付诸行动了。

物理学家牛顿小时候看到苹果熟了，掉下来很好奇，他想，地球上的东西，失去了支持后为什么都掉到地上来，而不会向其他方向掉呢？后来，他终于发现了万有引力定律。爱迪生小时候对什么都感兴趣。对自己不了解的事情总想试一试，弄个明白。有一次他看见花园的篱笆边有一个野蜂窝，感到很奇怪，就用棍子去拨，想看个究竟，结果脸被野蜂蜇得肿了起来，他还是不甘心，非看清楚蜂窝的构造才行。我们都知道，爱迪生后来成了举世闻名的大发明家。

孩子对外界刺激最初是被动地接受，逐渐开始对周围的一切感到好奇，都想尝试去摸摸、看看，甚至会把玩具拆得七零八落，这是一种求知欲的表现，也是获得知识和技能的重要途径。如果家长什么都不让孩子动，不但使他失去了学习的机会，也会扼杀了他的积极性，将来你想让他有兴趣干点什么事，他也懒得动了。正确的方法应该是，家长对孩子感兴趣的事，在保证安全的前提下，放手让孩子去做。当孩子遇到困难不能解决时，才给予适当的指点启发。

六、培养乐观心理

有位秀才第三次进京赶考，住在一个经常住的店里。考试前两天他做了两个

梦，第一个梦是梦到自己在墙上种白菜。第二个梦是下雨天，他戴了斗笠还打伞。这两个梦似乎有些深意，秀才第二天就赶紧去找算命的解梦。算命的一听，连拍大腿说："你还是回家吧。你想想，高墙上种菜不是白费劲吗？戴斗笠打雨伞不是多此一举吗？"秀才一听，心灰意冷，回店收拾包袱准备回家。店老板非常奇怪，问："不是明天才考试吗，今天你怎么就回乡了？"秀才如此这般说了一番。店老板乐了："哟，我也会解梦的。我倒觉得，你这次一定要留下来。你想想，墙上种菜不是高种吗？戴斗笠打伞不是说明你这次有备无患吗？"秀才一听，更有道理，于是精神振奋地参加考试，居然中了个探花。积极的人，像太阳，照到哪里哪里亮；消极的人，像月亮，初一十五不一样。想法决定我们的生活，有什么样的想法，就有什么样的未来。

有一个老太太她不快乐，为什么不快乐，她焦虑。她有两个儿子，一个儿子是卖伞的，一个是染布的。天下雨，她焦虑，为什么？天下雨了，我的大儿子的布怎么晾得干啊？他不是染布的吗？天晴了，我的二儿子的伞怎么卖得出去？所以下雨她焦虑，出太阳她也焦虑。最后焦虑出病来了。有一个智者对她说，你换一种思维吧，天下雨你高兴，我二儿子的伞卖得出去了。天晴我也高兴啊，我大儿子的布晾得干了。我都高兴，下雨也高兴，出太阳我也高兴。老太太的病马上就好了，整天乐呵呵的。所以有时我们同时也要教育孩子换一个角度思考问题，那样的话心情就大不一样。俗话说得好：人逢喜事精神爽。人的精神好，学习、做事哪有不好的道理？

七、培养合作意识

先说一个"地狱与天堂"的故事吧：

牧师请教上帝：地狱和天堂有什么不同？上帝带着牧师来到一间房子里。一群人围着一锅肉汤，他们手里都拿着一把长长的汤勺，因为手柄太长，谁也无法把肉汤送到自己嘴里。每个人的脸上都充满绝望和悲苦。上帝说，这里就是地狱。上帝又带着牧师来到另一间房子里。这里的摆设与刚才那间没有什么两样，唯一不同的是，这里的人们都把汤舀给坐在对面的人喝。他们都吃得很香、很满足。上帝说，这里就是天堂。我不信教，只是想用这个故事来说明团结、合作的重要性。

　　猴子和大象都想吃对岸树上的果子。猴子无法过河，大象则无法上树。双方协商后，大象驮猴子过河，猴子上树摘果，它们都吃到了果子。这就是彼此取长补短，密切合作所取得的效益。

　　联合国前秘书长安南说："不论今后你们选择什么样的职业，都要学会与人合作相处。"这是秘书长 40 年外交经验的总结。美国哈佛大学的一个心理学教授，他把"与同事真诚合作"列为成功的九大要素之一，而把"言行孤僻，不善于与人合作"列为失败的九大要素之首。

　　合作能促进人更好地生存。现代社会日趋复杂，已经不是自给自足的小农经济，只有大家携起手来，互相合作，才能适应现代社会的发展和需要，才能促进科学的进步。"神舟"系列飞船的研制成功，是数以万计的科研人员共同合作的成果；抗击"洪灾""非典""禽流感"的胜利，是倾全国合作之力取得的最好例证。蚂蚁在前进途中突遇大火，众多蚂蚁迅速抱成一团，飞速滚动，逃离火海。试想一下，如果大家都争着逃命，假如没有团队合作精神，渺小的蚂蚁家族只有一个结果，那就是全军覆没！现在中国的大多数家庭都是独生子女，这些"小皇帝""小公主"们特别缺少合作的意识，在这样的社会条件下，如果再不培养合作精神，后果真的不堪设想。

　　社会是一个群体，很多事情都需要别人的帮助才能完成，很多事情都需要相互合作才能做好，也才能在社会上立足。任何一项事情光靠一个人单枪匹马的奋斗是不可能实现的，必须依靠群体的力量，这就要学会与不同的人打交道，并能取长补短。父母必须培养孩子与人合作的意识，训练孩子的合作行为，增强孩子的合作能力。

八、懂得法制法规

　　我们家长对孩子的语文、数学、英语等课程都很重视，但很少有人重视法制教育，这是不对的，要引起重视。可以这么说，青少年要么不违法犯罪或者犯错，如果有，其中一个重要的原因就是法制观念淡薄，许多人都是在对法制一无所知的情况下失足的。我们只有让孩子早学法，早知法，早懂法，及早树立法制观念，才有可能不至于做出违法犯罪的事来。与此同时，对孩子及早进行法制教育，孩子懂得

了一些法律常识后，就可以用法律武器来保护自己。

话说到这里，估计有许多家长会想、会说，我们也不懂法律，怎么教？教什么？是的，这是普遍现象，是历史造成的。好在近几年我们党和国家正在花大力气扭转这种局面，正在全国范围内开展普法教育，我们不但自己要补上这一课，还要给孩子上好这一课。

对家长自身来说，未成年的孩子做错了事，是要由他的监护人来承担法律责任的。法律还规定，家长对孩子不仅有监护权，还有抚养的权利和义务。另一方面，未成年人也是中华人民共和国的公民，也应享有公民的基本权利。作为一个人，孩子也需要有个人的生活空间，包括他不想让别人甚至是父母知道的生活内容，比如日记、信件，这些都是受到法律保护的。我国已经签署的联合国《儿童权利公约》中规定：儿童的隐私、家庭、住宅或通信不受非法干涉。如有家长认为孩子是我生的，我对孩子有教育的义务，我就有权去干涉孩子，这既不是一种好的教育方式，也是违反法律、法规的。

家长们对孩子的法制、法规教育可以在日常生活中入手。比如告诉孩子，上学不能迟到，上课不随便讲话，考试卷上不能乱贴乱画等。在 2003 年河北省的高考中，一位考生在答题之余，在卷面上画了一幅漫画像，并且注明，画的是他丑陋的数学老师。为此，该生数学高考成绩被扣 30 分。也有一个小学生在一次考试中，在试卷背面画了一幅画，被扣 10 分，该两生的家长好像遇到了千古奇冤。其实，本来就有规定，在试卷上写与考试无关的东西，应为零分，判卷教师其实是手下留情的。2006 年，一女生用双色笔在高考试卷上猛批所谓"应试教育"，被判零分。比如跟同学闹着玩时要掌握分寸，过分激烈的追逐打闹容易发生事故。学校里发生学生骨头摔断、眼睛弄坏基本都是由此而引起的。携带管制刀具，多次拦截殴打他人，强行索要他人财物，偷窃，参与赌博，吸食、注射毒品等则是很明显的违法犯罪行为。

更明白一点说，对于中小学生，关系特别密切的有《教育法》《城市卫生法》《食品卫生法》以及《未成年人保护法》等，还有《中学生守则》《小学生守则》等学校的各项规章制度。这些，都是需要了解和遵守的。

需要特别指出的是，家长如果发现孩子有以下 8 种行为，就必须高度重视，因为这很可能是孩子违法犯纪的前兆：1. 需要大量的钱，有时偷拿父母或别人的钱。

2. 经常外出，回家很晚，甚至夜不归宿。3. 与父母的交流越来越少。4. 经常讲粗话，骂人，特别喜欢暴力。5. 缺乏同情心，道德意识淡漠。6. 文化学习兴趣的急剧丧失。7. 对社会秩序和社会规范显得不在乎，不以为然。8. 对社会表现出明显的敌意。

九、学会生存技能

生存技能包括日常生活、交通出行和应对天灾等几个方面。我把它归纳成安全和生存两个方面。

1. 安全

安全是幸福家庭的保证，事故是人生悲剧的祸根。我们说安全第一，预防为主。安全的范围很广，在这里，我只能就日常生活中涉及的水、电、火、煤气和交通等几个方面的问题进行讲解。

孩子的安全维系着家庭的幸福，是家庭教育的重中之重。家长要通过多种方法和手段向孩子灌输相关知识，防患于未然。这些方法和手段，可以是直接教育，现身说法，也可以是间接教育，旁敲侧击。教育的目的就是要让孩子懂得和掌握日常生活中的安全要点，学会自我保护。先讲溺水：农村孩子发生事故的地方主要是在河流、池塘。家长要告知孩子不能去野外陌生的地方游泳，要到安全系数比较高的熟悉的池塘、河流去，并且一定要有大人陪同。除了游泳，玩水也是很不安全的，我们做家长的要教育孩子，平时在上下学时，不能在河边玩水，以免一不小心滑入河中。冬天河面结冰，不能在上面走。南方的冰比较薄，基本上都不能承受人身体的重量。其次是电：家里的电源插孔不能用手去摸，也不能用金属去插；家用电器不能带电拆卸；电器使用完毕或人离开时，要及时关闭电源。第三是火：告诉孩子不能在家里或房子周围随意焚烧废纸等物件，也不能在野外焚烧荒草、枯枝，一旦失火，小孩无法控制。第四是煤气：煤气使用时先开阀门，再开开关，使用完毕后关闭煤气的顺序刚好相反，千万不能忘记。电器使用不当要触电，煤气使用不当要中毒，除此之外还极易引起火灾。如果火灾发生，要尽快撤离火场。如果是在楼上，不要跳楼逃生，这样会造成不应有的伤亡。可以躲到居室里或者阳台上。紧闭

门窗，隔断火路，等待救援。有条件的，可以不断向门窗上浇水降温，以延缓火势蔓延。如果在高层，逃生不可使用电梯，应通过防火通道走楼梯脱险。因为失火后电梯竖井往往成为烟火的通道。并且电梯随时可能发生故障。在没有把握的情况下，可以将绳索（也可用床单等撕开连接起来）一头系在窗框上，然后顺绳索滑落到地面。火灾发生时，常会产生对人体有毒有害的气体，所以要预防烟毒，应尽量选择上风处停留或以湿的毛巾或布块保护口、鼻及眼睛，避免有毒有害烟气侵害。如身上衣物着火，可以迅速脱掉衣物，或者就地滚动，以身体压灭火焰，总之要尽量减少身体烧伤面积，减轻烧伤程度。

孩子平日里上学、放学，节假日外出、旅游，除了步行以外，还要骑自行车、乘公交车，路程更远的，要乘船，要乘火车高铁，所以，交通安全问题几乎是我们每天必须要面对的。告诉孩子，穿越马路要遵守交通规则，做到"绿灯行，红灯停"；要听从交通民警的指挥；要走人行横道线；在有过街天桥和过街地道的路段，应自觉走过街天桥和地下通道。在没有人行横道的路段，应先看左边，再看右边，在确认没有机动车通过时才可以穿越马路。家长不要认为遵守交通规则是小事情。每年全世界死于交通事故的人数达25万人以上。自汽车问世以来，全球死于车祸者已达3200余万人。以北京市为例，每年事故死亡的人中与行人有关的占20%，其主要原因就是行人不遵守交通规则。说到外出，不得不说一下其他的一些安全问题：年龄小的孩子要熟记自己的家庭住址、电话号码以及家长姓名、工作单位名称、地址、电话号码等，以便在急需联系时取得联系。外出要征得家长同意，并将自己的行程和大致返回的时间明确告诉家长。外出游玩、购物等最好结伴而行，不独来独往，单独行动。不接受陌生人的钱财、礼物、玩具、食品，与陌生人交谈要提高警惕。不把家中房门钥匙挂在胸前或放在书包里，应放在衣袋里，以防丢失或被坏人抢走。不搭乘陌生人的便车。不戴名牌手表和贵重饰物，不炫耀自己家庭的富有。携带的钱物要妥善保存好，不委托陌生人代为照看自己携带的行李物品，不接受陌生人的同行邀请或做客。外出要按时回家，如有特殊情况不能按时返回，应设法告知家长。如发现被歹徒盯上，要往人多的地方走，设法尽快脱身。如果孩子独自在家，要锁好院门、防盗门。如果有人敲门，千万不可盲目开门，应首先从门镜观察或隔门问清楚来人的身份，如果是陌生人，不应开门。如果有人以推销员、修理工等身份要求开门，可以说明家中不需要这些服务，请其离开。如果有人以家长同事、朋友或者远方亲戚的身份要求开门，也不能轻信，可以请其待家长回家后再来。遇到陌生人不肯离去，坚持要进入室内的情况，可以声称要打电话报警，或者到阳台、窗口高声呼喊，向邻居、行人求援，以震慑迫使其离去。不邀请不熟悉的人到家中做客，以防给坏人可乘之机。

在自然灾害方面就说一下地震吧：地震发生时，如在家里，要迅速钻到床下、桌下，同时用被褥、枕头、脸盆等物护住头部，等地震间隙再尽快离开住房，转移到安全的地方。地震时如果房屋倒塌，应待在床下或桌下千万不要移动，要等到地震停止再走出室外或等待救援。如果住在楼房中，发生了地震，不要试图跑出楼外，因为时间来不及。最安全、最有效的办法是，及时躲到两堵承重墙之间最小的房间，如厕所、厨房等。也可以躲在桌、柜等家具下面以及房间内侧的墙角，并且注意保护好头部。千万不要去阳台和窗下躲避。如果已经离开房间，千万不要地震一停就立即回屋取东西。因为第一次地震后，接着会发生余震，余震对人的威胁会更大。如果正在街上，绝对不能跑进建筑物中避险。也不要在高楼下、广告牌下、狭窄的胡同、桥头等危险地方停留。如果地震后被埋在建筑物中，应先设法清除压在腹部以上的物体；用毛巾、衣服捂住口鼻，防止烟尘窒息；要注意保存体力，设法找到食品和水，创造生存条件，等待救援。

在孩子成长的过程中，碰到不安全的事情其实还有很多，比如在日常生活中还有食物中毒、烫伤、家里进了盗贼、陌生人、高年级同学欺侮、诈骗、毒品等等；在自然灾害方面还有洪水、台风以及雷雨天的雷击等等。这些都需要我们家长潜移默化地、不失时机地进行教育、指导，告诉他们怎么防止，万一发生了怎么脱险。报警的电话最起码要记住一个110。

2. 生存

就以一个发生在外国的故事来说明它的重要性。

故事说的是一群在山里野餐的小孩子迷路了，他们在潮湿和饥饿中度过了恐怖的一夜，许多孩子因此都无望地失声痛哭："人们永远也找不到我们了——""我们要死在这儿了——"这时，有一个11岁的叫伊芙雷的女孩子忽然想起了什么，站出来说："我不想死！""我爸爸说过，只要沿着小溪走，小溪会把我们带到一条较大的小河，最终你一定会遇到一个小市镇。我就打算沿着小溪走，你们可以跟着我

走。"结果，这一群人在伊芙雷的带领下，顺利地穿出了森林。

伊芙雷的才能，其实不是天生的，是得益于她父亲后天的教育。

电视"科教频道"有一档节目，叫《大"真"探——荒野求生》《大"真"探——求生 1+1》等，是美国探索频道制作的写实电视节目。一个主角是英国冒险家贝尔·格里尔斯。基本上播放的是他从到人迹罕至的荒野开始直至遇见人类获救为止；另一个主角是埃德·斯坦福特。他在荒野什么都不穿，什么都不带，并且要在荒野生存十天、一个月甚至更多。另外两个分别是乔和科迪。每集电视里，他们都会首先来到沙漠、沼泽、森林、峡谷等不适合人类生存的境地求生。这档节目非常受观众的欢迎，我估计还会继续延续下去，里面的求生信息非常丰富，家长们不妨和孩子一起去看一看，这个比我们口头说教不知要好上多少倍！

十、进行挫折教育

在非洲大草原的奥兰治河两岸，生活着许多羚羊。动物学家们发现了一个奇怪的现象：东岸的羚羊不仅奔跑速度比西岸的羚羊快，而且繁殖能力也比西岸的羚羊强。

为了研究两岸羚羊的不同之处，动物学家们在两岸各捕捉了 10 只羚羊，然后把它们分别送到对岸。

一年后，由东岸送到西岸的羚羊繁殖到了 14 只，而由西岸送到东岸的羚羊则只剩下 3 只。这是什么原因呢？动物学家们百思不得其解——这些羚羊的生存环境是相同的呀……

后来，动物学家们终于找到了原因。

原来，东岸不仅生活着羚羊，在其附近还生活着一群狼。为了不被狼吃掉，羚羊不得不每天练习奔跑，使自己强健起来；西岸的羚羊因为没有狼群的威胁，过着安逸的生活，结果奔跑能力不断降低，体质也不断下降了。

这个事例告诉我们，生活在安逸环境中的动物往往过于脆弱，只有不断经受困难和挫折的人，才具有强大的生存能力。

回过头来再说说我们现在的孩子：小林是在家倍受疼爱的小男孩，只因要吃几粒进口糖，而堂姐让他留几粒给父母吃，于是就觉得大受打击，要上吊自杀。小丽因在校被老师批评了几句而跳楼自杀。我想，这样的事件我们都有耳闻。一些小事尚且如此，假使他们长大后，遇到更大的挫折，又会如何？很明显，产生的原因就是做父母的疼爱过头或者教育不当。但这里我们不去讨论，我现在要说的是怎样对孩子进行挫折教育。

1920年，有一位11岁的美国男孩在踢足球时不小心踢碎了邻居家的玻璃，人家索赔12.50美元。闯了大祸的男孩向父亲认错后，父亲让他对自己的过失负责。他为难地说："我没钱赔人家。"父亲说："我先借给你，一年后还我。"从此，这位男孩每逢周末、假日便外出辛勤打工，经过半年的努力，他终于挣足了12.50美元还给了父亲。这个男孩就是后来成为美国总统的里根。他在回忆这件事时说："通过自己的劳动来承担过失，使我懂得了什么叫责任。"当代物理学大师史蒂芬·霍金，在过完21岁生日后，被确诊患上"卢伽雷氏症"，除了大脑，身体的各项机能大部分严重损坏，只能永远坐在轮椅上。但他却以常人难以想象的毅力顽强地工作和生活着。他探索宇宙的起源，写出了著名的《时间简史》。由于他对量子宇宙的杰出贡献，1988年获得沃尔夫物理奖。俗话说："吃一堑，长一智。"据调查发现，大部分成功人士都曾经历挫折，也许，从某种角度说，要感谢挫折，挫折使人成熟，让人清醒，促人奋进。

下面是一位妈妈写的文章，里面通过一次溜冰的事例，记叙了自己怎样教育孩子的事，不长，但我想基本可以用来说明怎样对孩子进行挫折教育这个问题。

春天来了，孩子们像冬眠的动物们一样开始活跃起来。我们院子里又看到了滑旱冰的孩子队伍。我儿子开始迷恋。星期天，我们一起去买了旱冰鞋。回到楼下，他就迫不及待地穿起练习。谁想到重心不稳，接连摔了两跤。这两跤让他在眼泪中明白，滑行的潇洒并不容易，疼痛让他胆怯了。但看到小朋友们来去自如的身影，他眼中流露出羡慕的目光。最后，他把视线投向我。我明白他的意思，赶紧说："对不起，我还有事，没时间扶你。你自己扶着栏杆慢慢练习吧，相信你会成功的。"看我不扶他，想滑又不敢，脾气上来了："不练了，不练了，有什么了不起的！"边说边开始脱鞋。我开玩笑地激将他："哟！男子汉，就这点本事！看人家依伦也没用妈妈扶，怎么滑得那么好。"俗话说，知子莫如母，儿子最怕别人看不起他是男子汉了，而且好胜心强。听到我这样说，他又重新把鞋穿上，扶着栏杆站了起来，一脸的悲壮，有点不达目的不罢休的感觉。我趁机鼓励说："我的儿子真坚

强，你一定行。不要着急，找找规律，只要能找到重心，保持平衡，就成功了。"
整个下午，儿子都在楼下练习滑旱冰，我不知道他曾摔倒过多少次，也不知道他怎样爬起来的。在我下楼叫他吃饭的时候，我看到他已经跟在旱冰运动的队伍里了，满脸的汗水，滴滴都充满了成功的喜悦。

加强对孩子的挫折教育，增加他们的心理承受能力和面对挫折的能力，让孩子从小适度地知道一点忧愁，品尝一点磨难，这对培养孩子的承受力和意志，从而形成比较健康、健全的人格，在当前更加重要。

十一、保护自尊

孩子的成长并不是一帆风顺的，有成功也可能有失败，甚至也可能有不切实际的幻想。在遇到困难和挫折时更需要鼓励和支持，千万不要泼冷水。尽管他们的梦想对你来说是那么稀奇古怪，你应高兴的是他们拥有较强的幻想力，因为幻想力正是创造的导师。

有一位母亲第一次参加家长会，幼儿园的老师说："你的儿子有多动症，在板凳上连三分钟都坐不了，你最好带他去医院看一看。"

回家的路上，儿子问她老师都说了些什么，她鼻子一酸，差点流下泪来。因为全班30位小朋友，唯有他表现最差；唯有对他，老师表现出不屑。

然而她还是告诉她的儿子："老师表扬你了，说宝宝原来在板凳上坐不了一分钟，现在能坐三分钟。其他妈妈都非常羡慕妈妈，因为全班只有宝宝进步了。"那天晚上，她儿子破天荒吃了两碗米饭，并且没让她喂。

儿子上小学了。家长会上，老师说："这次数学考试，全班50名同学，你儿子排第40名，我们怀疑他智力上有些障碍，您最好能带他去医院查一查。"

然而，当她回到家里，却对坐在桌前的儿子说："老师对你充满信心。他说了，你并不是个笨孩子，只要能细心些，会超过你的同桌，这次你的同桌排在第21名。"

说这话时，她发现儿子黯淡的眼神一下子充满了光，沮丧的脸也一下子舒展开来。她甚至发现，儿子温顺得让她吃惊，好像长大了许多。第二天上学，去得比平时都要早。

孩子上了初中，又一次家长会。她坐在儿子的座位上，等着老师点她儿子的名字，因为每次家长会，她儿子的名字在差生的行列中总是被点到。然而，这次却出乎她的预料——直到结束，都没有听到。

她有些不习惯，临别去问老师。老师告诉她："按你儿子现在的成绩，考重点高中有点危险。"

她怀着惊喜的心情走出校门，此时她发现儿子在等她。路上她扶着儿子的肩膀，心里有一种说不出的甜蜜。她告诉儿子："班主任对你非常满意，他说了，只要你努力，很有希望考上重点高中。"

高中毕业了。第一批大学录取通知书下达时，学校打电话让她儿子到学校去一趟。她有一种预感，她儿子被清华录取了，因为在报考时，她给儿子说过，她相信他能考取这所大学。

她儿子从学校回来，把一封印有清华大学招生办公室字样的特快专递交到她的手里，突然转身跑到自己的房间里大哭起来，边哭边说："妈妈，我知道我不是个聪明的孩子，可是，这个世界上只有你能欣赏我……"

这时，她悲喜交加，再也按捺不住十几年来凝聚在心中的泪水，任泪水打在手中的信封上……

孩子做错事或弄坏东西都是在所难免的，不要老是数落孩子："你怎么这样不听话！""这个不能动，那个不能动。"这会伤害孩子的自信心和自尊心。不要怕孩子淘气给你添麻烦，而要多考虑什么有益于孩子的心理成长，因为孩子特别是幼儿的心理健康主要是指其合理的需要和愿望得到满足之后，情绪和社会化等方面所表现出来的一种良好的心理状态。家长也要克制自己简单和粗暴的教育方式。如果真是不让孩子玩某样东西，应该用转移注意力的方式把孩子的兴趣转移开。又比如，你的孩子今天数学作业 10 道题做对了 9 道，1 道做错了；写了满篇的字只有 3 个字写得好，剩下的其他字写得很糟。面对这种情况你如何反应？可以说 99% 家长的注意力集中在孩子没做好的部分，会说："还有一道题怎么没做对呢？这么简单的题目！你看你写的字，一塌糊涂！你在干嘛呢？你怎么写不好呢？"

一般情况下，我们会盯在孩子做错了的事情上。认为，我指出你的缺点，下次你会做好的。但真实的逻辑刚好完全相反的：今天孩子写 100 个字，只有 3 个是好字，我们要把眼睛只盯在这 3 个字上。"儿子，这几个字你能写得这么好！妈妈太

高兴了。"那 97 个字,闭上眼只当作没看见。孩子的心理是我写 3 个好字,能让妈妈高兴!马上有了上推力,下次他会写出 4 个、5 个、6 个好字,你不断地鼓励,最后孩子也练出了一手好字。

美国教育家曾做过这样的教学实验:有两个班级,天才班和普通班。这事只有实验的研究人员知道,老师不知道。分配时,搞实验的研究人员对老师作了相反的陈述。两位教师按照头脑中的观念对所教的孩子分别有了特定的态度。一年后对教学成绩进行测验时,奇迹发生了,普通孩子组成的 B 班真的成了天才班;而天才儿童组成的 A 班只达到普通班能达到的成绩。

这些事例都说明了一个道理:您的观念怎么样,孩子就会怎么样!

十二、给予自由

苏联有一位杰出的教育家、作家,叫马卡连柯。有位家长问他:"我的孩子现在衣来伸手,饭来张口,什么都不做,其实也什么都不会做,这到底是为什么?"马卡连柯反问:"你经常给孩子叠被吗?"家长:"是的,经常叠。"马卡连柯又问:"你经常给孩子擦皮鞋吗?"家长:"不错,经常擦。"马卡连柯说:"原因就在这里。"

父母的本意都是为孩子着想,怕孩子受伤,或者出什么问题,因此很多东西替孩子决定,很多事情代孩子办理,这样做看似杜绝了危险的出现,减少了问题的产生,但本质上却夺走了孩子自由成长的权利,"造就"了孩子的无能。因此,我的建议是父母应该给孩子自由的成长空间。因为孩子的能力,就是在动手的过程中形成的;孩子的自信,也是在自己做事的时候培养的;孩子的自主意识也是在父母放手的情况下才能逐渐养成;孩子对自我良好的认识与肯定,也是在身心投入的过程及其劳动的果实中确认的。而所有这些优良的品质、能力,都是孩子将来成功的基石,缺一不可。

父母给孩子以自由,一是要给孩子以自由的成长空间,让他有一个没有父母时不时干涉的小天地;二是要给孩子自由支配的时间,让孩子去做他想要做的事情;三是让孩子自己思考、自主决定,父母只提供建议,同时教给孩子管理自己的能力。下面我就用三个具体的事例来加以证明。

第一个事例：小勇是个上小学四年级的男孩。因为父母对他疼爱有加，所有的事情都为他包办了，所以小勇什么家务都不会做。父母还时刻担心他的安全，虽然学校距家很近，但是每天父母再忙也会抽时间去接送他。甚至在小勇与别的孩子玩时，小勇的父母也在一旁陪伴，怕小勇与别的小朋友发生矛盾，打起架来吃亏。父母几乎成了小勇的影子，除了上学时间不跟着小勇，剩下的几乎所有时间父母都陪伴在他的身边。小勇没有一点自由的空间，他感觉到憋闷、压抑、不开心。本应是快乐的童年，在小勇眼里却变得很沉闷。小勇不但不快乐，动手能力不强，还形成了懦弱的性格。不管遇到什么事情，他都向后退缩，没有自己的主见，没有独立的意识，没有向前的勇气。

第二个事例：赵鑫是个很贪玩的男孩子，学习不用功，每一次都需要妈妈监督才回家写作业。为了改变儿子贪玩的习惯，赵鑫的妈妈想出了一个办法。她知道孩子想要自由，就与赵鑫商量，如果他每天放学后把作业保质保量地完成，剩下的时间都由他自由支配，想做什么就去做什么。赵鑫听妈妈这样说，非常高兴，就同意了妈妈的要求。从此以后，赵鑫放学回家后第一件事情就是做作业，甚至有伙伴来找他玩，他也坚持先做完作业，然后才高高兴兴地跟伙伴们一起出去玩。一段时间后，赵鑫的成绩不但提高了，而且人也比以前快乐了许多。

第三个事例：林彬斌是个很有主见的孩子。他思路开阔，有很多的想法与主意。林彬斌的科任老师都说他以后有发展前途，有创造天赋，将来肯定会成为一个有建树的人。其实，林彬斌同别的孩子一样，并没有什么特别的天赋，只是他的父母不管做什么事情，都让林彬斌自己选择、决定，并且让林彬斌说出这样决定的理由，同时还引导林彬斌多从其他角度去考虑问题，让林彬斌自己去判断哪一种决定正确。这样坚持下来，林彬斌养成了习惯，不管遇到什么事情和问题，他都会自己思考一番，自己去作决定，并且从各个角度去周密考虑，所以他的思路比别人开阔，点子比别人多，主意也比别人的好。当然，父母怕孩子有危险、出问题的心情是可以理解的，但只要在孩子安全的基本前提下，父母应该给孩子自由的发展空间，由孩子自主地去决定要做的事情。

三种情况，得出三个结论：其一，父母应该给孩子独立自由的空间，只要孩子不伤害到自己，不侵犯别人，不破坏环境，孩子都可以自由自在地活动。父母还可根据条件给孩子安排一个独立的房间，在这里孩子享有充分的自由。孩子在其中休

息、玩耍、学习、发泄不满等，父母不擅自去干预，这对于孩子身心的和谐发展以及能力的培养都非常有益。

其二，在不影响孩子学习的情况下，给孩子充分的自由时间，有利于孩子学会自主地安排事情，提高生活的独立决断力。给孩子更多自由支配的时间，会使孩子更加快乐，学会独立思考，这些都可以为孩子创造能力的培养打下坚实的基础。

其三，父母当然要当好孩子的参谋，但在孩子发展前途的关口，父母千万不要把自己的意愿强加给孩子，不要代替孩子选择，更不要让孩子为实现父母的理想作出不情愿的选择和牺牲。父母只有从小就给孩子多一些自由的空间，让孩子自己去思考，自己去选择与决定，有意识地培养孩子开阔的思路，才能全面提高孩子各方面的能力与素质。

当然，因为孩子还小，父母给孩子以自由时，不是对孩子放任自流。父母要把握好一个度，既有放手又有关注，否则，本意再好都有可能带来不好的结果。

一个人情商的形成开始于幼儿期，形成于儿童期和少年期，成熟于青年期。

第十讲　婴幼儿教育

1920年，美国牧师辛格在印度发现两个"狼孩"，小的两岁，不久就死去了；大的约8岁，取名卡玛拉。这两个"狼孩"从狼窝里救出来的时候，她们的行为习惯和狼一样，白天睡觉，夜晚嚎叫，爬着走路，用手抓食。她们怕水，怕火，从不洗澡。在辛格的悉心照料和教育下，卡玛拉花了两年才学会站立，4年学会6个单词，6年学会直立行走，7年学会45个单词，并学会了用碗吃饭和用杯子喝水，到卡玛拉17岁去世时，她的智力仅仅相当于3岁儿童的心理发展水平。

人们在东南亚大森林里面找到了第二次世界大战时走失的日本士兵横井庄一。他远离人类，像野人一样生活了28年，人的一切习惯甚至包括日本话都忘记了，可是他获救后，人们只用了82天的时间训练，就使他恢复了人的习惯，适应了人类的生活，一年后还结了婚。为什么横井庄一过野人生活比狼孩卡玛拉多20年，但是他的教育和训练却比狼孩容易多了，其原因就是横井庄一没有错过受教育的"关键期"，由此可见"关键期"的重要性。

这两个例子告诉我们，儿童的教育有着一个"关键期"，它对于儿童智力的形成、能力的培养具有极其重要的作用。若错过了这个关键时期，相关的学习就得花几倍、几十倍的努力才能弥补，甚至永远无法弥补。

受中国传统教育的影响，有很多父母认为婴幼儿年龄小，不懂事，只要照料他们吃饱、穿暖、睡好、身体长好就行了，对于孩子的动作、语言、智力、情感等方面的发展都漠不关心，有的人甚至认为早期教育会损伤孩子的脑筋，有害孩子的身心发育，对婴幼儿的早期教育既缺乏正确的认识，也没有引起必要的重视。有不少

家长把孩子的早期教育视同于早期学科教育，孩子1岁以内学认字，3岁以内学外语。其实，会识字、会背诗只是简单的记忆模仿，并不代表孩子真正的智力和能力。还有一些家长，将早期教育等同于特长教育，认为学得越多越好，于是盲目攀比跟风，殊不知，特长教育一定要等发现孩子的兴趣点之后再开始。当孩子处于心智发展的关键时期时，急于给孩子灌输各种知识，拔苗助长，反而会使孩子对学习产生厌倦，继而失去信心，影响今后的成长，效果适得其反。

现代科学研究说明，人类生命的头三年是人生发展的基础时期，也是一个重要的教育时期，即上面所说的"关键期"。根据生理学家和心理学家的研究，人的大脑在婴儿出生以后第五个月到第十个月发育最快，到第二年末，就基本上完成了它的生长过程。在生命的头四年里，如果没有足以促使大脑发育的营养，特别是没有足够促使智力迅速发展的外界刺激的环境，将会使儿童智力的发展受到压抑。一个缺乏早期教育，或是教育方法不当的婴儿，他一生智力的发展将会受到严重的影响。

婴幼儿期的孩子正处于情绪情感和语言发展的关键时期，他们对这个世界充满了好奇心，我们做家长的特别是乡镇、农村的家长更要重点把握好语言、智能、体能、感官等婴幼儿身心发展的顺序和规律，采取鼓励性学习，创造快乐环境，开发其本身已有的潜能。开发他们的体能、想象力和社交能力；帮助记忆、提高语言的能力；以情为先、以养为主、养教结合，重在品格素养和潜能开发的早期教育。在培养孩子学习的兴趣的同时，培养孩子的方方面面，例如与人沟通的能力、乐观的品质等等，这才是正确的育儿方法。

一、掌握关键时期

宝宝在接受教育、掌握知识和技能的同时，也就发展着自己的智力。教育在儿童的智力发展中起主导作用，正确的不失时机的教育可使宝宝的智商大大提高。

研究证明，婴幼儿各种能力发展是有阶段性和时间性的，人们把这个时期称为学习某种技能的关键期，或称敏感期，错过这个时期，则难以掌握这种技能或者需要成倍的付出才能达到，我们做家长的切不可失去时机。

1—2 岁是心理发展的最佳时期

人在出生以后虽然在胚胎时期已经形成较完整的人体，但许多器官特别是大脑尚未发育成熟，不像某些动物，一生下来就会走路、自行觅食。人类在出生一年左右，才能做到很多动物生下来就能做到的事。因此，在人生开始的 1 年内，丰富多彩的各种刺激就会使人聪明起来。一个有良好教育的宝宝，在 1 岁时已经情感丰富，表情多变，开始萌发自我意识。单调的环境必然影响宝宝的心理发育，一些恶性的刺激则会使宝宝变得胆小，因此，此时的父母应将宝宝周围的环境安排得丰富多彩些。如抱他们去田野或街道，看看多彩的世界，看看五彩缤纷的田园风光，接受自然美的熏陶；可让他们看各种动物，比如各种家禽、小鸟等，提高婴儿观察的兴趣，发展其好奇心；经常抱婴儿去看看商店中陈列的各种商品、图片等，在观察的同时，对孩子进行亲切的解说。这样，不仅有助于发展孩子的视觉、感觉和听觉，丰富婴幼儿感性的知识，更重要的是为孩子良好的心理发展打下基础。另外，经常在大自然中出现能呼吸到新鲜空气，接受阳光的沐浴和活动四肢，使婴儿的身体健康成长。

2—2 岁左右是语言发展的最佳时期

宝宝在这个时期学习口头语言的能力提高最快。要想使宝宝既懂得中文又懂外语，只要用不同国籍的语言与其说话，宝宝可以无意中同时掌握两国甚至三国语言。我们学校的一位英语教师就是在这个时期教孩子英语口语，她的孩子现在 7 岁，已经能说不少的英语日常语言了。

在正常语言环境中，这个时期的宝宝学习口语最快、最巩固；相反，在这个时期完全脱离人类的语言环境，那么，后来就很难再学会说话，狼孩的情况就是这样。

3—3 岁左右是识字的最佳时期

婴幼儿还小，在教法上我们不能用灌输式，但可以在游戏中让宝宝接触、学习。父母可用卡片、图片、实物等提高宝宝识字的兴趣，让他在玩中学会认字。

4—4 岁左右是数字概念形成的最佳时期

这个时期可以引导宝宝认识数字，由简到繁，做些简单加减的演算。这个时期，也是宝宝对图像辨认的最佳时期，做父母的要多让孩子看图认识日常生活中的各种事物。

5—6 岁是想象力发展的最佳时期

此时，可以多带宝宝浏览参观，开阔视野，多讲一些童话故事，并给宝宝买一些智能玩具玩。

在宝宝智力发展的关键期，进行恰当的良好的早期教育，宝宝的学习效果就好，其智力也会得到最充分的发挥。

二、训练感觉器官

婴幼儿期孩子具体的教育、教学可以概括为以下几个方面，供家长们参考。

视觉：新生儿所在的房间要宽敞明亮，视力所及处要有鲜艳的物品。现在的家庭条件都普遍比较富裕，家长有能力也有条件做到这一点。为了使婴儿的视觉提早发展，可为他布置一个舒适的、色彩鲜艳的环境。如在婴儿睡床的周围，可为他挂一些红、绿、黄等色彩鲜艳的玩具或实物，放些鲜花或塑料花等；婴儿的衣服、被子等用品，最好也用不同的颜色制成。当婴儿醒时，通过观察，可刺激他的视觉，促使其相关功能的成熟。

听觉：不要避开人的声音，最好能有音乐存在。婴儿一般都喜欢音乐，通过悦耳动听的音乐，可以给婴儿快乐的刺激和满足。经研究表明，多听音乐的婴儿与一般发育的同龄儿童相比，眼神和表情要机灵得多，动作和语言也要早熟一些。但给孩子听音乐时要注意音量不要太大，同时音乐的声源不宜离孩子的耳朵太近，以免损害小儿的听力。如果有条件，家长又有较高的文化，年龄稍大一点就要有意识地让孩子听音乐看绘画，这是美育教育的范畴。爸妈与宝宝一起欣赏优美的音乐、给宝宝唱儿歌、打节拍，让宝宝在音乐中感受美，提高审美能力，而且爸妈会发现，音乐会令宝宝的表情、动作、容貌等透出优雅的气质。进而从美育切入，让宝宝接触真和善。绘画对刺激宝宝右脑发育，增强想象力、形象思维力，提高美的鉴赏力有极大的作用。爸妈可让宝宝翻阅各种彩色童话书、故事书并进行适当的讲解。家里的摆设也要有美的讲究，要以感染、熏陶宝宝为前提。

嗅觉：让宝宝经常闻闻各种各样的气味，但要注意不能太浓烈。

味觉：让宝宝经常品尝酸甜苦辣的滋味，但同样也要注意不能太浓，气味和滋味要保证对人体无害。

触觉：经常抱宝宝，并有意识地用软、硬等不同材质的东西触碰宝宝，让他能够有所感受。

三、发展交往能力

发展交往能力首先是培养他们的口语能力。语言是思维的工具，俄罗斯心理学家、生理学家巴甫洛夫将语言称之为"人类独有的第二信号系统"。在早期教育中，要增加语言的信息量，将足够的语言信息输入宝宝的大脑；要用规范化语言，比如每天花 20 分钟用普通话与宝宝交流。此外，如果有条件，家长也可以用一些简单的外语让宝宝及早接触。在培养孩子口语能力的同时，做爸爸妈妈的要有意识地让宝宝接触同龄宝宝和成人，鼓励他在大庭广众之下落落大方、行事礼貌，并创造机会比如鼓励宝宝正确地称呼客人、给客人递物品、带宝宝串门等。这样不仅培养了宝宝的语言能力、提高了自信心，而且为其今后良好的人际交往打下基础。尽可能地带宝宝参加各种活动，特别是宝宝比较集中的地方。相同年龄孩子的集体生活，可以锻炼他们的友爱协作、竞争等意识，形成良好的社会交往。如果能带宝宝去工厂、展览馆、博物馆、名胜古迹等地方去，让其接受人文教育，扩充见闻则更好，见多识广的宝宝更聪明。为了发展婴儿的语言和表达能力，大人应该多跟婴儿接触，经常与孩子"说话""提问"，引逗他们发声和发笑；训练他们叫"爸、妈"等单音词，教他们做些简单的动作；给他们讲解画片的内容等。成人经常与婴儿交往，不仅能使宝宝的语言表达能力和理解能力得到发展，同时也能使他获得一种身心发展的重要环境。不仅孩子身心感到舒适、愉快和满足，而且婴儿的智力也能得到发展。生活教育就是让孩子在生活中成长，在磨练中成熟。

正确的早教来自于"影响"和"感受"，并不是填鸭式的学习汉字、单词、算

术。孩子需要在大人的影响之下感受世界的美丽和自然的伟大，让孩子知道感恩生命、感恩父母，培养孩子的动手能力，让孩子从小热爱生活，积极向上，这才是早教最应该达到的目的。我的观点是：认识再多的汉字不如培养孩子正确的人生观。

四、培养观察能力

教宝宝学会看世界。从衣食住行、花草树木、砖瓦泥石等日常所见来培养宝宝的观察能力，并能够及时地对宝宝的提问作出回应。比如宝宝指着一只猫问它是干什么的，爸妈就要立刻告诉他猫会抓老鼠，是人类的朋友。我们要善待小猫，而老鼠专门偷吃粮食，咬坏家具，是害虫，将物与概念对应起来。等宝宝再大些，观察的事物多了，就要引导他们进行思考提问，刺激他们认识世界的强烈欲求。需要特别指出的是，我们做父母的千万不要对孩子的提问不耐烦，甚至粗暴地打断孩子的提问，那样的话，会把孩子可贵的好奇心和求知欲扼杀在萌芽中。家长如果文化较低，内功不足，就往往会回答不了孩子的提问，这就需要我们家长不断学习，边学习边提高，满足孩子的知识需求。要知道，父母在教育孩子的同时，也在进行自我教育；父母教育孩子的过程，也是自身不断感悟和学习的过程。

五、进行体能训练

哭闹其实是很好的运动，也是婴儿的唯一运动。借助啼哭消耗体内多余的热量，以达到全身营养的平衡，并进行发音练习。孩子在哭的同时，还可以增大肺活量，如果孩子一哭闹父母就赶紧抱起孩子，那么，孩子不但丧失了一次可贵的运动机会，久而久之，还会利用父母的这个特点来经常纠缠父母，提出更多的要求。所以，孩子哭闹，不要着急把孩子抱起来，父母最好让自己有事情做，让孩子看着自己动作麻利地做事。再大一点，就可以有意识地对宝宝进行爬行的训练，应适当地让婴儿在床上练习翻、滚、爬、蹬、踢等，动作的发展增加了孩子对外界接触和观察的范围，可提高他们对外界认识的能力，从爬床开始到爬地板、爬楼梯，锻炼孩子的四肢活动和协调能力。爬行需要运用到不同的肌肉群，可以锻炼躯干及四肢的肌肉，同时促进身体协调性的发展，对宝宝的成长非常有益；爬行需要抬高并左右转动头部，有利于锻炼颈部肌肉；爬行需要胳膊及手腕的力量支撑起整个上半身，有利于锻炼胳膊及腕的力量，对宝宝今后用笔涂鸦、用勺子吃饭都有好处；爬行时需要上肢及下肢共同参与，要保持动作协调一致，有利于锻炼协调能力，使宝宝学会走路后不易跌跤，增强动作的灵活性；爬行还有益于骨骼及神经系统的发展，有助维持平衡感，有助于左右脑的均衡发展、理解与记忆并进；爬行中由于消耗的能量较大，有助于宝宝吃得多、睡得好、体重增长快、身长长得快，提高免疫力，促进身体的协调；爬行还可使血液循环流畅，促进肌肉、骨骼的生长发育。

宝宝学爬大致上分为两个阶段：俯爬式和狗爬式。一般而言，宝宝在8个月左右时懂得自然爬行。在学习爬行的初期，几乎都是以同手同脚的移动方式进行，之后会以手肘往前匍匐前进，而且腹部贴在地面，爬行速度十分缓慢。在9个月大时，身体才能慢慢离开地面，用两手前后交替的方式开始顺利地往前爬。

在宝宝学爬阶段最要注意的是安全。为了让宝宝爬得好，年轻的父母一定要留意以下问题：在床上爬时要防止宝宝跌到床下；在地板上爬时最好铺设软垫；宝宝爬的平面最好是平整、具有弹性且不过于粗糙。软垫的厚度较高才能发挥功用，还要注意不要买有很多小花纹的软垫，以防宝宝将小花纹抠起来吃进嘴里；桌角或柜子角对学爬的宝宝容易造成伤害，最好都能套上护垫，就算婴幼儿不慎撞到，也能将伤害降到最低；普通的电源插座有触电危险，最好使用或改装成带防护盖的，这样，安全系数将大大提高。

最后就是走。如果温度适宜或条件允许，我建议父母们最好能让孩子赤脚走路。首先，脚是由骨骼、肌肉、肌腱、血管、神经等组成的运动器官。双脚穴位有很多，不少穴位与内脏器官，特别是大脑都有连接神经反应点，医学上称为足反射区。宝宝经常赤脚活动，能够调节包括大脑在内的器官功能作用，促进血液循环和新陈代谢，给大脑充足的能量，从而加快脑的发育，提高大脑思维的灵敏度和记忆力。因此，赤脚锻炼的最大好处就在于能健脑益智，提升宝宝的智力水平。而且，赤脚运动通过对脚部穴位的按摩，能起到"健脾益胃消积、强心安神定志、补肾强骨明目、补髓益脑聪耳"等作用，对于小儿的遗尿、腹泻、便秘、疳积等疾病都有较好的治疗效果。

其次，宝宝正值生长发育期，新陈代谢十分旺盛，脚部皮肤的毛细血管和末梢神经十分敏感。如果整天穿着鞋子，宝宝会感到很不舒服。鞋子里往往潮湿，易繁

殖病菌，从而导致脚部软组织炎症发生。赤脚锻炼恰恰避免了这个弊病，不同程度地防治了足癣、鸡眼和足部软组织炎症等脚病。同时，让宝宝细嫩的足底直接与泥土、砂石接触，不仅有益于足底皮肤和肌肉的发育、韧带力量的增强，且有助于促进足弓的形成。因此，赤脚运动无异于脚部的健美操。

所以，经常让宝宝赤脚在草地上、院子里、室内地面上行走嬉戏玩耍，既有利于小儿的身体健康，又满足了他们玩耍的欲望。当然，让孩子赤脚走路，路面一定要平坦、干净，谨防足底被杂物刺伤。

赤脚走路好处多多，但训练孩子赤脚走路要慢慢来，要根据孩子的年龄循序渐进，过度的走路会损伤孩子才刚刚发育的骨骼和肌肉，从而造成畸形。刚开始时不能走得太多。不可以让孩子一下子就光脚走在沙子或草地上，以免刺伤孩子稚嫩的双脚或孩子一时不适应着凉。开始训练时可以在床上让孩子赤脚走，再在家里的地板上，最后慢慢地转移到外面的草地上、沙子上、鹅卵石上等。

再一个就是几乎所有的小孩都喜欢把家里的玩具和小物件等搬来搬去玩，我们做家长的千万不要干涉，其实这是一项非常好的体能运动。在让宝宝健壮体格的同时，还可以在不知不觉中开发智力，培养大胆、勇敢等品格。

六、给适合的玩具

有人说，玩具是孩子的第一部教科书和第一个朋友。给宝宝适合的玩具，让宝宝玩玩具是我们家长教育孩子的开始。5—6个月后的婴儿可以自己玩玩具和实物了，如果条件允许应多挑些色彩鲜艳的玩具让婴儿玩耍，品种要经常调换，以提高他的兴趣。玩具有好多类，如果是买的，爸妈不要买了之后直接丢给宝宝不管，也不要认为玩具是消磨时光的，爸妈要陪着宝宝一起玩。如果不买，也可发现不少不是玩具的玩具，比如塑料瓶、大小合适的纸盒、闹钟等等。孩子大一点以后，父母最好还能和孩子一起制作玩具，比如做风筝、风车、灯笼等，孩子会更有兴趣，对他们的成长也更有利。现在的家庭都不缺钱，年轻的父母会时不时给孩子买一些玩具，但要提醒的是，父母在给孩子购买玩具时要考虑宝宝的年龄。下面是我的建议，供年轻的家长参考。

0—1岁：感知触摸型玩具。色彩鲜艳、音质优美、便于抓握丢掷，但不要太小，以免宝宝误吞，如带柄的响铃等。1—2 岁：可拖动玩具和可训练双手精细动作的玩具，如带轮子的小汽车等。2—3 岁：可激发想象力的玩具。如小餐具、积木、拆装玩具。3—4 岁：智力玩具。如七巧板、小算盘等。

3 个月大的婴儿就能一手握着"响环"玩，他们开始尝试触觉、感觉、视觉或味觉的作用。用手摸摸，体会手上感觉如何，用眼睛看看玩具的各种色彩，用口尝尝玩具的味道。

6 个月大的婴儿对能动的一切都感兴趣，能滚的彩色球对他们最有吸引力，用手一推球就会向前滚，婴儿还会爬着追逐小球，如果妈妈能陪着他一起玩那就更妙了。

8 个月大的婴儿已有了不少的发现，他们已认识玩具、家具等多种用具，他们了解到有些物件是软绵绵的，有些是硬邦邦的，有些有棱有角，有些是圆滚滚的。面对积木，婴儿会开始运用两只手，他们知道两块积木相碰会发出响声，一个叠在另一个上面就会比单独一块积木高，而且还可以用积木叠成多种不同的形状，能让小孩展开很好的想象力。

积木也是用来训练小孩观察物品形状的玩具。通过不同形状积木的拼图，孩子可以认识一种形状的开口只允许同一形状的物品通过。通过玩具让孩子了解生活用品各种不同的形状。这类玩具对 18 个月大小的婴幼儿较合适。

所有的幼儿都爱玩沙、玩水。18 个月以后的幼儿已经懂得不能随便把什么东西都往嘴里塞，这时就可以让他们玩沙了。提供各种塑料的小工具，如小铲、小耙、小桶等各种益智玩具，让孩子发挥创造能力，把沙堆砌成各种形状。

两岁大的幼儿已经开始有个性表现了，这时他们已能表达自己的喜爱和厌恶。到了此时，他们就需要一个娃娃玩具。如果有了娃娃玩具，特别是女孩子她们就可以像妈妈对待自己那样对待娃娃了，为娃娃洗脸、穿衣、喂食，赞扬或责备娃娃了，同时也培养了他们的爱心和责任性。

对一个两岁大的幼儿来说，叠杯玩具是最变幻无穷的游戏，既可叠成高塔，又可缩成一只单杯，还可把小积木或其他小东西藏在叠杯内再寻找一番。通过这类游戏，孩子们能够知道有些东西虽然眼睛看不见，但却是实际存在的。

两岁大的幼儿已经通过眼、口、手认识了不少物品，如果能在图画书中找到自己认识的物品，那该是多大的乐趣呵！当然，父母还可以通过图画书教导孩子认识

更多的事物。这类画当然要线条简单、色彩鲜明，一眼就能认出是什么东西来。点读笔和配套有声绘本能充分调动孩子眼、耳、手、脑等感官系统，轻松培养孩子认知、识字、说话、思维等能力。

到了两岁末，幼儿已能基本控制自己身体的各部位，可以驾驶"小车"了，可以开快，开慢，也可以骑"大马"了。如果"小车"还能载上他们自己的一些小玩具，自己又能充当运输司机，那可真是其乐无穷了。

幼儿拉着会走动的"动物"会让他们着迷，他们慢慢会理解这一根绳子原来还有这样的牵动力量，这比那些用干电池的电动玩具车更有启智作用。

七、看图认字数数

2—3岁的孩子是学习口头语的第一关键期，这个时候就应多让孩子学发音，学讲话，学儿歌，学说外语。父母还可以在日常生活中有意识地指点孩子，比如"这两棵树哪棵高哪棵矮？""你喜欢走在妈妈的左边还是右边"等等。这些工作都可以在孩子3岁以前就开始。需要提醒家长的是不要在这个时间段教孩子学写字，孩子还小，容易产生握笔姿势不正确、笔画不正确等长大后不容易纠正的问题。婴幼儿看图识字就可以了。

教孩子学认字数数的方法有很多，家长要因人因地恰到好处地采用比较适合的方法对孩子进行教育教学，单调机械的方法不但教育教学的效果不佳，相反还会让孩子对学习产生厌烦情绪，一要循序渐进，二要快乐地学，不能催逼强灌。宝宝还小，不能长时间地集中注意力，他们也没有形成自己的规则世界。所以一定要每天学多少，一定要在每天的某一时间某一地点学都是不可能的。有的时候他不愿意就好几天都不学，他高兴的时候最多一天中学几十个字也有可能。三要有灵活多变的方法。儿童认字是贯穿于他的整个生活之中的，是在不知不觉中的，我们家长，要学会当个有心人。下面我归纳了20个教孩子认字的方法供家长们参考。

1. 物字对应认字。就是将孩子熟悉的物品贴上相应的字，一边指着物体和字，一边念物体的名称和字音，多次反复就会形成音、形结合的条件反射，就把字记住了。

2. 看图认字。看图识字卡片、书本、挂图书店都有卖，家长也可以自己做。一边告诉孩子看图认物，一边用手指着字念这个图的符号——"字"。

3. 画图填字。如图上画一面红旗在飘，你可在图画上写上"红、旗、飘"三个字。

4. 游戏认字。

①在一堆字卡中找同类字。如同偏旁、动物字、动作字、声音字、同义字等同类物体字，也可以训练孩子抽象概括的思维能力。

②踩字法。如用粉笔在地上写 10 个字，认一个就踩一个，看谁先认完。

③让孩子当老师。在黑板上写 10 个大多是孩子认识的字，父母当学生，孩子点一个父母就认一个，有时故意认错让孩子来纠正。

④玩火车过隧道。把认过的一些字卡，中间夹几个生字卡，把它摆成一长条或火车放在木板上，一头做一个拱门，推动木板，认一个字就让它过拱门，认完，"火车"就完全过去了。

⑤玩拼字。如说一个短句（最好是有教育意义的），叫孩子找出相应的字来拼（或者是将这一句话的字块先打乱，再由孩子拼出一句话来）；或设故障，把句子中的某字不让孩子看见，掉在地上，问差哪一个字，快排出来。

5. 对号入座认字。如玩具上、桌子上，叫孩子把相应的字块放到上面去。

6. 见字认字。如家中报刊上的条幅、书名、来信（信封上的字）、街上的标语、商标、广告、店名等。

7. 同音认字。就是根据孩子已认识的一个字将它的同音字都找出来一块认，也可以同时辨认加以区别。

8. 拟声认字。如模仿鸟声、虫声、风声、水流声、敲鼓的咚咚声、机器的轰隆声、汽车鸣笛声、飞机轰鸣声、枪声等。

9. 动作认字。如教"爬"就做爬的样子。

10. 形近字识字。比较左右、王玉、鸟鸟、古舌……也可同时培养观察力。

11. 音形义结合认字。幼儿识字记形并不像成人想象的那么难。至于懂了字的音与义，记其形是顺手牵羊的事。如带孩子看花时，教孩子哪些是花瓣，哪是花蕊，同时将其写在纸片上，教幼儿字的形。实践证明这是一个多快好省的方法。

12. 字形分析法认字。如教"泪"字，可以提问眼睛（目）要有水（氵），是什么呀？是泪。这样不仅使幼儿明白了字的组成结构，也增强了记忆。

13. 字义认字。先教幼儿能掌握其意义的字。实践证明幼儿对字义越熟悉的字

就记得越快越好，如捉迷藏的"藏"就比记甲、乙、丙、丁简单容易。但若"丁"是他的伙伴"丁丁"的名字时，就又记得快。意义记忆的效果优于机械记忆。

14. 分类认字。可从人、餐具、玩具、服装、水果、家具、动物、植物、鸟类、禽类、虫类、天气等分类识字，激起兴趣，培养思维力和想象力。

15. 拼音认字。通过汉语拼音注音识生字，用拼音查字典识生字，以拼音助读识生字。

16. 添笔画认字。如：人→大→天（或太）→夫。

17. 找关系认字。如人→人民→民歌→歌唱→唱和→和平→平安→安全。

18. 组字认字。包括组词、组句、诗词、歌曲、对联、顺口溜、谜语等。如开展"子"字组词比赛，组成扣子、桌子、孩子、儿子……组成完毕后再认前面的字。读一首诗歌前半句，后半句由孩子接着念，念了再认。讲故事时，将每段中关键几个名词生字认一认，连续起来，基本可掌握故事的脉络。也可以编些带有数字的顺口溜，如"打鼓"歌：1、2、3、4、5，我会打小鼓。咚咚咚咚咚，小鼓说是5。

19. 填空认字。如爸爸的名字有三个字，中间空一个，就根据念的音来填上。再如"口琴"空一个字再填上。

20. 阅读促识字。当孩子认过几百字以后，就给他一些画册书、小人书、儿童读物让他读。遇到生字，通过读懂故事情节会念一些生字，使他感到自豪，就会如饥似渴地要求大人教字。

儿童有一个特点，就是很容易把学的东西忘记，所以复习很重要。学的字少的时候很简单，可认得多了让宝宝一天复习这么多字是不可能的。做家长的应该有兴趣时就让他复习，有几个算几个，周而复始，长久坚持。孩子复习的时候常常全家人都在，应及时地鼓励、夸奖孩子，让他有成就感，使他愉快。

八、给孩子讲故事

要经常和孩子一起做三件事：一是和孩子一起进餐，如果没有特别困难，父母最好每天赶回家和孩子一起进餐。家庭的共同价值观，就在全家人围着一张桌子吃饭的过程中建立起来。二是邀请孩子一起修理玩具、家具或衣物，偶尔邀请孩子帮忙解决工作中的困难。第三就是给孩子讲故事，并邀请孩子给自己讲故事。

经常给孩子讲故事，可以帮助孩子掌握语言技巧，提升孩子的词汇积累，给孩子营造丰富的情感世界，获得更多的知识。每一个故事就是一个哲理，一个好的故事可以影响孩子的一生。

1. 选择适合的故事

并不是所有的故事都能引起宝宝的兴趣，爸妈要根据宝宝的年龄来选择不同内容的故事。通常给2—3岁的宝宝讲些动物、植物等故事比较适合，故事要短、形象要生动、情节要简单。4—5岁的宝宝正是发展想象力的时期，这时候，爸妈就可以讲些童话和民间故事。故事形象可以丰富一些，内容中的词汇量也可以逐步增加。等宝宝再长大些，就可以讲历史人物和寓言故事了，这些故事宣传爱国主义，弘扬正义，富有哲理，是启蒙儿童思维和语言的好材料。

2. 临睡前是好时间

建议爸妈选择在宝宝睡觉前讲故事。因为在临睡前，正是大脑神经和小脑神经交替工作的时候，是宝宝一天精神状态最稳定、最平静的时候，如果在这段时间给宝宝讲一些美丽的、欢乐的及培养情感的故事，宝宝会很容易接受。如果宝宝只有2岁左右，那么在起初，爸妈讲故事的时间最好短些，时间控制在3—5分钟内，让宝宝有个适应的过程，之后，就可以根据宝宝的注意力情况，适当增加或减少故事的长度。基本上，一篇故事的长度要控制在20分钟以内。当然，如果宝宝十分融入在情节里，多讲一会儿也不碍事；如果发现宝宝注意力分散，思想不集中了，那就要及时刹车，不要勉强，以免宝宝对听故事产生厌倦心理。

3. 声情并茂讲故事

为宝宝讲故事，重要的是能提供给宝宝许多"语料"，为将来的说话、写作储存资本。宝宝将通过妈妈对他所说的故事，学会如何使用语言表达情感、描述事件。有人说，教育孩子要善于用童贞的、童话的、童趣的、拟人的、夸张的、充满梦幻的语言。显然，讲故事的言语更要尽可能生动，多用象声字、象形字，必要时还可以手舞足蹈，调动起妈妈的眼睛、眉毛、嘴巴乃至脸上的每寸肌肉！只有自己讲得津津有味，宝宝才能听得津津有味。还有值得一提的是，故事一定要起个好开

头，宝宝才会饶有兴致地听下文，爸爸妈妈可以根据故事内容或主人公的特点编个谜语或者学动物的叫声等来吸引宝宝注意。

4. 鼓励宝宝复述故事

在故事活动中还有一个十分重要的环节，就是要让宝宝复述故事。复述不是背诵，而是要用宝宝自己的言语来讲述故事里的人物和情节，这对宝宝的言语、记忆、逻辑、想象等方面的能力是最好的锻炼。但是宝宝要经历聆听、理解、记忆后，才有复述故事的可能，宝宝在听故事的过程中是以形象记忆为主，如果像流水账一样一天一篇故事，等你把故事讲完了，他也忘得差不多了。爸爸妈妈可以借鉴著名诗人歌德的妈妈用过的方法：在歌德小的时候，他的妈妈每天都会给他讲故事，但是每到关键处就停住，让歌德去想之后的情节。等到第二天，在讲故事之前先问歌德是怎么想的，等他讲完以后，妈妈才继续讲故事，歌德的想象力就被培养出来了。所以，爸爸妈妈可以不定期地重复已经讲过的故事，并且鼓励宝宝回想故事，甚至发挥想象力创造部分内容，将故事扎根在宝宝的心里。

5. 反复念一个故事

反复念孩子喜欢的书，是协助孩子进入书本世界的方法之一。一遍又一遍地聆听，是孩子成为一位阅读者的必要过程。重复多次之后，孩子对文字与语音的印象加深了，对内容也会有进一步的了解。因此在听故事时，他们对故事的发展有所期待，也能预测书中的人、动物，会有什么样的反应。

给孩子讲故事，父母除了要学会运用技巧，还要注意以下的四大原则：

（1）可以重复讲故事

似乎女生永远都喜欢童话世界里的公主，而男生则喜欢打怪兽。同样的故事宝宝们会要求家长重复一次又一次，永远也听不腻。有些家长可能觉得孩子有点不正常，同样的故事听了那么多遍为什么孩子还是喜欢呢？因为孩子对故事充满了好奇，他们的理解能力和记忆能力却还没有跟上，所以他们需要重复，在重复的过程中每次加深印象，慢慢理解故事内容和语言情感。

（2）塑造好的环境

给孩子讲故事，不是身在厨房就讲给他听，也不是你一边看电视一边讲故事。

讲故事需要一个好的环境，最好是有固定的时间和固定的地点，如果家里没有书房，可以在阳台的一角，或是睡前在床上讲故事。孩子听着父母讲故事，一家人温馨地在一起，还能增加亲子感情。亲子阅读能带给孩子快乐和安全感，也能满足大人的幸福感。

（3）保持愉悦的心情

不要把给孩子讲故事当成一种任务，从而带着不好的心情去面对他，并将这种负能量运用到语言之中。无论什么时候，你的心情即便是再糟糕，在面对孩子时也要调整好心态。如果你真的很烦，不妨可以跟孩子说："妈妈今天心情很不好！我们能换个时间再讲好吗？"在征得孩子的同意之后，再安排时间给宝宝讲故事。人的情绪会对周边的人造成很大影响，所以不要带着差情绪去给孩子讲故事。

（4）不用方言讲故事

标准的普通话，丰富的语言和故事情感能给孩子带来很好的学习效果，可以帮助孩子拓展思维空间与逻辑空间，帮助语言发育，词汇积累。可以说讲故事对孩子的好处实在是太多了。

九、教孩子画画

就像儿童喜欢听故事一样，几乎所有的儿童都喜欢涂涂画画。我把它分为四个过程：

1. 启蒙期。从小孩刚开始拿笔在纸上乱画，到画出第一张能叫做"画儿"的东西，这段时期虽然还不能算已经开始学画画，但对于家长来说，这是一个非常重要的、抓早期智力开发的关键时期，这点在后面还要专门谈。

2. 早期。孩子以自由"涂鸦"为主要内容，以临摹、忆写儿童画刊来提高自己。这个时期除了请老师外，在家里基本依靠家长抓。

3. 中期。在提高的基础上能自由组合，创作出较有意义的画幅，这个时期仍是主要靠家长辅导，也可以请老师略加指点。

4. 晚期。在老师的指导下，创作一些比较完整的命题画之类，即进入儿童画创作时期。如果方法得当，许多儿童在学龄前就可以进入这个时期。

作为家长，需要做的是激发和保持孩子画画的兴趣，具体做法如下：

1. 孩子画出新画，家长应该为之高兴，给予鼓励，遇有得意之作，尤其是有新意的创作要表扬，可以贴在墙上，介绍给客人，当然，也要指出不足，帮助修改，以防自满自得。

2. 当孩子要纸画画时，不要随便撕一张了事，最好裁些白纸订成本子或去书店买些图画本，孩子对于本子和对于纸片的态度截然不同，在本子上画画要认真得多，这样提高就快。但要注意，本子不要太厚，以便经常更换本子，每换一次都能重新唤起孩子的新鲜感。另外，本子利于保存，家长可以和孩子一起回顾他的学习历程，从进步中产生新的兴趣。

3. 要多买些儿童画刊之类，特别是以卡通人物（如唐老鸭等）为题材的画刊，儿童的早期老师实际上就是这些画刊而不是家长，应按早、中、晚期给这些孩子逐步添置画具，从铅笔、蜡笔到水彩笔直至水彩颜料、国画颜料等。

4. 如果有条件、有时间，家长最好能和孩子一起画几幅。家长能画得很好，自然是个示范，家长画得不好，也可以起到鼓励孩子的作用：看，我和爸爸妈妈都画得差不多了。更重要的在于家长的参与使孩子更高兴，就像一起做游戏那样，更加充满家庭的温馨和竞争的刺激。当然，如果家长实在有困难也不必勉强。

5. 到孩子能创作时，应该鼓励他给儿童画刊投稿，或为儿童画展搞创作，这时也可请老师指导。如果孩子确实对画画有兴趣，可以考虑参加美术培训班学习。当孩子开始正式创作时，换上正规的画纸画具，他会变得非常认真，甚至进入"竞技状态"。

6. 儿童搞创作不要由大人越俎代庖，否则欲速则不达。他在大人的包办下，也许能"画"出很好的作品，待作品入选后，自己却再也画不出原来那样水平的作品，他就会觉得"退步"而心灰意懒，失去兴趣的。所以家长会不会画无关紧要，关键是怎么教，怎么引导。

7. 经常带孩子去看画展（尤其是儿童画展）及其他各种展览，以激发他的兴趣。这不仅能学到很多东西，重要的是大人的陪同本身就是对孩子最有力的支持。

8. 如果家长有一定的艺术鉴赏水平，可以对孩子的作品经常给予讲评。主要是指出哪幅画在哪一点上有创新、有趣味、有进步。讲评要多鼓励，少批评，一定注意不要把儿童画中的天真可爱当做缺点来批评。

现在的书店里有二笔、三笔简笔画、儿童蒙纸简笔画、小手学画、小手涂色画、幼儿阶梯涂色等各种各样婴幼儿绘画书本，非常适合儿童学画，家长们可去买来教孩子学习。

十、其他教育活动

爸妈可因条件而异、因人而异地广泛开展丰富多彩的、积极健康的其他活动，如集邮、摄影、钓鱼、种花卉、养小动物等。这些活动既是一个学习的过程，一个增长知识的过程，也是从小培养孩子高雅的兴趣爱好，拉近亲子关系的一个重要途径。

前面说了这么多的婴幼儿训练、发展能力方面的培养，我估计做父母的看了以后会说，难道孩子写字、计算方面一点都不用培养吗？别人家的孩子在读小学前可大都会做100以内的加减法了，会背近百首古诗了呀！甚至连小学一年级的教学内容都学完了，我的孩子不教，还怎么跟得上？入学测试怎么比得过别人家的孩子？是的，对婴幼儿进行知识教学现在非常普遍，社会的大环境非常不好，我估计不让家长教孩子学习这方面的内容，内心肯定通不过，也肯定不会买账，会认为我是不食人间烟火。那么我再一次告诉家长，您真的不必了。您有教婴幼儿识字、计算的一套科学方法吗？您有这方面的基本功吗？别给小学老师添麻烦了！再说，还有顶不住社会、家长巨大压力的幼儿园呢。尽管他们对幼儿进行识字、写字、计算教学也是不符合《幼儿教育大纲》的，是不得已而为之，但他们在这方面的教学肯定要比绝大多数的家长强许多，幼儿园会帮助您解决这方面的需求和担心。三年或三年以上的幼儿园教学中的识字、写字、计算部分已经足够了，放心吧，去干别的应该干的事情去吧。

需要补充说明的是：我这里所说的婴幼儿，指的是0—6岁（周岁）的孩子。这一段时期孩子又可以分为婴儿期0—3周月；小儿期4周月—2.5岁；幼儿期2.5岁后—6岁。也有将0—1个月孩子称作新生儿；1—12个月的孩子称作婴儿期；1—3岁的孩子称作幼儿期；3—6岁的孩子称作学龄前。观点不同，划法各异，但差别不大。况且，不同家庭的不同个体，其发展也不尽相同，具体的划分只能是一个供参考的概数，他们的早期教育也应针对不同的个体作相应的调整。

东方剑桥有一句话：人才竞争的前沿领域，不在大学，也不在中小学，甚至不在幼儿园，而是在摇篮之中。

第十一讲　青春期教育

小林，14 岁，男孩。在小林成长的过程中，一直以母亲教育为主，父亲平时性格内向。随着小林进入初中以后，父母发现孩子变了：喜欢穿名牌衣服，用高档手机，对饭菜的质量要求高了起来。放学后，小林喜欢边做作业边玩手机，父母稍加管教便脾气暴发。随着课程难度的加大，小林更加没有心思学习，上课注意力分散，不认真听讲，课后做作业拖沓，且作业质量很差，有时甚至因为闹情绪，时间到很晚了也做不完。

小芳，15 岁，女孩。父亲是私营业主，很少参与对女儿的教育，并且女儿稍有表现不好的地方，就会加以训斥和打骂。最近几个月来，女儿一直迷恋手机，上课时给同学发短信，不认真听讲。回到家里，把自己关在房间里，要么打电话，要么发短信、QQ，要么用手机打游戏，偶尔会做一点作业，也是应付差事。小芳刚上初一时，曾经成绩非常优秀，现在不及格现象已经成为家常便饭。小芳还经常利用周末时间往外跑，和一些乱七八糟的少年混在一起，让父母非常担忧，害怕女儿学坏，耽误孩子今后的成长。

这是很多家长对孩子叛逆的共鸣，却不知到底是什么原因所致。其实，这就是我们常常所说的"青春期综合征"。谈到教育，这是一个不得不说说这个话题。因为一个孩子从小学到大学本科的大部分时间都处在这个时期，所以是孩子成长的另外一个关键期，也有人把这个时期称为不确定期。在这一个时期，如果我们家长与孩子的关系处理得好，则对孩子的成长锦上添花，而处理不好，不但之前的教育前功尽弃，还会给我们带来无尽的烦恼甚至是永远的伤痛。

孩子进入青春期后由于生理变化引发心理变化，他们遇事开始思考，形成并不成熟的主见，对父母的话开始怀疑。而父母在权威动摇后，一时难以适应，又不愿降低身价、调整教育方法去面对孩子，对此，孩子便心生抗拒，让家长觉得难以调教。

有的家长说：我的文化程度差，我跟不上孩子的脚步，不会与孩子沟通。我在这里告诉家长们："世上无难事，只要肯登攀。"办法总比困难多。作为家长，我们首先要了解和掌握孩子在青春期时的各种特征特别是心理特征，还要懂得针对这些特征怎样去应对、解决，让孩子顺利地度过这个时期。

一、青春期的定义

青春期是指个体的性机能从还没有成熟到成熟的阶段，在生物学上是指人体由不成熟发育到成熟的转化时期，也就是一个孩子由儿童到成年的过渡时期。在这个时期，个性性发育成熟，已经可以生育。由此可以看出，青春期主要是以生理上的性成熟为标准而划分出来的一个阶段，它与从心理或社会方面划分出的人生阶段有重叠。

青春期年龄段，在世界各地稍有差别，我国一般把青春期年龄范围定为10—20岁。其中10—13岁为青春前期，14—16岁为青春中期，17—20岁为青春晚期。

青春前期：女孩出现月经初潮，是进入青春期的标志。在此以前两年左右，女孩最早出现乳房发育，骨盆开始变宽，臀部变圆，身高及体重增长速度超过平均数。

青春中期：又称性征发育期。在身高剧增的同时，生殖器官及第二性征发育成熟，由于内分泌功能活跃，使其产生性骚动。女子的第二性征包括长出体毛（腋毛、阴毛）、子宫及卵巢发育、月经初潮、乳房发育、骨盆扩大、皮下脂肪增加、出现女性特有的气味等。

青春后期：其特征是性器官发育完全成熟，体格形态发展也完全成熟。青春中期，虽然性器官、第二性征已发育成熟，但要到22—25岁才能完全成熟。人体的骨骼系统，经过青春期的突长之后，到25岁左右，骺软骨停止生长，全部骨化，至此人体的高度不再增加，循环系统、呼吸系统也一样。青春中期之后心脏的重量

及外形接近成人，要迟至 35 岁左右才能发育完全成熟；就呼吸功能而论，也要到青春后期才能完善。

二、青春期的特点

孩子甲反映父亲的教育有问题，他说希望父亲不要老用怀疑的眼光看待自己。

孩子乙告诉妈妈："不要以为大人的话都是对的，我的话有时也是对的。"

孩子丙对爸爸说："你不要什么都管我，自己也不怎么样。"

"孩子突然像变了个人一样，真难管。"家长甲说。

"对 15 岁孩子的教育真是问题：打骂不行，放任不得，说话又听不进。"家长乙说。

"自打孩子上初中后就不一样了：开始爱顶嘴，不再对家长言听计从，有了自己的小秘密……"家长丙说。

在这一节，我们先把孩子在青春期出现的各种症状（情况）理清楚，以便为后面的解决提供依据。因为篇幅的限制，我们仅从心理这一块展开讨论。

1. 成人感与幼稚感并存

青春期少年的心理特点最突出的表现是出现成人感——认为自己已经成熟，长成大人了，因而在一些行为活动、思维认识、社会交往等方面，表现出"成人"的样式。在心理上，渴望别人把他们看作大人，尊重他、理解他，但由于年龄不够，社会经验和生活经验及知识的局限性，在思想和行为上往往盲目性较大，易做傻事、蠢事，带有明显的小孩子气、幼稚性。

2. 有独立性行为

由于成人感的出现，从而增强了青少年的独立意识。他们不愿受父母过多的照顾或干预，对一些事物是非曲直的判断，不愿意听从父母的意见，有强烈的表现自己意见的愿望；对一些事情往往会提出过激之词，但由于其社会经验、生活经验的不足，常常碰壁，又不得不从父母那里寻找方法、途径或帮助，再加上经济上不能独立，父母的权威作用又迫使他们去依赖父母。

3. 想开放但又自封

青春期的少年需要与同龄人，特别是与异性、与父母平等交往，他们渴望他人和自己一样彼此间敞开心灵来相待，但由于每个人的性格、想法不一，使他们的这种渴求找不到施放的对象，只好诉说在"日记"里。这些日记写下的心里话，又由于自尊心，不愿被他人所知道，于是就形成既想让他人了解又害怕被他人了解的矛盾心理。

4. 渴望与异性交往

青春期的少年由于性的发育和成熟，出现了与异性交往的渴求：如喜欢接近异性，想了解性知识，喜欢在异性面前表现自己，甚至出现朦胧的爱情念头等，但由于学校、家长和社会舆论的约束、限制，使青春期的少年在情感和性的认识上存在着既非常渴求又不好意思表现的压抑的矛盾状态。

5. 做事带有冲动性

青春期的少年在心理独立性、成人感出现的同时，自觉性和自制性也得到了加强。在与他人的交往中，他们主观上希望自己能随时自觉地遵守规则，力尽义务，但客观上又往往难以较好地控制自己的情感，有时会鲁莽行事。

6. 叛逆心理萌发

由于处于青春期的青少年，其生理激素发生的变化使得他们对待事物总是持一种逆反心理，表现为对抗、不服从或者有意违抗父母长辈或教师的说服和命令，有时还会对一些事物熟视无睹，漠不关心，因此，父母和教师应注意对这一现象加以引导，使他们能顺利地度过青春期。

三、青春期的需求

小南今年 13 岁，主要由爸爸来抚养。爸爸反映他最大的问题就是每次做作业的时候都很不自觉，爸爸总希望他在家里能够先做完作业再去玩电脑，但是他每次

都先玩电脑，爸爸总是说他，但是没有任何效果，所以爸爸非常头疼。

下面我们就现场模拟一下爸爸和小南沟通的场景，在每一个环节中，小南的内心是怎么样的。通过这样的分析，我们就可以知道为什么爸爸的说教都是无效的，也能够知道爸爸怎么做才能让小南改变：

爸爸像往常一样回到家里，看到小南又在那里玩电脑，就走过去问："作业做好了吗？"这时小南瞪了他一眼，就继续玩自己的。从这里我们可以看到小南此时的心情是很不好的，所以他不理爸爸。爸爸又对他说："你为什么总是不听话呢？我每天在外面工作那么辛苦！这还不都是为了你？为什么你就不能理解爸爸呢？"这时小南还是不做声，但是表情却显得更烦躁了。

从这里我们可以看出小南的心情更糟了，他似乎根本就不理解爸爸说的话。爸爸最后说："你太不让爸爸省心了！好！以后我再也不管你了！你想学习就学，不想学就算了，我只负责把你养到 18 岁，之后你想干什么都随你。"小南还是闷不作声。

这样的场景总是出现在小南的日常生活中，现场很多家长的反应让我们发现这样的场景也会经常出现在其他的家庭中。那么为什么会有这样的情况出现？我们通过上面很简单的模拟，发现小南在和爸爸的沟通中始终是非常烦躁和充满抵抗的，人在这样的情绪中都很难认同对方，因此小南从头到尾都不吭声，爸爸的说教自然也成为了无用功。小南 13 岁，正处于青春期的叛逆年代，自我独立意识的萌芽让这个年龄段的孩子非常渴望自己来主导自己的生活，会非常排斥他人的约束，小南对爸爸的抵抗也是如此。

我们可以看到这位爸爸只是一味地说教，认为自己的儿子太不理解自己，其实根本原因在于爸爸不懂得如何有效地来教育孩子。从上面的场景中我们可以看到，爸爸一开始就对小南进行否定性的指责。后来，当老师问小南的爸爸，自己是否有在生活中表扬过儿子的时候，爸爸才发现自己几乎没有表扬过孩子，因此小南也就根本感受不到来自爸爸的温暖，继而也很难去认同爸爸。

中国的父母总认为孩子听话是天经地义的事情，但是实际上人人生而平等，任何人都有自己独立的人格，都渴望与人平等相处，所以中国的父母几乎都会遇到"孩子不听话"这样的状况。其实不是孩子听不听话的问题，而是父母从来都不懂得将孩子当成和自己平等的个人来公平对待的问题。我们知道，教育孩子就是为了让孩子能够独立成长，成为自己命运的主宰者，而不是去扼杀他的意志，让他成为家长的工具。

对于上面这个案例，爸爸应该立即停止一切对孩子的指责，这种家庭风险行为只会让孩子越来越烦自己。其次应该去和孩子进行平等的沟通，去真正地关心孩子的生活和学习，而不是对孩子说"如果不听话就不管他了"这样的话。只要爸爸能够在现实中做到这一点，孩子的改变将会翻天覆地；将不再被那些否定和指责所造成的无数的负性情绪所困扰；将不再和爸爸产生无休止的对抗；同时也将处于前所未有的被表扬和认同的状态中；孩子的情绪也将发生极大的改变。

总而言之：只有我们做父母的了解了青春期孩子的特点和需求，才能对症下药，才能更好地与孩子沟通，从而达到与孩子的顺畅交流。

1. 对物质需求

进入青春期以后，孩子表面上还是在服装、零食、玩具及文具等方面有所需求，事实上，物质的需求在悄然变化。刚刚进入青春期，追求个性化的孩子较少，而更多的是要求自己从众。从众让自己有安全感。

随着年龄的增长，熟悉了周围的环境，了解了同学、朋友的个性，孩子们就开始彰显个性了：暗暗地在群体里比高低，在家长面前出奇地不听话。男孩今天要一双名牌鞋，明天回来对家长说某某同学有了新的手机；女孩的书包上挂满了明星图片，谁的生日请大家去吃饭。很多男孩会在群体里学会抽烟、喝酒；女孩会学会化妆、染发。其实他们是想通过这些仪式，向成年人看齐，在小群体里显示自己，而成年人却感觉他们是逞强。

2. 对交往需求

进入青春期前后，基本又是初中生活的开始，孩子们像进入一个全新的世界，思想和情感也在变化。青春期之前，孩子心理上依赖的是家长，进入青春期开始转移到朋友身上，到青春期后期，转移到异性朋友身上，最后，固定在异性身上，成家立业，生儿育女，进入一个新的循环，这是人类成长的必经之路。孩子开始交朋友，为了朋友，他们可以在学校门口等，可以和同学一起去玩耍，不在乎回家晚了家长的脸色难看，这是孩子的心理需求的问题。走出家庭，孩子的视野面宽了，再

不是家、学校两点连成一线的行为方式。他们会出现在自己从来没有去过的地方，会遇到从来没有遇到的问题。这时，朋友是最直接的帮助者，可以取代家长的支持和帮助。孩子们思想不再单纯，这连他们自己都感觉得到，他们有时浮想联翩，有时忧心忡忡，有时大喜大悲。

3. 对帮助的需求

孩子进入青春期时，性格也变得外向起来，很容易受到事物的渲染，很容易冒失。他们独立处理问题的时候越来越多，遇到的事情越来越复杂。初出茅庐的他们，面对未知的世界，充满好奇、疑问和恐惧。他们真的希望自己身边有保镖，有"百事通"，兜里有很多钱。这一切都没有，遇到问题的时候怎么办？在与同学的交往中，很多事情让他们觉得难办。孩子不知道如何与新同学、新老师打交道；不知道如何控制自己的情绪，与老师、同学时常发生冲突。被批评了，却不知道自己做错了什么，如何和老师沟通？孩子们的活动范围越来越大，很多时候会遇到不顺心、被冤枉、被欺负的事情，不知道该怎么办？人为什么活着？为什么我要面对现在的一切？我生活不如意怎么办？什么是人生观？什么是幸福？我要的幸福在哪里？孩子们有很多的迷茫，希望有人帮助他们拨开迷雾，揭开谜团。

4. 与异性交往的需求

孩子进入青春期，与异性接触时有了微妙的变化，他们开始悄悄地关注异性。比如女生关注帅气高大的男孩。女孩子们在一起去对他们评头论足，有一些新鲜和刺激的感觉。男孩子也注意女孩子，偶尔也会在一起用调侃的方式谈论某些女生。男孩和女孩，都会很拘谨，这只是孩子们走出家庭的圈子、步入社会认识异性的最初的学习阶段。随着时间的推移，孩子们越来越明白自己喜欢什么样的异性，希望去接近他。最开始的形式可以是打打闹闹，简单的问答，还可以是以班级活动为主题的工作式交流。很多孩子可以通过这样简单的交流，达到对异性的了解。很多孩子知道这不是什么爱情，只是同学交往。所以，更多人选择了等待，等待自己长大。确实也有孩子谈恋爱，这些"爱情"往往以误会开始，以压力开始，以亲情的失落开始。这样的恋爱是不成熟的，也是不应该的，而且往往会以悲剧结尾。

青春期孩子这些独特的心理现象，它的表象特征用我们的话来说就是不听话、反抗、我行我素；用我们理想的标准来衡量就是病态的、不入流的。受于篇幅的限制，下面我就比较常见，比较突出的抑郁、骚动、叛逆、追星、早恋等五个问题进行展开说明。

四、抑郁

有一位姓杨的女家长，近两天寝食难安。因为她读初二的 14 岁女儿小燕近来十分反常，更可怕的是，前晚小燕的手臂上全是刀痕。面对母亲，小燕竟淡淡地说是自己用刀片割的。

小燕告诉母亲，因为前天物理单元考试只考了 79 分，与期中考试 96 分相比下滑了不少，因此，她要惩罚自己以示警戒，以后要好好学习。杨女士心疼地问她疼不疼，小燕依然十分淡定地摇了摇头。尽管小燕答应杨女士以后不会再做伤害自己的事情，但杨女士仍然有些担心，因为，去年女儿就曾因为考试成绩下降做出过过激行为，用手掐自己，但没有这次严重。

杨女士说，女儿的成绩一直很好，平时除了有些好强、爱钻牛角尖外，与人相处时十分外向。原本杨女士与丈夫一直带着女儿小燕在广东打工，直到女儿 6 岁才送回老家与外婆一起生活。前年女儿升初中，杨女士独自回老家照顾孩子。杨女士刚回老家时，小燕很少与她交流，随着相处的日子越来越长，小燕才渐渐开始与杨女士交谈。每次丈夫打电话回家叮嘱小燕要多穿衣，多吃饭，小燕就觉得十分反感，有时甚至还不愿接父亲的电话，觉得父亲虚伪。

杨女士猜想，是否因为自己与丈夫长时间不在女儿身边，才造成小燕如此偏激的性格。她更担心的是，小燕会不会是心理有问题，才会做出伤害自己的事情。

家长往往只看到事情的表象，看不到事情的本质，所以有时候拔苗助长，起反向的作用。他们从表象上压制孩子，不尊重孩子自己的选择；不知道孩子这时候正是独立意识很强的时候，会对家长的做法很反感，时间一长，家长和孩子之间就会拧成一个扣，代沟越来越深。所以说我们做家长的要尊重他们，让他们自己去想将来成长为什么样的人，需要做哪些方面的努力，同时还可以帮孩子盘算一下自己现有的条件，算算离自己要达到的目标还差多少距离，要做什么准备。极端的例子还是比较少的，普遍的问题是厌学。总之，不管家长或教育者，都应该让孩子认识到

我是在为自己学，从而使学习有动力，这很重要。

有一个目标对孩子是很重要的，当然，这个目标要切合实际，家长都觉得自己的孩子很聪明，但这个聪明和那个聪明是不一样的，不一定你看着聪明的孩子就能上清华、北大。另外要让孩子觉得自己的饭碗要自己找，自己将来的社会地位要自己找，这个问题解决了，学习的动力问题也就解决了。

首先，家长要让孩子知道自己是什么样的人？现在应该干什么？将来能成长为什么样的人？孩子还未长大成人，不知道自己的优势是什么。有的孩子智力平平，但他自己觉得就应该考清华、北大，家长也觉得这种想法很对。实际上孩子与孩子之间的差距很大，家庭的条件也不一样，由于几经努力达不到效果，很容易走向抑郁。

一位高级心理咨询师说，小燕之所以会有自我伤害行为，其实是因为太在乎成绩，欲望受挫后产生了自责心理。她的自残，其实是因为好强、偏执的性格引起的。家长需要引导她正确对待成功与失败。

五、躁动

躁动是青春期情绪方面的障碍，表现为很容易冲动。

北京海淀区有个学生从马路的东边向西边走，马路的旁边坐着两个学生。这一个学生看看这两个学生，这两个学生看看这一个学生，说："怎么着？不服吗？这边去，哥们！"这一个学生就跟着这两个学生进了胡同了。忽然又出来四个人，六个人把这一个学生包围了，这一个学生一看这事不好，掏出刀子就给前面的人一刀，捅完了就跑了。这一刀正好扎在肝脏上，就死了。后来公安局就抓了他们，问为什么行凶、打架？问这马路边的两个学生认识他吗？说不知道。再问那一个过马路的学生认识他们吗？说不知道，"他们说不服哥们就走，我一看事不好就先动手了。"就这么你看我一眼，我看你一眼，一个小小的问题就引发出一桩命案。这样的情况只有在青春期这种躁动时期、情绪不可控制的时期才容易出现。如果过了青春期到了中老年期，别说看他一眼了，就是撞他一下也不会这样。所以说这是一个很危险的时期，是一个暴风雨的时期，应该引起社会和家长各方面的注意。有个成年人在聊天的时候说：如果说打架的话，他最不敢跟十几岁的孩子打架。为什么？

因为他真敢玩命。他到大一点可能会顾及自己，也会顾及别人，但在那个年龄他谁都不顾及，最可怕的就是这个时候。这就是青春期躁动的一个表现。

躁动的孩子喜欢"惹事"，常常在学校里起哄、挑逗。如有个男孩子，刚14岁就交女朋友，女朋友告诉她别人欠她哥哥的钱。这男孩子就直接闯入别人家，把女主人捆在椅子上，把家里翻个够，也没有翻出多少钱，后来因为入室抢劫、人身伤害等数罪并罚，判了4年。这孩子生理发育超前，但非常幼稚。他的心理发育处在很幼稚的阶段，虽然很值得同情但闯下了祸端，必须要受到惩罚。最躁动的孩子还能折腾得整个班不能上课，老师只好要求家长在快考试的时候把躁动的孩子带回家，以便别人能踏踏实实地进行期末复习。

直接接触到孩子青春期这种表现的是家长。作为家长，面对自己躁动的孩子该怎么办呢？首先我们觉得应该从年龄上按不同的层次逐步使他提高，使他有社会责任感。综合目前所有的青春期问题，我觉得最大的特点是社会责任感差。

这不是一个单纯的问题，家长要有一个高度的自我认识。首先我们要看到孩子是大人的一面镜子，从他们身上能折射出教育成功的一面，也可以反映出教育失误的方面，不要把孩子的问题简单地认为是孩子的问题。孩子是家长的一面镜子，所以对待孩子的态度都应该非常负责。因为我们赋予孩子生命，并把他带到人间，所以我们要为孩子负责。不是说我们养活孩子为了将来有什么报酬，不是这么回事。举个很简单的例子，几个孩子多次抢劫，累计将近2万块，最后都吃光花光了。有关人员找到了家长说明事情，家长很惊讶，因为孩子在学校学习很好，还是班干部。家长说我的孩子不会干这样的事，我从来没有发现过。那么我就要反问，你的孩子在外面吃了饭，他回家还吃饭吗？吃饭还那么香吗？如果你的孩子隔三岔五地不在家吃饭，你没想到这是什么问题？是他有病了？情绪不好了？还是在外面吃了？你只看他分数怎么样，孩子学习好，什么都好，这其实是家长的一个误解。抢劫不是一天两天，也不是一两个人，是成伙的。如果在孩子骚动的萌芽当中和孩子沟通、预防，就不会抢劫到2万块钱了，所以家长要想推卸这个责任是讲不过去的。做家长的要蹲下来跟孩子说话，要高度负责任地跟孩子说话，要非常细致地去观察孩子的一言一行、一点一滴，包括躁动、抑郁、厌学，包括好的行为、不好的行为，都要能观察到。中国有句话：知子莫若父，知女莫若母，这句话是有哲学道理的。

六、叛逆

青春期的孩子思想上想独立，能力上尚不能驾驭，而我们家长又要以传统的方法手段和认识来管理他，这是导致孩子严重逆反的原因。

孩子的逆反心理是孩子开始长大的标志，想要向别人证明自己是大人了，但是由于缺乏生活经验，不完全恰当地理解自尊，强烈要求别人把他们看作是成人，于是就开始产生逆反心理。对于爸爸妈妈的批评和劝导不像以前那样听话了，甚至产生抵触、不顺从的情绪。其实这种逆反心理就是你本来叫他向东，他却偏偏产生一种向西的要求；你不许他这样做，倒反而使他增强了想这样做的欲望。他们就是想告诉你，自己是大人了，没有必要事事听你啰唆，自己可以做主。

古希腊有一个神话，宙斯给一个名叫潘多拉的女孩一个盒子，盒子里装着人类的全部罪恶。和其他孩子一样，潘多拉也是很好奇的，加上宙斯给她盒子时告诉她，绝对不要打开。正因为这样，潘多拉更想看看盒子里的东西。她打开了盒子，结果人类所有的罪恶都跑到了人间。

逆反的孩子就是调皮的潘多拉，想要知道秘密，越禁止的事情越要干。其实对家长来说，这也不是很大的问题，这是每个孩子正常的生理周期反应，并不像有些父母想的那样，觉得孩子大了翅膀硬了，什么都敢做了，存在很强烈的逆反心理。只要父母指导得法，是完全可以顺利地度过这一危险的年龄期的。

有一个学生，临近期末时下决心要努力复习，想在考试时打一个翻身仗。他在学校刻苦学习了一整天，晚上回家之后感觉到有点疲劳，回想自己一天总算没有虚度，所以决定小小放纵一下：先看一集电视剧再复习功课。在家看电视时，这个学生心里总是不踏实，总感觉周围有四只眼睛盯着自己。随着内心的越来越不安，他终于下定决心不看电视，回到自己的房间温习功课去了。就在快要进房门的刹那，身后传来了母亲的声音："快考试了，你要好好学习。"瞬间，已经快要达到顶点的学习热情突然被浇灭了，这个学生噘着嘴小声嘟囔着："就冲你这句话，今天我不学习了。"

明白了事物的真相，做父母的就要知道管教孩子不是与孩子对抗，而是接纳孩子。其次，父母要在具体的方向上引导，方法上指导。

孩子在长大的过程中，知道的事情会越来越多，见的世面越来越广。孩子在学习的过程中，渐渐地会形成自己独特的人生观、价值观。每个人都是不同的个体，每个孩子的价值观当然也与父母有差异。在青春期，他们想要强迫自己的父母同意自己的观点，然而，孩子在这个时候做的事情又是不全面的，他们的观点当然得不到父母的赞同，这又让孩子产生了更强烈的抵触情绪。他们喜欢与人争论，但常论据不足；喜欢怀疑，却又缺乏科学依据；喜欢发表见解，但又判断不准；喜欢批评别人，却又容易片面。家长知道了"心理断乳"期孩子的这些特点后，对待孩子就更应避免简单粗暴，或者"哄骗"的方法。

对于有逆反、叛逆行为的孩子，首要的一点就是尊重孩子、理解孩子的心，满足他们一定的好奇心，但不能让他们越轨。家长要合理疏导孩子的情绪，千万不能激化出更严重的问题。

七、追星

时下，各式各样的青春偶像剧越来越多，受到青少年追捧，其中部分劣质偶像剧可能对青少年的身心健康产生不良影响。

与家长谈起偶像剧，绝大多数的家长都会反对。一位我熟悉的家长前些天对我说，她的女儿今年刚上初中一年级，只要稍有空，就在电视或电脑上看偶像剧，经常看得"走火入魔"。

"偶像剧对女儿的生活造成了严重影响。"那位家长说，"女儿现在只关心哪个明星更帅，哪个明星有什么花边新闻，对大到社会时政新闻，小到家里琐事都不感兴趣，而且和长辈也没有任何共同语言。"春节期间，这位家长走亲戚，她想让"三天不出家门"的女儿去外面看看，和街坊邻居亲戚朋友也接触接触，但女儿一口回绝："亲戚有什么好走的，还不如在家多看两集偶像剧。"

如果我们留意一些，就不难发现身边沉迷偶像剧的中学生不在少数。令他们沉迷的内容，无外乎是偶像剧里的帅哥、美女，以及发生在这些帅哥美女间的王子与公主式的爱情故事。一些中学生不但爱看偶像剧，还喜欢模仿，拼命让自己变成偶像剧中人物的样子。有些女同学，整天都在讨论要找一个像某部偶像剧中男明星一样帅的男朋友，要买某部偶像剧中女明星穿的衣服。而且，为了追求明星般的好身

材，因过度减肥而得胃病的女同学也大有人在。中国青少年研究中心少年儿童研究所所长孙宏艳指出，对于当前社会上流行的各种偶像剧，我们不能一棒子都打死，但不可否认的是，其中部分偶像剧传达的信息不够积极，不符合社会的主流价值观，对青少年的成长可能产生消极影响。

对于偶像剧对青少年的危害，知名导演、中国传媒大学摄影系主任梁明教授有着很深的体会。梁明告诉记者，他女儿今年12岁，经常看偶像剧。有一天，女儿突然告诉他，长大了不结婚，因为她从很多偶像剧里看到，结了婚的反正也会离婚，没有好结果。

"影视剧特别是一些以青少年为主要受众的偶像剧，只要它们播出来，就会有教化和传递价值观的功能。但现在我们只把偶像剧当娱乐工具，基本忽视了它的教化功能。这将带来许多非常严重的后果。"梁明说。

对于青少年特别是十二三岁的青少年来说，偶像剧对他们有着天然的吸引力。同时，这个年龄段青少年的判断力较弱，对许多问题的认识不够深入和客观，很容易将剧情内容和现实生活混淆，一旦剧中的明星扮演的是一味追求高消费、私生活混乱的负面形象，他们就可能认为自己也应该过那样的生活，发展下去的结果就是：读书没心思，成绩退步，好逸恶劳甚至走上与法律对抗的另一面。

八、早恋

前面已经讲过，青春期是不确定期，所以，不是所有的孩子都能顺利、安稳地度过这个时期。青春期孩子伴随着生理的性成熟，他们心理的性意识萌生，由于强烈的性好奇心和接触异性的欲望，男女中学生之间常常产生一种异常强烈的渴望与异性在一起的依依不舍之情，这就是中学生最初的爱情。然而他们年轻幼稚，各方面条件还不成熟，初恋表现出明显的幼稚性和冲动性。初恋给中学生带来的往往不是幸福和欢乐，而是痛苦和烦恼。

江苏省南通市某中学一个叫桂慧的女学生在信中诉苦说：15岁那年父母去外地打工，她开始了独立生活。由于自小就没有离开过父母，什么都不会，处处需要别人的照顾。他出现了，温柔体贴，又不失男子汉的风度，我们俩的关系越来越好。

在一个晚上，他吻了我，从此我的心就没平静过。我整天胡思乱想，成绩越念越差，我很着急。想让自己定下心来，却怎么也无法控制自己。期末考试了，我万万没想到我居然挂了两盏红灯笼。成绩一向很好的我落得如此地步，我后悔了。然而那颗少女的心总是不能平静，一个寒假没过好，除了父母的责怪，还有自己内心的不安。新学期开始了，我打算抛开一切，认真学习，可没几天，与他的接触，又使我魂不守舍，没有心思学习了。

最后，她着急地呼喊：孙老师，我该怎么办？您能帮助我早日脱离情的苦海吗？

中学生不易控制自己的感情，过早地堕入情网，感情的闸门打开就会一泻千里，无法控制，冲动有余而理智不足。像这位女生一样，分散了精力，耽误了学习，给自己带来了很大的苦恼。

另一位山西省 15 岁的中学生张晓红也有着同样的经历。她那对早恋的痛苦之情跃然纸上：我也是一名早恋的学生，早恋给了我什么呢？仅有痛苦的回忆和难愈的精神创伤。接着，她叙述了自己早恋的经过。

一次偶然的机会，我认识了一班的小李。真是投缘，我们俩在一起感到有无穷的乐趣。可是没几天，放暑假了，我见不着他，一种难以名状的情升在心头。我觉得自己爱上他了，整个一个假期，我像丢了魂似的。

终于慢慢地熬过了假期，我们又见面了，并且很快就恋上了。我为他献出了自己的初吻，可是自从和他好上后，我的学习成绩就是一团糟了。因为毕竟我们没有那么多的精力，他的成绩也越来越差，我的心里很不是滋味，总有一种犯罪感。我是一个坏女孩，是我害了他，我不该这样做，真不该。我想这种痛苦，这种内疚将伴随我一辈子。

目前，早恋现象已经有向更小年龄段发展的趋势。我有时外出的时候偶尔会看到一些男女中学生牵着手走在路上，当着众人的面在车站、公交车上拥抱接吻。某校一位小学六年级的女生偷偷地拿了家里的钱，与一位网友到宾馆开房。最后还是经过同班同学在 QQ 里与她对聊，套出她在某家宾馆住宿才将她找到。一旦女孩子过早地恋爱、怀孕，那么最后这个女孩子学习、高考也肯定不行了。这当中，偷吃禁果的女孩子受的损失最大。

尊重孩子的生长特性，尊重孩子的个性，适度管理，创造好的环境，合理接触社会，结交正能量的朋友，让孩子青春期的"不良"表现"改邪归正"。对于孩子

的早恋问题，做家长的应该是预先防止。如果发现孩子有以下一些表现和迹象，就要引起警惕：比如女孩子变得特别爱打扮，突然之间学习成绩急剧下降；本来活泼好动的性格，突然变得沉默起来；喜欢一个人躲在房间里或待在一角想心事，常走神发呆，做事没耐心，一到晚上常常魂不守舍，找一个借口外出；常有异性打电话来等等。但如果孩子真的早恋了，做家长的也千万不要去责骂孩子，更不能暴跳如雷，以免将事情推向我们希望的反面。正确的做法应该是耐心地找孩子谈话，向孩子说明早恋的危害，引导孩子走出误区。

这里有一点需要向家长特别说明，早恋问题首先要和异性同学之间的正常交往区分开来。就是说很多时候家长和老师都不要敏感，由于过于敏感，导致异性之间的交往受到一些限制，反倒有可能引起一些不正常的现象。所以我想无论是家长还是老师要鼓励异性同学之间的正常交往，营造一个健康的空间，大家开开心心、大大方方的交往。另外一方面家长和老师要正确看待这个年龄阶段出现的一些现象，一个男孩儿喜欢一个女孩儿，或者一个女孩儿喜欢一个男孩儿，这是非常正常的，因为孩子十二三岁有了内分泌的变化，出现了第二性征，开始对异性感兴趣，这是正常的生理现象，家长没有必要大惊小怪。我们都从这个年龄过来的，重要的是引导自己的孩子免受伤害。

九、相处的方法

上面说了几个孩子在青春期比较常见，也比较严重的问题。下面就给家长们说说针对这些问题以及其他的一些情况，谈谈如何面对和处理。

我还是想请家长们听一听一位孩子的心声：自从进入初中之后，我也不知道是为什么？焦虑、烦恼、紧张等情绪令我感到很不安，使我的心情起伏不定。一会儿觉得天是蓝的、水是绿的；一会儿又觉得天是黑的、地是暗的。不知道明天会是怎样？每天都像行尸走肉似的重复着早起、上学、听课、做作业。有时候还得听父母的唠叨、老师的责骂。小的时候，我总是盼望着长大，长大了就可以拥有属于自己的空间，自己的想法，能自由自在地飞翔。可是，现在真的长大了，烦心的事却随着年龄的增长接踵而来。我常常想：成长的滋味到底是什么？是苦？是甜？好像都是，也好像都不是。上中学后，我要不停地做作业，有时作业太多了，要做到很晚才能做完。有时候，还要被逼着去参加我不喜欢的培训班……此时，我心里真的很难过，但我在向父母倾诉时却得不到帮助，可想而知，我的心里有多苦。也许，在爸妈的眼里，我是一个不正常的孩子，不但情绪多变，而且叛逆心理特别强。可他们也许不知道，有时候的我，自己也不知道是怎么回事，无法控制自己。

听了孩子的心声，您会有怎样的感受呢？其实，青春期孩子内心的烦恼也不比大人们少，他们也非常渴望来自父母的宽容、理解、尊重和真心的爱啊！那么，作为家长，我们该如何更好地与青春期的孩子相处呢？我说，好关系胜过许多教育。当我们善于与孩子相处时，孩子才会当我们为朋友，才会向我们敞开心扉，只要孩子把内心的真实想法说出来，就没有解决不了的问题。首先要学会与孩子沟通。有的家长说：我的文化程度差，我跟不上孩子的脚步，不会与孩子沟通。其实，沟通很简单，就是倾诉加倾听，尽量多听听子女的倾诉，尤其是在子女高兴的时候、遇到困难的时候、伤心的时候，不要错过倾听子女诉说的机会。父母应创造一个宽松的环境，创造一种"听的气氛"。和孩子平等对话，不压制孩子也不放纵孩子，就像和别人家的孩子交流一样和自家孩子说话。这些做到了，孩子的青春期痕迹就会淡很多。孩子的成长，都有他的自然规律，我们父母能做的就是顺应规律，顺应孩子的特性，从改变自己开始，将孩子的"青春期综合症"消弥于无形。

面对孩子的青春期，协调孩子心理上的矛盾和冲突，是我们做父母的重中之重，可以从以下几个方面入手：

1. 变命令为商量

我们这些家长小的时候所接受的教育大抵也就是父母的命令，由于教育的传承性，也同样习惯用命令的口吻对孩子说："你应该睡觉了，听到没有！""去收拾你的房间！""关掉电视，做作业去！"家长处于强势，孩子处于弱势，不能不听。但青春期的时候，孩子不再惧于你的威慑，对这种带有强制性的命令开始阳奉阴违，或公开反抗。如果换成商量的方式，用温和的口气和孩子说话，就不一样了。比如："你是不是该睡觉了，你看这么晚了。""你能不能把房间收拾一下呢，我看好乱呀。""我们关掉电视，去做作业怎么样？"如果家长担心孩子不听，则可以用选择句。比如要求孩子八点半上床你可以说："你是八点一刻睡呢还是八点半睡？"如果孩子贪玩，那一定会选择后者。你可以说："好的，我尊重你的选择。不过，你

要对自己的选择负责,我相信你八点半一到就会立即去睡觉。"这比没有商量和选择余地的命令更容易让孩子接受

2. 变否定为肯定

家长总是无意中用否定句来否定孩子,比如:"你真够笨的,连这么简单的题也不会做。"

"又去打架了,老师都告到家里来了!""又撒谎,为什么总骗我?"以上都是在否定孩子:孩子不聪明,孩子不乖,孩子不诚实。这样的负面标签会让孩子感到自己不好,成人的否定会变成自己对自己的否定。反正我不好,干脆破罐子破摔!我就"不好"给你看,看你怎么办!孩子不可能不犯错误的,也不可能没有一点缺点。但孩子同样有好的一面,我们何不放过孩子不好的一面,抓住好的一面给予肯定呢?比如发现孩子懂事了就加以肯定:"这孩子,越来越懂事了。"孩子五次考试中只有一次考得好,那么就放过那四次,肯定仅有的考得好的这一次,增强他的信心,让他看到希望。孩子也会在家长不断的肯定、鼓励、欣赏中朝着好的一面发展。

3. 变唠叨为关爱

恐怕没有哪个家长不对孩子唠叨的,有的是无意识的唠叨,有的是明知唠叨不好又控制不住要唠叨。这种习惯性的唠叨,对孩子来说是一种灾难。其实语言的效力是有限的,身体语言与爱的行为同样重要。比如要交给孩子一个任务时,拍拍孩子的肩,点点头,表示信任;孩子有了好的行为,给他一个赞许的微笑,投去自豪的眼神;孩子刚到家,给他一杯热茶;晚上睡觉前与孩子说一声再见,表示一天的告别。青春期的孩子反感家长的原因之一就是他感受不到父母的爱,因为这种爱被没完没了的唠叨、指责、说教给隔断了。这个时候,家长如果试着把自己的心态放回到孩子两三岁的时候,让自己重温那个时候的母爱,那么,相信家长这种无条件的爱足可以软化孩子与你的对立。

4. 变管制为放手

家长认为孩子还小,所以需要严厉管制,不管就会没规矩,就把心玩野了。比如管孩子的学习，陪孩子做作业，处处严格要求。怕孩子做不好自己的事，所以管孩子的生活，替孩子做事。总之在家长眼里，孩子是永远长不大的。殊不知这样的管制，反而让孩子失去了责任感，把自己的成长交给了家长。同样，这样的管制使孩子的自制力无从培养。于是，家长一旦不管，孩子便如脱了缰的野马。紧接着，家长又走进了这样一个思想的误区：看，我一旦不管，孩子就变得更糟糕！而孩子却在管制中感到了压迫和不自由，为了挣脱束缚，寻求自我空间，孩子就会和家长对抗。所以，家长该放手时要放手，教会孩子去为自己负责，该信任的时候要信任，给孩子锻炼的机会，这样才能让孩子在体验中成长。

5. 变主角为配角

孩子青春期以前，凡事都听父母的，父母也万事包办。可到了青春期就变了，孩子开始反抗父母，开始强烈地寻找自由的空间，希望别人把他当大人看。这时如果父母还事事干涉，要孩子凡事都听自己的，就会引起孩子的逆反。所以这时候父母要把自己从权威的角色上放下来，适当地表现出谦虚，你可以对你的孩子说："妈妈老了，跟不上形势了，不了解你们这一代的想法。你希望妈妈怎么帮助你，你直接跟妈妈说好吗？"

青春期的孩子要寻找自己的成人感，希望别人把他当大人看，往往试图先"打败"家里的父母。我们做父母的要做的不是与孩子争"地位"，而是适当地让步，尊重孩子。一些家里的大事也可以尝试着和他们商量，征求他们的意见，这样，孩子就会慢慢感觉到父母把他当"人"了，反过来他会更加尊重父母。长此以往，孩子会慢慢地意识到自己长大了，应该分担家庭的责任，给父母分忧，进而成长为一个有决断力、有责任感，明辨是非的"成人"。

6. 变前进为后退

孩子逆反，与大人较劲，这时父母可以采取以退为进的方法，切不可与孩子硬对硬，因为那样的结果只能是两败俱伤。比如你儿子特别爱打游戏，你可以说："儿子，妈妈不如你啊，连最简单的游戏都不会打，你可不可以教教我？"孩子听了肯定很高兴。当你逐渐表现出迷恋游戏时，孩子可能就会渐渐失去对游戏的兴趣，因为孩子玩游戏的潜在目的就是寻求与家长分离的空间，如果父母也爱玩游戏，他

反而会失去兴趣。

我有一个朋友,他儿子是哈日族,卧室里挂满了日本的东西,贴满了日本影星的巨照,穿着有破洞的牛仔裤,学日语,吃饭还非得去日本餐馆。他妈妈非常着急,给他讲抗战时期日本鬼子侵略中国种种坏事,讲南京大屠杀的历史。可他说:"我都知道,可这是两码事。我讨厌日本但不一定要讨厌他们的文化和生活方式,再说我了解他们是为了更好地对付他们。""你看,他还振振有词,真拿他没办法了。"他母亲唠叨道。我向她建议,让她装成是哈日族,把日本影星贴在墙上,也听日语歌。结果过了一段时间,她儿子把照片都揭下来了,破牛仔也脱下来了。为什么?因为他要和父母有区别。他妈妈一下班就拿起初级日语读,读得磕磕绊绊,她儿子就会不耐烦地说:"老妈,求求你别学了,日语真难听!"

其实孩子不一定真的喜欢某个东西,他只是在向父母"示威",你不让我干的,我偏去干,这是青春期孩子正常的逆反现象,如果你不反对他,反而认同他,他反叛的动力就会消失。

针对青春期孩子的心理特点和需求,我们家长首先要做的是了解。只有了解了孩子存在的问题,才能有针对性地进行破解。

十、适合读的书

对于孩子的青春期,除了我们做家长的了解掌握,还有一个重要的方式就是让孩子自己修炼。什么叫修炼?或者是修炼的方式、修炼的重要渠道是什么呢?那就是阅读。阅读可以使之成为大写的人。为此,我向家长们推荐并通过家长让孩子在这个时期好好读一读对孩子顺利度过青春期有帮助的书,使之内外相互作用,以达到我们的目的。以下7本书,供参考。

1. 龙应台的《亲爱的安德烈》

简介:在龙应台与她18岁的儿子安德烈的三十多封书信里,进行着弭平两代人之间代沟的努力。探讨了母子对新与旧、左派与右派、流行文化与人文关怀的看法,体现了母子不同的时代价值观。

推荐理由:围绕青春期孩子与上一代的代沟讨论。

2. 武志红的《七个心理宣言》

简介：7 个关于心理健康的寓言，从故事中获得成长的感悟。

推荐理由：生活中的寓言，随时都在上演。读懂《七个心理寓言》，爱就会在你心中开花结果。

3. 三毛的《撒哈拉的故事》

简介：由 12 篇精彩动人的散文结集而成。其中《沙漠中的饭店》，是三毛适应荒凉单调的沙漠生活后，重新拾笔的第一篇文字。自此之后，三毛便写出一系列以沙漠为背景的故事，倾倒了全世界的中文读者。

推荐理由：充满爱和自由。

4. 蔡康永的《有一天啊，宝宝》

简介：腹黑人讲的温暖故事。这本书写给小 S 的宝宝，同样也是写给那些还在天上未来到人世的宝宝们。年少的时候，会说，如果有选择的话，我才不愿意来到这世界上。年纪见长的时候，会说，如果有选择的话，我还是会选择来到这个世界上。因为所谓的痛苦、伤害、不愉快，统统都变成成长的必经之路。如果今天变成美好的，那是因为昨天的苦难。爱生活，享受生命，才是我们来到这个世界上的意义吧。所以，宝宝，如果你可以选择的话，一定要选择来到这个世界上哦。因为不管是什么样的人生，都会是你独一无二的拥有。生命是我们唯一与众不同的东西。

推荐理由：通过蔡康永最深情最温柔的宝宝日记，你将发现，原来人生有这么多精彩好玩的"问号"，以此感悟生命的意义。

5. 韩松落的《为了报仇看电影》

简介：本书由韩松落的电影随笔结集而成，全书共分为四辑。《人生的质感》，借助电影观察人生；《熊不是泰迪熊》，借助电影窥探时事；《滋养灵魂的风景》，探查与电影直接有关的人与事；《私房话》，表达个人与电影的亲密接触。

推荐理由：看懂这本小书需要体悟与洞察，以我们熟悉的电影为素材和话题的因由，着重考察我们的生活在影像中的映射，以及影像对我们生活的渗透，增加孩

子对生活、对周围的理解。

6. 艾伦·麦克法兰的《给莉莉的信：关于世界之道》

简介：莉莉是本书作者艾伦·麦克法兰教授的外孙女，17 岁，对世界之道充满好奇，经常向他提问："什么?""为什么?""怎么样?"。于是，教授写下这部专著，以 30 封信的形式，回答了莉莉的部分问题。身为人类学家、社会学家、历史学家和教师，作者运用自己的丰富学识和经验，对莉莉的问题给出了深入浅出、极富创造性的回答。

推荐理由：30 封信纵观人类历史，综览世界文明，笔锋的指向，从个人层面，直达哲学、宗教、政治等更宏观的领域。莉莉的问题没有时间性，它们是每一个思考者——从青少年到成年人的困惑。同样，教授的回答也没有时间性，它们是每一个思想家的可能答案。

7. 乔斯坦·贾德的《苏菲的世界》

简介：本书以小说的形式，通过一名哲学导师向一个叫苏菲的女孩传授哲学知识的经过，揭示了西方哲学史发展的历程。从前苏格拉底时代到萨特，以及亚里士多德、笛卡儿、黑格尔、祁克果、柏拉图等人的思想，都通过作者生动的笔触跃然纸上，并配以当时的历史背景加以解释，引人入胜。

推荐理由：为孩子的成长——使生命从混沌走向智慧、由困惑而进入觉悟之境，挂起了一盏盏明亮的桅灯。

赏识使孩子成功，抱怨使孩子失败。禁止意味着引诱，压抑反而是强化。让孩子平和度过青春期，"开放、接纳、宽容"是态度，"适当放手、方向引导"是方法，"和孩子共情、平等对话"是技巧。

第十二讲　热点问答

"老师，我的孩子我的话不听的，你们老师的话倒是要听的。我真是对他没有办法！""老师，我家孩子还在读二年级，但每天的作业要做到九点多，有时甚至十点多，我陪着他，拖也拖死了。不知有什么办法让他的作业做得快一点？""老师，哪一所中学比较好？我想让我的孩子去好一点的中学就读，您帮我想想办法吧！"平时，在学校，在路上，在家里……总是有许多家长问我与孩子有关的这些问题，五花八门，什么都有。有一些问题，我想是确实需要让家长了解和明白；还有一些问题，看似很小，由于找不到答案，对家长来说也非常苦恼。鉴于以上情况，我想以问答的形式给家长再写上一讲。希望下面的 20 个问答基本能解答家长们在平时所碰到的问题。

一、家长问：我孩子放学回家、节假日，作业不做，先看电视，玩电脑、玩手机，请问怎么处理？

答：现在的家庭基本上都有这三大件东西，也就是说都有这三个麻烦。是的，特别是电脑和手机，里面什么都有：游戏、动画片、微信、微博等等，有很多家长心里很着急，经常问我，怎么办？这怎么弄？有没有解决的办法？我的建议是：孩子看电视要规定节目，如"科教频道"中的"走近科学""探索发现""地理中国""人与自然"等；"新闻频道"中的"新闻联播""环球视线"等，时间在半小时以内，没有特殊情况不能延长；电脑要设置密码，只有在学习上查资料的时候可以

用。我儿子读书的时候我在电视的同轴电缆上做好手脚，让电视放不出。但这样的后果是全家所有人都不能看电视了，我们就这样。至于电脑，我儿子从读小学一直到初中毕业，我就没买。当然，那时电脑还不像现在与生活结合得这样紧密。我们家长不要去攀比，也不要担心孩子以后不会用电脑。我的儿子现在虽然学的是物理，但他对电脑的精通程度并不亚于电脑专业的学生，组装电脑、修理电脑都不在话下。我儿子在读大二的时候，中国在日本留学的一个学生，在写博士论文的时候需要一个计算机程序进行计算，而自己又不会，就在互联网上求助，是我儿子给他编的。所以说，小时候学不学电脑，跟他今后操作电脑的水平没有多大关系，我们不必担心他以后在电脑使用上落后别人。孩子在文化课上需要花大量的时间和精力，而电脑又容易使小孩子上瘾，一旦上网成瘾问题就非常严重，再要挽救过来就相当的吃力。我告诉你们，曾任微软 CEO 和首席软件设计师的比尔·盖茨每天只允许他的女儿上网 40 分钟。现在还多了一样智能手机。智能手机里什么都有。我说这是一个很糟糕的发明，因为这个发明，很多人已经毁了或者即将毁了。在这里，我郑重地告诉家长，千万别给孩子买，就是家里有多余的手机也别给孩子。自己在用的手机也不能给孩子玩，更不能用给孩子玩手机作为奖励。也许手机有时会带来方便，但它对于一个正在读书的孩子，弊绝对大于利。智能这东西在给了我们方便的同时，也给我们送来了烦恼和危险。一天到晚玩手机，打游戏，眼睛近视，读书、工作没有心思。我们不是常说：时间就是金钱，时间就是生命吗？时间对于一个正在读书的孩子是多么的宝贵，家长们一定要引起高度重视和警惕。看电视会给孩子输入一个固定的模式，是被动的接收，不利于培养孩子的想象力和创造力。我在上课时经常碰到学生走神，问他在想什么？他说："在想电视里面的情节。"所以，对于这三大件东西，家长要管制。

二、家长问：老师布置的作业过多，孩子做到很晚都做不好怎么办？

答：这个问题有点麻烦，既然提出来了，就得解决。我的处理意见是：家长首先要向孩子同班的其他同学了解，是不是老师布置的作业真的过多。如果其他同学没有感觉到过多，则要找一找自己孩子的原因了：是不是孩子作业的速度太慢？是不是孩子把学校里应该完成的作业带到家里来做？是不是孩子不想做作业，故意在家长面前叫苦？如果经过了解，确实是老师的作业布置得过多，则要了解清楚是某一课程的作业过多，还是大部分课程或者全部课程过多，然后与班主任老师进行平和地沟通，让班主任老师进行协调。还有一种方法也可以试一试，家长也可以直接与相关的科任老师进行沟通，就说我家的孩子作业实在是完不成，是不是容许挑选部分来做，部分不做。家长出面，一般情况下，老师应该会同意。如果上面两种方法都不行，那只能向校长反映了，请求校长给予解决。有一所学校曾经以学校的名义给全校家长发过一则短信。短信的内容是这样的："各位家长，如果您的孩子家庭作业做到晚上九点还做不好，您可以给班主任老师打电话，也可以给校长打电话。"我相信，在目前全面实施素质教育的今天，国家三令五申要减轻学生的作业负担（教育部门对学生的作业布置都有严格的时间规定）情况下，用不到第三步就能解决。

三、家长问：要不要给孩子补课？要不要让孩子参加各种特长培训？

答：补课可以，但切忌面面俱到，要有的放矢，缺啥补啥。补课首先要选对老师，最好是全日制学校正在教这一课程的老师。一者熟悉教材，了解课程的重点难点和课程的前后衔接；二者正规的教师具有丰富的教育教学经验，能针对不同的学生采用不同的教学方法，做到有的放矢，事半功倍；三者现在教材改得非常快，二到三年换一套；部分内容的解题方法也有变化。如解方程：例 $15-x=9$。以前用公式"减数＝被减数－差"做，现在却用抵消的办法做，即 $15-x+x=9+x$，$15=9+x$，$9+x=15$，$9-9+x=15-9$，$x=6$。当然，最终只要答案对，无论是老方法还是新方法都是对的，但学生会被搞得晕头转向，所以，最好找熟悉教材的教师补课。但问题是现在国家的政策不容许全日制学校的老师这么做，三令五申，明察暗访，抓得很紧，估计不太可能。那么只能退而求其次，选刚刚退休教过本课程的老师。如果退休教师也找不到的话，就找在学校里正在代课或代过课的老师。如果上面所说的这些老师都找不到的话，那么，只能找相对好一点的其他老师或补习班了。其次，要选择补课人数少的补习班，宁愿相对贵一点。人多了，学生吵，老师烦，效果肯定不佳。

关于课外特长培训，应宜少不宜多，要根据家庭条件和孩子的兴趣爱好。家长

也不要有太高的要求，不要主次不分，本末倒置，有收获就好。一般情况下，我们没有能力也不太有可能把你的孩子培养成为某某家。不要给孩子施加不能承受的压力，孩子努力了就好。我儿子在小学只学过两样东西：一是奥数，在读六年级时学了20课时吧；二是二胡，学了七八课时就不想去学了。不学就不学吧，我们只是给孩子埋下种子，培养他的兴趣，发不发芽，长不长成大树是他自己的事。如果以后孩子有兴趣了，他自然而然会去钻研，会向这一方面发展。家长们可能不知道，我国一些近现代的著名作家几乎都不是文科出身的，是因为兴趣，才走上文学这一条道路的。我搞收藏也是自学的，写诗也是自学的，雕刻也是自学的，当然，我不是著名的。

需要特别指出的是，相对来说，小学阶段可以自由调配的时间比较多一些，上初中以后就会越来越少，如果再让孩子去参加特长培训，时间与精力上就要与文化课学习发生冲突。除了特殊情况（比如钢琴、舞蹈、书法等特长的考级还有一个尾巴），就不要再去搞什么培训了，毕竟特长培训只是"副业"。

一些家长今天给孩子培训钢琴、舞蹈，明天给孩子培训书法、美术，后天给孩子培训奥数、写作，也就是一天到晚给孩子培训，把孩子当作机器，弄得他们一点也没有空，一点也没有时间玩，一点也没有时间休息，结果反而抑制了他们的兴趣，抑制了他们的天性，活活地把他们的某一方面能力给抹杀了，不少孩子甚至因此对学习产生厌烦和抵触情绪，反而使成绩下降。

四、家长问：我孩子做事很拖沓或者很急躁，怎么办？

答：一个人的成功与否，不但与品质、健康有关系，同样与性格、胆子也有关系。我们说，"时间就是金钱"。做事拖沓，今天的事明天做，明天的事下个月做，怎么与时间赛跑？就是在微信上去抢一个红包也抢不到，是不是？反过来，"心急吃不了热豆腐"。心很急，必然会导致做事毛糙，不细心，它产生的后果是做事不完美，做产品出次品，小事还好，大事糟糕。所以家长如果发现孩子做事拖沓，要有意识进行反方向训练。比如在规定的时间里把什么事情做好、做对（如口算训练、写字训练等）；如果发现孩子性格比较急躁的，则要有意识地培养他处事慢一点、耐心一点。比如让他写毛笔字、画图画等，女孩子还可以让她绣十字绣等。

五、家长问：孩子上课不专心听讲，说悄悄话，做小动作，在家写作业时边做作业边玩，磨磨蹭蹭，做事情总是有始无终，影响学习成绩，怎么办？

答：这是注意力不集中、持续能力不强的表现。如果是在孩子的学龄低段，从心理角度讲也属正常，但如果到了学龄的中、高段还是这样，那肯定不对了。但从学习的角度讲，到了学龄阶段就必须予以纠正。怎么纠正？我们做父母的可从以下几个方面入手：

首先，在家里父母要为孩子创造一个良好的学习环境，要排除在孩子学习时各种可能分散孩子注意力的因素。即在学习前，事先做好各种准备：让孩子吃好、喝好、穿戴适当。学习前不要让孩子玩新颖的玩具或有趣的游戏，使孩子在平静愉快的心情中开始学习。创造一个安宁舒适的环境，是集中孩子注意力的必要条件，孩子的学习环境力求单纯固定，有条件的最好能让孩子有一个固定的学习地方，没有条件的学习环境也要力求单纯。

其次，孩子在学习时，大人不要走来走去，说这讲那；不要看电视、整理家务。因为如果这样，会严重地分散孩子的注意力。孩子学习时，家长也最好坐下来，看点书、读点报，或作一些不惹孩子注意的事情。如果家长肯下大决心、花大力气，则可以在孩子放学后开始学习、作业时就陪同学习，一直到完成为止。当然，这是临时性的举措，家长千万不能长期陪伴。就像照顾一位病人，随着病情的慢慢好转，家长要逐渐放手。其实，孩子的这些不良习惯或者毛病都是我们家长造成的，不过，亡羊补牢，为时不晚。我们学校有一位女教师，在孩子开学读一年级时，用整整一年的时间陪同孩子学习，专门用来培养孩子良好的学习习惯，尽管在这之前，他们也非常重视对孩子各种习惯与品质的养育，并且相当有成效。此后，她孩子的学习家长基本不用去管，无论是在家里还是在学校，孩子都能优质高效地完成。家长们可以参考。

至于在学校上课时不专心听讲，说悄悄话，做小动作，做作业磨磨蹭蹭这些问题，老师会用专业的办法予以纠正，家长不必担心，家长所要做的就是做好家里这一块。家校互相配合，我相信，快则三个月，多则半年、一年就能改变这些不良习惯。

六、家长问：我孩子家长的话不听的，有时还要和我们顶嘴，老师的话倒很灵，这是怎么回事？

答：孩子不听家长的话，直白一点说，是不当家教或者是没有家教的结果。家长第一次叫孩子干什么或者不要干什么（当然是在孩子那个年龄段能接受的范围内），孩子不听，仍然我行我素，家长最后不了了之；孩子第一次和大人顶嘴，大人也没有及时的教育和制止，那么时间长了，孩子就养成了以自我为中心和与家长顶嘴的习惯。大人可能还很奇怪，自己的孩子什么时候养成了不听家长的话，还常常和家长顶嘴，其实就是在孩子的不良习惯刚开始萌发的时候，我们的家长没有足够的教育意识，有些家长甚至还以此为乐，让孩子逐渐形成了不听话和顶嘴的坏习惯。孩子的坏习惯在开始的时候没有及时地纠正过来，在形成稳定的习惯以后，纠正起来就非常困难。所以，我们在平时特别是从小注重养成孩子各种良好的习惯，包括按时起床、睡觉，起床后整理床铺；按时完成作业，作业后整理书籍、文具等等。一旦养成好习惯，就不大会再改变，无论是家长，还是他本人，都是一种用金钱买不到的宝贵财富。

七、家长问：我孩子今年六年级，马上就要升初中了，怎样才能让孩子考得好一点？

答：六年级的毕业考试，可以说是对孩子六年辛勤学习的一次检阅，一次总结。要让孩子考得好一点，复习阶段认真听讲是必要的，认真完成各科任老师布置的作业也是必要的。复习要抓住知识点，薄弱环节须加强，要进行重点学习，不要面面俱到，那样的话会浪费本来就非常宝贵的有限时间，得不偿失。我们做家长的要弄明白，考试特别是毕业考，主要是检验孩子平时的知识积累是否丰富，是否扎实。复习不是教授新课程，仅仅是对六年级孩子应该掌握的知识的回顾和巩固。作文是孩子基础知识、阅读能力、分析能力、想象能力和语言表达能力的综合体现，分数在语文考卷中占了很高的比例，约在40%左右，所以很重要。在一定的时间里要写好一篇高分的作文，如果另起炉灶，重新构思，时间不容许不说，其实也肯定写不好。怎么办？我们平时在老师的指导下不是写过很多作文吗？这些作文涉及很多主题或者说方方面面，学生只要针对考卷的作文要求稍加改动，甚至不用改动就能用上去，既省时省力，又能得到高分。这不是欺骗投机，更不是抄袭。因为这些作文本身就是他们自己平时心血的结晶，是他们真实学识水平的反映。所以，在考试之前，学生要像复习其他知识一样，把自己平时写的作文系统地读一读，如果能改得更好一些的话就再改一改，然后根据主题给予归类，到考试时再根据主题去应对即可。这个方法对高考也适用。当然，如何应对，在考试前进行必要的操练是非常必要的。在农村，这样的操练对绝大多数家长来说既缺乏知识，也缺乏经验，需要语文老师来完成。

八、家长问：去私立学校读书好还是去公立学校读书好？

答：是去私立学校读书好还是到公立学校读书好这个问题，回答起来有些长，有些复杂，甚至有些纠结。在私立学校读书，孩子学习的时间长，各种各样的干扰少，生活有规律，都是值得肯定的。如果你们家的家庭成员确实都很忙，经济条件也能够支撑，而你的孩子又比较听话，放出去独立生活没有问题，就可以去；如果你觉得自己学区学校的教育质量实在让你不敢苟同，放心不下；觉得孩子有潜力，需要到那里去挤一挤、争一争；需要到那里去认识更多的外乡镇、外县市的同学，为自己今后的发展服务，那么也去。像我们慈溪的几家私立学校实事求是地说是相当不错的。慈溪的家长如果想让孩子读私立学校，就读慈溪的这几家。虽然远了些，但总归在本市，接送方便，联系方便，如果没有什么特别情况，我不建议孩子到外县市去读。

但任何事物都有利有弊，去私立学校读书也不是完美无缺。比如孩子晚上睡不好觉（一间寝室6—8人，你睡了，有人没有睡；你睡了，有人打呼噜等等），容易沾上攀比这个坏毛病（别人穿名牌，孩子没有，就感觉很没有面子）。我有一个熟悉的女家长，孩子在宁波某私立学校读书。有一次，做母亲的到学校去看望儿子，把吃的、用的东西放在一个编织袋里提进去，加上衣服又穿得很普通，儿子就认为是给他丢脸了。当同学问他来者是谁时，他竟当着母亲的面说："是我家的邻居阿姨。"另外，私立学校一般都是两个星期放一次假。孩子半个月回一次家，做父母

的一般都比较客气，有什么好吃的买给孩子吃，像对待客人一样，本来要批评孩子的一些话也不说了。如果碰到孩子读书的成绩不理想时，做父母的想给孩子补课就没有办法了（什么时间去补？怎么去补？），有力使不上。还有就是亲情会疏远。孩子在外面，父母孩子交流少，孩子在想什么？在干什么？家长一无所知，至少了解不充分是事实吧，所有这些都有可能是问题。

再说说公立学校。孩子去公立学校读书现在都是按学区划分的，以路近为原则，家长接送方便，了解情况便捷。我们国家早已实行九年制免费教育，去公立学校读书除了吃饭、订报刊，其他的学杂费用都是全免的。这些省下来的钱家长如果想给孩子补课，我想，无论你怎么补也补不完。当然，正餐不好好吃饱，饭后再用零食去补充，不是好习惯，最多也只能属于亡羊补牢。重要的是抓住课内 40 分钟（中学 45 分钟）的时间，把老师教授的知识学会弄懂。还有就是现在孩子在公立学校读书，在升学上较之于私立学校的弱势比过去也有所加强。从小学读到初中毕业，我们的目标是考入本地区最好的高中，像我们慈溪市就是"慈溪中学"。以前的话，进慈溪中学是按照统考的分数线划定的，只要孩子的统考分数在此以上，一所学校有多少学生就能进多少学生，反之，一个没有也是常有的事。但现在的入选名额已经实行分配制，加上照顾，只要乡村初中的学生能上一定的分数线即可，当然，这个分数线也不低。

上面的这些分析，都是浮在面上的事情。如果需要将水抽干见河底的话，则还有很多问题值得探究。所以，是去公立学校读书还是去私立学校读书，要根据各自的家庭情况选择决定，不知道这样的回答能不能让大家满意。

还有一个简单的办法就是有针对性地去向正在私立、公立学校读书的学生家长请教，向他们了解你需要了解的相关情况。无论哪所学校，都是在不断地变化着的。以前好，不等于现在好，反之，以前不怎么样，不等于现在也不怎么样。总之一句话，要综合评估，量力而行。我这里所说的"力"，既指你们家的经济实力，也指孩子的素养能力。

九、家长问：孩子不爱惜书籍、文具怎么办？

答：首先，家长自己要勤俭节约、树立榜样；其次，家长要经常对孩子进行节约可贵、浪费可耻的教育，对孩子进行赚钱不容易的教育；其三，家长可与孩子订立奖罚制度，定期不定期地对孩子的书籍、文具进行检查，在一定的时间里，如果孩子的书籍文具保管得好，则给予一定的奖励，反之，则要处罚。奖励一定要适当，不要用金钱。书籍和一些需要更新、更换的学习用品等都可以考虑。如奖励书籍，还可以在书籍的扉页里写上该书于某年某月奖励，奖励的学习用品可在某处做上记号，让孩子看到、用到这些奖品时有自豪感并随之产生一种持久坚持的心理。处罚当然不能用拷打和责骂的方法，家长可以让孩子做力所能及的家务劳动，让其改正。

十、家长问：学校里布置的手工制作比赛不少，为了获得名次，事实上都是家长耗费大量的时间一手完成的，我们认为根本没意思，该怎么解决？

答：是的，没意思。很简单，从名次的怪圈里跳出了，不要被不实的名次俘虏。有空就稍微指点一下，没空就放手让孩子做，能做多好就做多好。

十一、家长问：我们是外地来这里的打工族，晚上放学以后到我们下班回家、双休日，孩子处于没人管的真空状态，有没有好的解决办法？

答：这确实是一个问题。晚上放学以后到你们家长下班回家这段时间、双休日，孩子没人管肯定是不对的，孩子不好好学习不说，还存在着严重的安全隐患。打工赚钱重要，孩子的学业前途、安全更重要。相关的家长可以就近组织一下，选派一位未做工的家长负责接送、照顾这些孩子，督促学习，组织娱乐（适当地购买一些棋类、球类等娱乐用品），待家长把自己的孩子接回家为止。如果找不到这样的家长，也可以合起来请一位家教负责上述事宜，所产生的费用由大家分摊。这样，家长放心，孩子的学业、安全有保证，一举两得。

十二、家长问：现在我们国家一方面在大力推行素质教育，另一方面高考制度又不见得有什么改变，仍然以分数论英雄，这不是很矛盾吗？

答：在回答这个问题之前，我得先讲一讲素质教育和应试教育的概念及相互之间的关系：概括地讲，素质教育是指一种以提高受教育者各方面素质为目标的教育模式。它重视人的思想道德素质、能力培养、个性发展、身体健康和心理健康教育，是一种全面发展的教育。"应试教育"是指偏离了人的发展和社会发展的实际需要，单纯为迎接考试争取高分和片面追求升学率的一种教育。即"考什么，教什么；考多少，教多少；考多难，教多难；怎么考，怎么练"的教育。很显然，素质教育是正确的，应试教育是不对的。但这个问题不是出在学校和教师的身上，追根溯源，是出在高考这一根指挥棒上。你指挥棒向东，下面被指挥的只能向东，谁敢向西？谁会向西？你指挥棒向南，下面被指挥的只能向南，谁敢向北？谁会向北？明白一点讲，就是问题出在那一张考试卷上。"现在的高考制度没办法，很无奈，如果你不抓分数，就没有明天；如果你只抓分数，就过不好明天。"古代俗语说："两害相权取其轻，两利相权取其重。"其实，学校、教师、家长都知道这样教学是不对的，但是，人的精力毕竟有限，能省力谁不省？有近路谁不走？说到这里，可能有一些远了，我再回过头来正面回答上面的问题：素质教育的最终目的在于全面提高教学质量，也不是说不要考试，它与考试其实也不是相对立的，只是如何充分考虑更好地满足未来社会发展以及学生全面发展和长远发展的需要。"十年树木，百年树人。"如何改？怎么改？从应试教育向全面素质教育转变绝不是一朝一夕可以完成的，有一个探索的过程。我们要有一个长期的思想准备。我们国家和教育部已经看到了这方面存在的问题，相信在不远的将来，这种情况会逐渐改变。一句话：需要时间。

十三、家长问：很长一段时间了，我正在为要不要让孩子出国留学还是继续在国内读书左右摇摆，请问老师有什么建议？

答：出国还是不出国，留学还是不留学，首先要看你的家庭经济收入允许不允许。一般来说，去国外读书，年龄越小、年级越低、钱就越贵，这个可以互联网上查询或去专业的中介机构咨询。当然，有留学想法的家长估计在经济上没有什么大问题。那么我们再说第二个问题，现在大多数家庭都是独生子女，孩子出国了，你过得惯没有孩子陪伴的冷清的日子吗？你的孩子过得惯没有父母陪伴和照顾的日子吗？他能独立生活吗？他能适应中外的文化差异吗？从你的提问来看，我估摸着你们家长并没有全家移民和陪读的意思，对不对？其三，孩子去国外，他的语言能过关吗？他一个人能在国外自觉学习，奋发读书吗？我听到过不少留学生，特别是少年留学生在国外不好好读书，整天玩游戏甚至去赌博的事。其实，去国外留学，碰到的意想不到的事情还要多得多，比如被别人欺负了，比如生病了，比如你孩子读的那所学校是野鸡学校等等。"妈妈，我的肚子疼得厉害！""去医院。""附近没有医院，再说现在已经半夜了！""自己解决。"上面两句简短的对话是一位在美国读大二的女留学生与中国母亲的短信对话。你问一问自己，有没有这样的"铁石心肠"！所有这些，你和你的孩子都能 hold 得住吗？当然，也许这位母亲是在有意识地培养女儿的独立处事能力也未尝没有可能。另外，你首先得弄明白让孩子去国外读书是为了什么？是镀金还是决心把孩子培养成学霸、商霸还是科霸？如果是镀金，骗人骗己的事就免了吧。如果是打算培养学霸、商霸和科霸的，倒还可以考虑，倒还有情可原。我讲了这么多，事情完了吗？没有！有一个日本留学归来的男生回国以后不想结婚了，为什么？他说国内太脏了；有一个在美国的女留学生一年后放假回国，给她的父母带来了一个非洲黑人男朋友。大家别不信，2016 猴年春节联欢晚会中有一个舞蹈节目很美，叫《茉莉花》，收视率排在第四名，我相信家长们都有同感。表演这个节目的演员都是来自美国亚特兰大晨星舞蹈学校的华人子女，共 49 名。我不知道大家有没有注意到在这 49 名小演员中，有一个是黑人女孩。这说明什么？说明有一个华人与一位黑人结了婚！你做父母的能不能接受？（我没有一点种族歧视的意思。）还有更多的学业有成的留学生打算在国外定居，不回来

了，你舍得吗？你今后年纪大了怎么办？是跟着你的孩子移民国外去当"傻子"吗？当然，去国外留学，好处也很多：多学了一门地道的外语，这在国内是办不到的；增长见识，结交各国各地朋友；出国对个人毅力和独立生活的能力是一种极好的锻炼，能很好地培养吃苦的精神，也许出国这几年就能让你的孩子一辈子拥有这样的顽强品质；能领略国外的优美风光并开阔眼界，了解国外先进的知识、文化、技术和管理经验，从而改变生活；如能成为外国公司驻中国的业务代表，领国外工资，在国内生活，想穷都难。短短几年的国外辛苦拼搏后，或许从此坐享稳定的高收入，这是国内很多人干一辈子都难以实现的等等。一般来说，孩子越大，学历越高，离你越远，你就越难掌控。俗话说：儿大不随爹，女大不随娘。当然，如果撇开我们这一代人的社会经验不讲，还是应该相信孩子的智慧和判断。去还是不去，有利的和不利的就摆在那里。有很多家长不是在炒股吗？证券机构有一句话是这么说的："股市有风险，入市须谨慎。"同样，我也送给家长们一句话："出国有风险，留学须谨慎。"

十四、家长问：老师您讲得很全面也很好，就是按照您这样讲的去做的话，我们感觉太吃力了，恐怕也做不到。

答：是的，我去学校给家长们上课以后，很多家长都有这样的感觉和想法。主要原因是我们家长平时对家教认识不足，没有引起足够的重视，不知道怎么去家教，因此也没有怎么样去教育。听了我的讲座以后，才知道家教这么复杂、这么全面，脑子一下子转不过弯来。家长们有畏难思想很正常，但我告诉你们的是：家庭教育是一项造人的工程，你说难不难？你说要不要下苦功夫？我们有些家长平时碰到一些不顺心的事以后，常常会发牢骚说："烦死了，我去做和尚算了。"我想，你们这个年龄段的家长应该看过李连杰主演的那部1982版的电影《少林寺》。电影结束的时候，觉远决定削发为僧。方丈问他："尽形寿（就是人到死为止），不杀生，汝今能持否？""尽形寿，不偷盗，汝今能持否？""尽形寿，不淫欲，汝今能持否？"后面还有"不妄语、不饮酒、不涂饰、不歌舞及旁听、不坐高广大床、不非时食、不蓄金银财宝"七句共十条，也即佛教中的十戒，要让觉远一一答应才准他做和尚。你们想想，连做和尚也必须要遵守多达十条的戒律，更何况教育！我还得告诉你们的是：你的家教成功了，学习成绩问题解决了，你们还不能放松，就像放风筝一样，你那根风筝线还不能放，要永远抓在手里，还有许许多多没完没了的事在等着你，需要你去关心，需要你去拉牵，你去把握。比如孩子大了找工作你必须去参与（去公司还是去当公务员，本地的工作还是外地的工作），比如买房子你必须参与（价格、地段、朝向、几排几楼、车库买几个等等），找对象你必须关注，就是结婚了，小夫妻俩的感情好不好你也必须关注，他们生孩子了你必须去照顾……我还要告诉你们的是：一旦你做上了家长，就意味着你就被孩子绑架了，就意味着你的一生就这样甜蜜地完了。如果家长们觉得按照我讲的去做太累、太痛苦，就不要去做。事实上我也没有办法逼着让你这样去做；如果家长们觉得按照我讲的去做累是累了一点，但很快乐，就去做，马上！少做肯定比不做好，多做肯定比少做好。现在吃教育孩子的苦，是为了今后享你们家庭成功的甜。最后我还要告诉你们的是，我们做家长的态度很大程度上决定了孩子的书读得好不好，成不成才。即你怎样对待孩子的学习，成绩就怎样对待你的孩子，成功就怎样对待你；你付出多少，回报就有多少，这是对等的。失败者找理由，成功者找方法。情况就摆在你们前面，行动还是不行动，你看着办！

十五、家长问：现在我们这里规定小孩 6 周岁必须开学，我们觉得年龄规定有一点死，有什么变通的办法？

答：《中国人民共和国义务教育法》第十一条规定：凡年满六周岁的儿童，其父母或者其他法定监护人应当送其入学接受并完成义务教育；条件不具备的地区的儿童，可以推迟到七周岁。也就是《义教法》规定可以 6 周岁，也可以 7 周岁（一般都以 8 月 31 日或 9 月 1 日为截止日），具体的可以由各省市自行决定。我们浙江省规定的是一定要 6 周岁开学，这就来了问题：同样是 6 周岁的儿童，有的身体发育正常，但注意力程度和认知能力跟其他 6 周岁儿童相比有一些欠缺，体能也较弱的怎么办？还有，只晚一两个月甚至是几天几小时的孩子怎么办？像湖北省教育厅就发文明确提出：未满 6 周岁儿童也可入小学。（具体操作起来会有什么问题我们不去讨论）我是教师，也是家长，对于我省现在 6 周岁开学这一规定，我个人也非常感冒。我想：如果 7 周岁开学五年制，甚至 8 周岁开

学四年制又如何？小孩子的年龄增加几个月、一年，他的注意力、智力、体能等不知要提高多少倍。完成同样的教育、教学任务，教师不知要轻松多少！我儿子开学我就让他晚了一年（那时就已经规定6周岁开学了，不过没有像现在这样卡得紧）。那么，国外的情况怎么样呢？在法国、新西兰、澳大利亚等国，儿童入学年龄为5岁；美国规定入学年龄为5岁至6岁。但国外的教材与我国的教材是不一样的，澳大利亚三年级的小学生才做二十以内的加减法，还是摆着小棒做的！况且，国外的父母更喜欢推迟孩子的入学年龄，希望在入学之前能够给孩子们足够的时间去变得成熟，以免过早在学校里遭遇挫折，而且，国家也不会强行规定，因为这涉及人权。应该说，国外的小学招生制度更具弹性。我认为，不管我们的国情如何，向外国学习灵活的弹性入学制度不会错，搞一刀切总归是不对的。毕竟用年龄作为入学标准是不科学的，我们更应该尊重孩子的个性发展能力。至于刚才家长问有没有变通的办法？我的回答是："没有！"因为这是法律，除非你去找律师。

十六、家长问：我的孩子性格非常内向，胆子很小，怎么办？

答：首先，造成孩子内向、胆小怯懦性格的原因是多方面的，在很大程度上取决于父母的教养方式。许多研究表明，很多成年人的拘谨可以追溯到他的儿童时代。如果父母过度限制孩子的活动，不准孩子单独外出，不让孩子多接触同龄伙伴，造成孩子不合群，缺乏一定的交往能力；父母过分娇宠孩子，事事包办替代，使孩子丧失锻炼的机会；或者父母过分严厉，使孩子内心受到压抑，感到紧张，那么孩子整日就会战战兢兢；父母对孩子事事要求过高，常常用成人的标准去要求孩子，孩子又做不到，久而久之，就形成了他自闭、自卑的心理。那么对内向、胆小的孩子应该如何帮助教育呢？

有一位心理学家说过：人类本质中最殷切的需要是：渴望被赏识。赏识，是指充分认识到人的积极因素，并加以肯定与赞赏。赏识对于成长中的孩子来说是至关重要的，赏识可以发现孩子的优点和长处，激发孩子的内在动力。对孩子进行赏识教育、尊重孩子、相信孩子、鼓励孩子，可以帮助孩子扬长避短，克服自卑、懦弱的心理，树立自信心。

　　要改善孩子的内向性格，关键还在于我们做父母的教养方式要适合孩子身心的健康发展，再也不能给孩子造成心理上的压力了。另一方面，要积极为孩子的性格开朗起来创造条件。耐心对待孩子，降低要求标准。如要求孩子有礼貌、大方，但某一次孩子没有做到，家长不能强迫他做甚至责骂他，而是希望他下一次做到。对于孩子的畏缩行为，如不敢与同伴一起玩耍、说话声音太小等，家长要尽量克制自己的感情，不做太强烈的反应，同时，要及时称赞孩子微小的进步。给予孩子积极的心理暗示，不使用同学欺负你没有、老师今天批评你了吗等语言，避免孩子在心理上总处于弱者或被动地位。平时，家长要常给孩子列举一些他的勇敢行为，如打针没有哭或仅哭了一小会儿，能从高台阶上跳下来，能大声说话、承认错误等等。创造条件，鼓励孩子多参加一些活动，使他开阔眼界、增强自信。还要教给孩子适当的技能，如唱歌、绘画、手工等，使孩子坚信自己并不笨，这会给孩子自豪感，从而增加自信心，敢于参加小伙伴的活动。鼓励孩子与人接触交往。可以多带孩子到各种集体场合，别人表示的对孩子的友好尊重，能使他感到快乐，孩子也会注意与人交往。最主要的是要孩子和同龄伙伴多接触，有意识地邀请一些小朋友到家中来，让他做小主人。平时注意帮助孩子结交新的小朋友。总之，孩子需要呵护需要关心，内向孩子更需要呵护更需要关心。

　　至于胆子小的孩子也确实有，我就好几次见到一个初中生上街买学习用品，须由他的父亲陪着他一起去。儿子每买一件东西都要问一问父亲好不好？做父亲的对儿子买的每一件东西也都要仔细检查，然后决定买或者不买，像对待3岁的小孩一样。你说，这孩子以后还怎么出门？还怎么独立生活？像这样胆小的孩子，做家长的早就应该试着放手让孩子单独买卖。告诉他可以适当和商家进行讨价还价，试着放手单独让孩子办一些力所能及的事，有意识地进行训练，逐步放手。其实，还有一些小朋友学习、作业的持久性不强，比较浮躁，家长也可以试着用上面的办法加以纠正。需要说明的是，与胆子小和做事拖沓相反，胆子太大和心很急一样，肯定也不行，它所产生的后果往往具有危险性，都需要进行调教，像我前面所说的我的朋友用热水烫手就是一种不错的办法。

十七、有家长问：我家孩子身体很胖，这对读书有影响吗？

答：是的。现在人们的生活质量不断提高，使得很多家长都可以给自己孩子最好的生活，孩子们想吃什么就吃什么，完全没有节制。由于很多孩子都是偏爱一些油腻的食物，这样使得身体变得愈发肥胖（孩子肥胖的原因比较多，我们今天只重点讨论家庭的生活方式这一方面），很多家长也都是很烦心，超重肥胖对学习成绩有影响吗？孩子处于成长期，减不减肥，怎么减肥，都是一个问题。

美国宾夕法尼亚州费城的坦普尔大学科学家的一项研究表明：超重儿童在全国性阅读能力测试中的成绩比体重正常的儿童低11%。此项研究还发现，体重超常中学生的平均成绩低于体重正常的同学，在出勤率、被罚放学后留校和准时到校方面的记录也比后者差。他们研究认为，学习成绩差与体重超常有关。美国密苏里大学的研究小组观察了由超过6250名儿童组成的具有全国代表性的群体，对小孩子从幼儿园到小学五年级这个时间段进行了跟踪观察研究。与那些从来没有肥胖的孩子相比，从幼儿园开始一直肥胖的孩子从一年级开始直到研究时间结束，他们的数学测试分数都较低。对于后来成为肥胖的小孩情况则有不同。再后来，如三年级或者五年级变胖的男孩，数学成绩没有下降；后来变胖的女孩，数学成绩有暂时的下降。由此得出结论：体重和学业成绩之间的关系是复杂的，现在还不清楚是肥胖本身，还是潜在的与肥胖相关的其它一些因素影响了孩子在学校的行为。以往的研究认为，肥胖或者认为自己超重的孩子可能比体重正常的同龄人具有更多的悲伤、孤独以及自卑，这些问题可能会导致他们较差的社交和情感能力，从而影响孩子在学校的表现。

我个人认为，孩子肥胖或者超重对学业成绩或多或少肯定有影响，就是对身体健康、心理健康也不利。比如肥胖儿童容易受到同伴嘲笑和捉弄，比如因肥胖导致自我封闭、孤独、逃避社交等，进而形成一种恶性循环。怎么办？想办法给他减下来。怎么减？对症下药，最好的办法就是实施行为疗法，矫正与肥胖有关的一些不良行为，改善肥胖儿童的行为状况，建立良好的生活方式。具体可以概括为以下三点：

1. 控制过度饮食。避免食用高能量、高脂肪食物；如巧克力、糖果、油炸食物、甜点心和甜饮料等。

2. 三餐合理分配（早餐1/4、午餐2/4、晚餐1/4），晚餐后不再进食。饮食种类多样化，不偏食，多吃新鲜的绿叶菜，多食含粗纤维的食品，必要时可添加口服复合维生素制剂等，减慢用餐速度。

3. 减少屏幕时间，加强锻炼。

十八、有家长问：男孩子、女孩子的教育方式方法是否一样？

答：这个问题问得太好了！不过，回答起来有些长。我就用一个我亲身经历的事作为回答吧。有一天，一位年轻的女家长到一家文化用品商店给儿子买水笔（也叫签字笔），但当走到放笔的货架前面时，似乎想起来什么，说："哦，我得打一个电话，问问我儿子，他是要0.35的还是要0.38的？"那天，我刚好也在这家店里，就对她说："美女家长，我送给你一句话，你要把男孩培养成男人，要把女孩培养成女人。"这位女家长听懂了我这句话的意思，说："对！我不打电话了，就买0.5的。老板，给我0.5的黑水笔买两盒。"末了，还自言自语地说了一句："本来我只想买几支算了，现在给他多买一点。"

这个事例我想应该能说明上面的问题。

十九、有家长问：老师，不可以说我在孩子身上花费的时间不够多，不可以说我对孩子的教育不够用心，可是，精力花尽、方法用尽，孩子就是不长进。我们做家长可以说已经对他失去了信心，请问老师该怎么办？

答：首先我要说的是"造就人是一项高度紧张、需要付出全部精力的事业，它需要生活的智慧，也需要技巧和艺术"。其次我要说的是不要灰心、不要丧气，不要轻易放弃，打开门的可能是最后一把钥匙。前几年，央视搞了一个"什么是幸福"的社会调查，拿着话筒见人就问："什么是幸福？"有的说，幸福就是没病没灾，一家人平平安安地在一起；有的说，幸福就是干自己喜欢做的事情；有的说，

幸福就是家人甜甜的笑声；还有的说，幸福就是家门口的桂花树开了，一天到晚都很香。答案各种各样，都对。对孩子的教育也一样，如果最后没有发生"奇迹"，好成绩也不是唯一，三百六十行，行行出状元。

二十、有家长问：读书重要，老师能不能给我们推荐一些适合中小学生读的书？

答：近几年，国家教育部门和学校对学生的阅读还是比较重视的，列出了各年级或年级段学生适合的各种书目要求学生阅读，在规定的时间内还要对学生进行考查。不同地方、不同学校的书目大同小异，数量有多有少。我下面提供的是教育部推荐的新课标中小学课外阅读书目，供家长们参考。家长如觉得孩子还有时间和精力，可以再多买一些健康有益的书，以增加孩子的阅读量。

第一学段：（1—2 年级）推荐书目（50 本）

（中国部分20 本）

1. 《小布头奇遇记》孙幼军著

2. 《小猪唏哩呼噜》孙幼军著

3. 《树叶船》张俊以著

4. 《吹泡泡》张俊以著

5. 《调皮的日子》秦文君著

6. 《窦蔻流浪记》窦蔻著

7. 《365 夜知识童话》鲁克著

8. 《舒克和贝塔历险记》郑渊洁著

9. 《戴小桥和他的哥儿们》梅子涵著

10. 《笨笨猪》杨红樱著

11. 《泡泡儿去旅行》薛涛著

12. 《大个子老鼠小个子猫》周锐著

13. 《小布头丛书——小布头新奇遇记》孙幼军著

14. 《我不是坏小孩》（全3 册）叶姝著

15.《小香咕系列》秦文君著

16.《李拉尔故事系列》梅子涵著

17.《最著名的中国民间故事》高玮、陈婷婷编

18.《史记》注音本（1—4）司马迁原著，邹辉改编

19.《三毛流浪记》（全集）张乐平著

20.《中华歌谣100首》金波、李众选编

（外国部分30本）

21.《格林童话》（德国）格林兄弟著

22.《安徒生童话》（丹麦）安徒生著

23.《万花筒》（英国）依列娜·法吉恩著

24.《豪夫童话》（德国）豪夫著

25.《爱丽斯漫游奇境》（英国）卡罗尔著

26.《狐狸列娜的故事》（法国）阿希季诺夫人著

27.《小熊温尼·普》（英国）米尔恩著

28.《彼得·潘》（英国）詹姆斯·贝洛著

29.《豆蔻镇的居民和强盗》（挪威）埃格钠著

30.《鹅妈妈的故事》（法国）贝洛著

31.《洋葱头历险记》（意大利）罗大里著

32.《窗边的小豆豆》（日本）黑柳彻子著

33.《淘气包埃米尔》（瑞典）林格伦著

34.《假话国历险记天上掉下来的大蛋糕》（意大利）罗大里著

35.《随风而来的玛丽阿姨》（英国）特拉弗斯著

36.《丁丁历险记》（小开本全22册）（比利时）埃尔热著

37.《雅诺什绘本》10种（德国）雅诺什著

38.《米切尔·恩德童话绘本》（全6册）（德国）米切尔·恩德著

39.《了不起的狐狸爸爸》（英国）罗尔德·达尔著

40.《电话里的童话》（意大利）罗大里著

41.《小口袋丛书》（法国）居伊·希门尼斯、塞尔日·布洛克

42. 《迪迪的故事》（全24册）（英国）Enid Blyton 著

43. 《狮子系列丛书》（全5册）（德国）马克斯·克鲁塞著

44. 《火鞋与风鞋》（德国）乌尔苏娜·韦尔芙尔著

45. 《淘气包谢得意》（全5册）（绘本）（法国）洛德·果范著

46. 《小学生迪克比》（全6册）（绘本）（法国）洛迪·齐德鲁著

47. 《为什么动物会有尾巴》（彩色注音版动物童话）（法国）纳塔·卡普托著

48. 《精灵鼠小弟·吹小号的天鹅》（美国）怀特著

49. 《名家绘本世界童话》（意大利）法兰西丝·索罗奇等绘

50. 《伊索寓言》（希腊）伊索著

第二学段：（3—4 年级），课外阅读总量不少于40 万字，推荐书目（50 本）

（中国部分25 本）

1. 《大林和小林》张天翼著

2. 《寄小读者》冰心著

3. 《严文井童话》严文井著

4. 《高士其科普童话》高士其著

5. 《陈伯吹童话》陈伯吹著

6. 《金近童话》金近著

7. 《叶圣陶童话》叶圣陶著

8. 《小坡的生日》老舍著

9. 《长生塔》巴金著

10. 《中国古典童话精选》汤锐选编

11. 《管家琪幽默童话系列》管家琪著

12. 《中国幽默儿童文学丛书》周锐、葛冰、李建树、庄大伟、张之路著

13. 《皮皮鲁传》《鲁西西传》郑渊洁著

14. 《幽默三国》周锐著

15. 《魔法学校》葛竞著

16. 《李大米和他的影子》张之路著

17. 《科幻故事大世界》童恩正、刘兴诗著

18. 《三个小宠物》肖定丽著

19. 《魔塔》彭懿著

20. 《中国兔子德国草》周锐、周双宁著

21. 《五·三班的坏小子》杨红樱著

22. 《小老虎历险记》汤素兰著

23. 《鼹鼠的月亮河》王一梅著

24. 《小兵张嘎》——代代读儿童文学经典丛书　徐光耀著

25. 《马戏团的动物明星》沈石溪著

（外国部分25本）

26. 《两个小洛特》（德国）埃里希·凯斯特纳著

27. 《苦儿流浪记》（法国）埃克多·马洛著

28. 《当世界年纪还小的时候》（法国）于尔克·舒比格著

29. 《小勋爵》（英国）弗朗西斯著

30. 《时代广场的蟋蟀》（美国）乔治·塞尔登著

31. 《恩德作品选》（德国）米切尔·恩德著

32. 《鲁滨孙漂流记》（英国）笛福著

33. 《吹牛大王历险记》（德国）拉斯伯著

34. 《柳树间的风》（英国）格雷厄姆著

35. 《水孩子》（英国）查·金斯莱著

36. 《车的颜色是天空的颜色》（日本）阿万纪美子著

37. 《小思想家在行动》（奥地利）克·涅斯特林格著

38. 《魔法师的帽子》（芬兰）托芙·扬松著

39. 《狼孩历险记》（英国）吉卜林著

40. 《哈默林的花衣吹笛人》（英国）克里斯蒂娜著

41. 《海底两万里》（法国）凡尔纳著

42. 《木偶奇遇记》（意大利）科洛狄著

43. 《长袜子皮皮》（瑞典）林格伦著

44. 《格列佛游记》（英国）斯威夫特著

45. 《风的旱冰鞋》（日本）安房直子著

46. 《莫吐》（美国）阿莱赫姆著

47. 《秘密花园》（美国）伯内特著

48. 《卓娅和舒拉的故事》（俄国）柳·科斯莫杰米扬斯卡娅著

49. 《五个孩子和一个怪物》（英国）内斯比特著

50. 《椋鸠十动物小说全集》（日本）椋鸠十著

第三学段：（5—6 年级）课外阅读总量不少于 100 万字，推荐书目（50 本）

（中国部分）（25 本）

1. 《冰心儿童文学新作奖获奖丛书》（十年来冰心儿童文学获奖作品大集合，共四本，它们是《蓝花》《钟声》《象母怨》《青鸟飞过》）浙江少年儿童出版社

2. 《女儿的故事》梅子涵著

3. 《中华当代少年小说丛书》曹文轩、张之路等著

4. 《女生贾梅男生贾里》秦文君著

5. 《蓝鲸的眼睛》赵冰波著

6. 《绿太阳和红月亮》白冰著

7. 《琵琶甲虫》高洪波著

8. 《羚羊木雕》张之路著

9. 《哭泣的巧克力强盗》张秋生著

10. 《和大山攀谈》尹世霖著

11. 《飞翔的花孩儿》葛翠琳著

12. 《小狐狸的新式汽车》葛冰著

13. 《小狼请客》孙幼军著

14. 《一龙二虎三猴》罗辰生著

15. 《小孩成群》秦文君著

16. 《红雨伞·红木屐》彭懿著

17. 《双人茶座》梅子涵著

18. 《第十一根红布条》曹文轩著

19. 《麻雀不唱》常新港著

20. 《蟋蟀也吃兴奋剂》张之路著

21. 《草房子》曹文轩著

22. 《我要做好孩子》黄蓓佳著

23. 《e班e女孩》张弘著

24. 《张之路非常神秘系列——非法智慧》张之路著

25. 《女生日记》杨红樱著

（外国部分）（25本）

26. 《小王子》（法国）圣·埃克苏佩里著

27. 《昆虫记》（法国）法布尔著

28. 《快乐王子集》（英国）王尔德著

29. 《希腊神话》（德国）施瓦布著

30. 《王子与贫儿》（英国）马克·吐温著

31. 《蓝熊船长的13条半命》（德国）瓦尔特·莫尔斯著

32. 《骑鹅旅行记》（瑞典）塞·拉格洛夫著

33. 《隐身人·时间机器》（英国）威尔斯著

34. 《屋顶上的小孩》（美国）克伦毕斯著

35. 《西顿野生动物故事集》（加拿大）西顿著

36. 《好兵帅克》（捷克）雅·哈谢克著

37. 《汤姆·索亚历险记》（美国）马克·吐温著

38. 《蓝色的海豚岛》（美国）斯·奥台尔著

39. 《假如给我三天光明》（美国）海伦·凯勒著

40. 《海蒂》（瑞士）施皮里著

41. 《安徒生奖获奖作家作品系列》（英国）依列娜·法吉恩

42. 《盲音乐家》（俄国）柯罗连科著

43. 《毛毛——时间窃贼和一个小女孩的不可思议的故事》（德国）米切尔·恩德著

44. 《魔戒》（英国）托尔金著

45. 《爱的教育》（意大利）亚米契斯著

46.《怪医杜立特系列丛书》（美国）洛夫廷著

47.《最后的莫希干人》（美国）库柏著

48.《莎士比亚戏剧故事》（英国）兰姆姐弟著

49.《纽伯瑞儿童文学金牌奖丛书》中国少年儿童出版社出版

50.《纽伯瑞儿童文学银牌奖丛书》中国少年儿童出版社出版

新课标初中课外阅读推荐书目

七年级：

1.《红岩》罗广斌、杨益言著

2.《安徒生童话全集》（丹麦）安徒生著，叶君健译

3.《童年》（俄国）高尔基著，刘辽逸译

4.《格兰特船长的儿女》（法国）凡尔纳著，范希衡译

5.《爱的教育》（意大利）亚米契斯著，田雅青译

八年级：

1.《青春之歌》杨沫著

2.《骆驼祥子》老舍著

3.《钢铁是这样炼成的》（苏联）奥斯特洛夫斯基著，梅益译

4.《福尔摩斯探案集》（英国）柯南·道尔著，丁钟华等译

5.《居里夫人传》（法国）埃里·居里著，友明彻译

九年级：

1.《家》巴金著

2.《牛虻》（爱尔兰）伏尼契著，李俍民译

3.《高老头》（法国）巴尔扎克著，傅雷译

4.《莎士比亚戏剧故事》（英国）兰姆姐弟改写，萧乾译

5.《中国科学院院士自述（青少年版）》张玉台编

　　家长们，一本书不可能将所有的问题都讲到，更不可能将所有的问题都解决。对于家庭教育，最多的文字也只是蜻蜓点水，希望家长们能举一反三、触类旁通，在教育培养孩子的这一条漫长的路上不断反思、不断改进、不断提高，最终，将自己炼成一个教育家，将孩子培养教育成为好孩子。

　　造就人是一项高度紧张、需要付出全部精力的事业，它需要生活的智慧，也需要技巧和艺术。最后，我再送给家长两句话，第一句是：要调动全部的资源，用执着的信念经营孩子的教育，用宽容的态度对待孩子的成绩，努力了就好。第二句是：细节决定成败，梦想成就未来！

后 记

    几年前，我任教五（1）班的数学。期中考查后的某一天，班主任罗老师说："又要开家长会了，该讲些什么呢？"我说："我替你去讲吧，保证让你满意，让家长喜欢。"其他几个班的班主任也争着让我去给他们班级的家长上课。之后，便被镇成人学校邀请去给全镇各中、小学的家长学校上课，隔壁乡镇主管家长学校的领导闻讯前来听课，之后，便邀请我去讲课。再之后，我被市教育局聘为"社区教育"讲师团成员。

    虽然我的家长学校讲座还是比较受家长们欢迎的，但是，为他们提供一本适合的，一本他们有兴趣看、能激发他们去行动的家教书籍，一样的重要，甚至更为急迫！我认为，不停地讲课，不断地积累，《好家长家教十二讲》就是在这个时候萌芽、抽枝、长个的。这其中，写写改改，不断完善，用了足足的三年时间，今天，终于能与大家见面了。

    书中的引用，有的已经与本人取得了联系，并获得了允许；有的实在无法联系，在抱歉之余，只能待以后有机会再表谢意。

    衷心感谢慈溪市观海卫镇党委、政府，镇妇联、镇教育办公室、镇成人学校等领导对本书的编写、出版给予的指导和帮助；衷心感谢慈溪市教师进修学校副校长方蓉飞女士、育才小学监事方国祥先生在百忙中抽出宝贵的时间为本书作序。这两位同志无论是在家庭教育方面，还是在学校教育、教学方面，都是一等一的行家和高手。衷心感谢在本书成书过程中所有给予支持和帮助的朋友们。由于本人的水平和能力有限，书中肯定存在不少缺点和错误，在此，恳请专家、广大家长、读者，予以批评指正。

2016 年 12 月 22 日于溪田轩